高等院校"十二五"旅游管理类课程系列规划教材
2012年度西北民族大学学科办资助

U0678969

酒吧运营管理

Bar Operation Management

鲍洪杰 张 平 主编

经济管理出版社
ECONOMY & MANAGEMENT PUBLISHING HOUSE

前　言

为了满足高等本科学校酒吧管理专业课程的需求，作者精心总结了自己多年的调酒经验与教学经验，在此基础上编写了这本《酒吧运营管理》。

本书分为八章：第一章为酒水基础知识；第二章为酒水品鉴与服务；第三章为酒吧筹建；第四章为酒水单设计与定价；第五章为酒吧营销管理；第六章为酒吧服务；第七章为酒吧财务管理；第八章为酒吧人力资源管理。本书既可作为旅游管理本科学生的选修教材，也可作为高职高专学校的必修教材。在教材的内容选择上，首先强调理论知识的通俗化，并以理论体系为主线，侧重管理知识系统化，使内容更适合高等学校教学要求。

其次，在观点的表述上，以酒吧管理实践内容与案例作为支撑，突出学术的应用性和管理的实践性。在教材结构上，保证了教学目标的顺利完成。在每章的开始设置了"本章导读"，对本章内容的重点以及难点进行介绍，使学生明确该章的主要内容，在学习的时候更能做到有的放矢。同时，在每章的最后留有思考题，包括基本理论题与综合应用题，每章还链接一些案例描述，贯穿了该章的知识点。

本教材的主要目的是培养有较强实践能力、管理能力、创新能力，能满足酒吧管理一线工作的应用型人才。

本书得到了西北民族大学管理学院张平副教授和李秀芳副教授的大力支持，感谢他们为本书付出的辛勤劳作；感谢西北民族大学管理学院苏成明同学对本书相关资料的收集和校对工作；感谢西北民族大学学科建设工作办公室对本书出版的资金资助；同时也对母校中南财经政法大学本科博士生导师刘德光教授表示感谢，在撰写出版上刘老师给了我较多的自由支配时间，使得本书得以顺利完稿。

本书由鲍洪杰、张平共同编著，由于时间紧迫与专业水平有限，本书难免有不当之处，敬请同行们斧正。

鲍洪杰

2015 年 1 月

目　录

第一章　酒水基础知识

本章导读：了解酒水的含义以及酒水的分类，酒水的分类方法主要包括按生产工艺分类、按照酒精含量分类；了解不含酒精的饮料，主要包括茶、咖啡、矿泉水和碳酸饮料、果蔬汁饮料与功能性饮料、含乳饮料等；掌握蒸馏酒的类型，主要包括白兰地、金酒、威士忌、伏特加、朗姆酒、特吉拉酒和中国白酒；掌握发酵型酒的类型，包括葡萄酒、啤酒、黄酒和清酒。掌握配制酒的类型主要包括开胃酒、餐后甜食酒、利口酒和中国配制酒；并理解蒸馏酒、发酵型酒、配制酒的区别。掌握鸡尾酒的结构，理解鸡尾酒的特点，了解鸡尾酒的场合与口味。

第一节　酒水的含义与分类

酒水指酒类和水类的统称，可指酒、水、饮料等液体可饮用的水，用来招待客人的液体，此词主要应用于餐饮界。酒水的分类按国别通常可以分为国酒和洋酒；按生产工艺可以分为发酵酒、蒸馏酒、配制酒；按酒精含量可以分为软饮料和硬饮料。

一、酒水的含义

酒水是指酒类与水类的合称，指含乙醇或不含乙醇的饮料，此术语主要应用于餐饮行业。酒水按习惯分为酒和水两大类，其中酒是指含有酒精的一种可饮用的饮料，其中乙醇浓度超过 0.5% 的饮品；而水是指不含酒精的饮用品。

因此，根据乙醇含量可以把酒和水细化为酒精饮料和无酒精饮料。

酒精饮料（Alcoholic Beverage）指饮料中的乙醇含量超过 0.5%，经过发酵、蒸馏、勾兑等工艺制成的饮品。主要包括葡萄酒、中国白酒、香槟酒、啤酒、白兰地、威士忌、伏特加、威末酒、朗姆酒、力娇金酒、特吉拉酒等。

无酒精饮料（Nonalcoholic Beverage）指饮料中基本不含乙醇或含量低于 0.5% 的饮品。主要包括：带汽饮料（Soft Drink With Gas）、不带汽饮料（Soft

Drink Without Gas)。带汽饮料主要指可口可乐（Coca Cole）、健怡可乐（Died coca）、雪碧（Sprite）、七喜（Seven Up）、奎宁汽水（Tonic Water）、苏打汽水（Soda Water）、姜汁汽水（Ginger Ale）、橘子汽水（Sankies Orange）、柠檬汽水（Sankies Lemon）、巴黎水（Perrier）、矿泉水（Natural Mineral Water）、青岛绿牌（Tsing Dao Green Lable Local）；不带汽饮料主要指果汁类（Juices）冷饮、咖啡、茶、热牛奶等。

酒的度数表示酒中含乙醇的体积百分比，通常以 20 ℃时的体积比表示，如 50 度的酒，表示在 100mL 的酒中，含有乙醇 50mL（20 ℃）。表示酒精含量也可以用重量比，重量比与体积比可以互相换算。西方国家常用美制 proof 表示酒精含量，规定 200 proof 为酒精含量 100% 的酒，如 100 proof 的酒则含酒精 50%。

二、酒水的分类

在我国，酒水通常可分为两大类，即国酒和洋酒。

酒水可以按照不同的分类标准进行分类，比如按照生产工艺、酿造原料、产地、酒精含量等不同标准进行分类，以下是几种常用的分类方法。

1. 按生产工艺分类

酒的味道和特色与其生产工艺紧密相关。酒按生产工艺分类包括发酵、蒸馏和配制。发酵工艺制成的酒称作发酵酒；蒸馏方法制成的酒称作蒸馏酒；配制方法制成的酒称作配制酒。配制酒是酒厂根据市场需求而开发和生产的一类酒，这种酒又可分为多种类型，如鸡尾酒就属于配制酒。

（1）发酵工艺。发酵酒是指将酿造用的谷物与水果等放入容器中加入酵母菌酿制而成的酒液。我们常喝的发酵酒有米酒、黄酒、啤酒、葡萄酒等。

（2）蒸馏勾兑工艺。蒸馏勾兑工艺指把经过发酵的酒液加以蒸馏提纯后，得到的较高浓度酒精液体，一般可以进行一次或多次蒸馏，获得较高浓度品质的酒液。常见蒸馏酒有国外调制鸡尾酒的六大基酒（毡酒、威士忌、伏特加、朗姆酒、白兰地、龙舌兰酒）、中国的五粮液、茅台，等等。

（3）配制工艺。配制酒常用的方法主要有四种：浸泡、勾兑、精炼、蒸馏。

1）浸泡法主要是指加入可食用的花、果、动植物或中草药，浸没于酒基中陈酿而制成的方法。中国使用浸泡法，以山西竹叶青最为著名，它以汾酒为原料，加入竹叶、当归、檀香等芳香中草药材和适量的白糖、冰糖后浸泡制作而成。该酒色泽金黄、略带青碧，酒味微甜清香，酒性温和，适量饮用有较好的滋补作用；酒度为 45 度，含糖量为 10%。

2）勾兑法主要是指把两种或几种酒兑和在一起。如威士忌中的调和威士忌就是把不同度数和不同年代的威士忌勾兑在一起，使其形成一种新的口味，酒吧常用的杰克丹尼就是一种混合勾兑出来的威士忌酒。

3）蒸馏法是指将药材、香料等原料放入酒基中进行蒸馏而制成配制酒的方法。这种方法主要在过滤器上进行，上面的玻璃器放置药材、香料等，下面的玻璃器放有基酒，加热后，酒遇热上浮，吸收了药材、香料的气味，反复循环，直到酒能摄足相应的气味为止。

4）精炼法是指将药材、香料等原料提炼成香精加入成品酒中而制成配制酒的方法。例如，茴香酒实际上是用茴香油和蒸馏酒配制而成的酒，茴香油中含有大量的苦艾素，45 度酒精可以溶解茴香油。

2. 按照酒精含量分类

酒水按含酒精量成分分为"软饮料"和"硬饮料"。软饮料是指乙醇含量小于 0.5% 的饮料制品，在制造业中通常分为含碳酸饮料与不含碳酸饮料。硬饮料是指乙醇含量大于 0.5% 的饮料制品。

（1）软饮料。根据中华人民共和国国家食品监督局颁布的《软饮料的分类》GB 10789—89 软饮料的分类，软饮料可分为碳酸饮料、果汁饮料、蔬菜汁饮料、奶乳饮料、植物性蛋白饮料、水饮料。

1）碳酸饮料。指在经过纯化的饮用水中，压入二氧化碳气的饮料，在糖液中，加入果汁（或不加果汁）、酸味剂、着色剂及食用香精等制成调和糖浆，然后加入碳酸水（或调和糖浆与水按比例混合后，吸收碳酸气）而制成的饮料。常见的：①果汁型，指原果汁含量不低于 2.5% 的碳酸饮料，如橘汁汽水、菠萝汁汽水等。②果味型，以食用香精为主要赋香剂以及原果汁含量低于 2.5% 的碳酸饮料。如橘子汽水、柠檬汽水等。③可乐型，指含有可乐果、白柠檬、月桂、焦糖色或其他类似辛香和果香混合香气的碳酸饮料。

2）果汁饮料。指用成熟适度的新鲜或冷藏果实为原料，经机械加工所得的果汁或混合果汁类加入糖液、酸味剂等配料所得的制品。其成品可直接饮用或稀释后饮用。常见的：①原果汁，指原料水果用机械方法（如榨汁工艺）加工所得的、没有发酵过的、具有该种原料水果原有特征的制品。②浓缩果汁，指用物理分离方法，从原果汁中除去一定比例的天然水分后所得的、具有该种水果应有特征的制品。③原果浆，指整只水果或水果的可食部分用打浆工艺制得的、没有去除汁液的、没有发酵过的、具有该种水果原有特征的浆状制品。④浓缩果浆，指用物理分离方法从原果浆中除去一定比例的天然水分所得的具有该种原果浆应有特征的酱状制品。⑤水果汁，指用原果汁（或浓缩果汁）经糖液、酸味剂等调制而成的能直接饮用的制品。其原果汁含量不低于 40%，有浑汁和清汁。⑥果肉果汁饮料，指用原果浆（或浓缩果浆）经糖液、酸味剂等调制而成的制品。其原果浆含量不低于 35%，可溶性固形物不低于 13%。⑦高糖果汁饮料，指用原果汁

（或浓缩果汁）经糖液、酸味剂等调制而成的、含糖较高的稀释后可饮用的制品。其原果汁含量不低于 5.0%，乘以该产品标签上标识的稀释倍数；总含糖量不低于 8.0%（以转化糖计），乘以该产品标签上标识的稀释倍数。⑧果粒果汁饮料，指原果汁（或浓缩果汁）中加入柑橘类或其他水果经切细的果肉，经糖液、酸味剂等调制而成的制品。其原果汁含量不低于 10%（以质量计）；果粒含量不低于 5%。⑨果汁饮料，指用原果汁（或浓缩果汁）经糖液、酸味剂等调制而成的制品。其原果汁含量不低于 10%。⑩果汁水，指用原果汁（或浓缩果汁）经糖液、酸味剂等调制而成的制品。其原果汁含量不低于 5.0%，有浑汁和清汁。

3）蔬菜汁饮料。指一种或多种新鲜蔬菜汁（或冷藏蔬菜汁）、发酵蔬菜汁，加入食盐或糖等配料，经脱气、均质及杀菌等所得的各种蔬菜汁制品。其种类包括：①蔬菜汁，指新鲜蔬菜汁（或冷藏蔬菜汁）经食盐或糖等配料调制而成的制品。②混合蔬菜汁，指两种或两种以上的新鲜蔬菜汁（或冷藏蔬菜汁）经食盐或糖等配料调制而成的制品。③发酵蔬菜汁，指蔬菜经乳酸发酵后所得汁液经食盐等配料调制而成的制品。

4）奶乳饮料。指以鲜乳或乳制品为原料未经发酵或经发酵，加入水或其他辅料加工制得的液状或糊状制品。其种类：①乳饮料，指以鲜乳或乳制品为原料，加入糖、果汁（或水）、可可、咖啡、食用香精及着色剂等配料制得的制品。②乳酸饮料，指鲜乳或乳制品用乳酸菌或酵母发酵，加入糖、食用香精等配料而制得的糊状或液状制品，并以此为原料加水稀释的饮料。其成品非脂乳固形物含量不低于 3%。

5）植物蛋白饮料类。指大豆经纯化、研磨、去残渣、加入（或不加入）风味剂（糖类、咖啡、可可、果蔬汁液、着色剂和食用香精等）、杀菌、脱臭、均质等制得的制品。其种类：①纯豆乳，指大豆经研磨后，萃取性状良好的呈乳白色至淡黄色的乳状液体制品。其大豆固形物含量不低于 8%。②调制豆乳，指纯豆乳加入糖类、精制植物油、食盐、乳化剂等配料制得的制品。其大豆固形物含量不低于 6%。③豆乳饮料，纯豆乳加入糖类、蔬菜汁、乳或乳制品、咖啡、可可等配料制得的制品，其大豆固形物含量不低于 4%。④其他植物蛋白饮料，指蛋白质含量较高的植物种子，如花生、杏仁等，经水磨碎、去残渣、加入糖类等配料制得的制品。

6）水饮料。水是我们人体不可缺少的必需品，成年人一天一般要饮用八杯水才能保证人的正常机能。水的种类：①饮用水，指先从政府允许的水源处取水，然后过滤或经其他方法处理再装瓶。②纯净水，指通过蒸馏去除普通水里所含各种杂质和矿物质的水。③矿泉水，指含有适量矿物质成分的水，其主要的矿物质成分是钙、镁、钠、钾等，这些矿物质来自于矿物的无机盐类。

（2）硬饮料。硬饮料按酒精含量可以分为低度酒、中度酒、高度酒三类。

1）低度酒。酒精含量<20度的酒为低度酒，常见的低度酒有葡萄酒、香槟酒、青梅酒、啤酒以及日本清酒，等等。

2）中度酒。酒精含量20~40度的酒被称为中度酒，换算成酒精兑水的百分数为20%~40%，如水井坊等。

3）高度酒。指40度以上的烈性酒，国内的酒水中贵州茅台酒、宜宾五粮酒、泸州老白干属于烈性酒；国外的鸡尾酒配制中常用的六大基酒都属于烈性酒。

第二节　无酒精饮料

通常的无酒精饮料主要包括茶、咖啡、饮用水和碳酸饮料、果蔬汁饮料与功能性饮料、含乳饮料等。

一、茶

茶是以茶叶为原料，经沸水冲泡而成的饮料，是世界公认的三大饮料（茶叶、咖啡、可可）之一，饮茶之风已遍及五大洲160多个国家和地区。

1. 茶的历史

中外学者一致公认茶叶的原产地在中国，中国是"茶的故乡"，文字记载表明，我们祖先在3000多年前已经开始栽培和利用茶树。目前中国茶树品种多达600余种，足以证明茶原产地资源之丰富。

茶树的起源问题，至今仍是众说纷纭，尚无定论。其起源地点有云南说、贵州说、川西说、鄂西说、湖南说，等等，但主流观点是西南地区，包括云南、贵州、四川是茶树原产地的中心。杭州西湖龙井、洞庭碧螺春、湖北采花毛尖、庐山云雾、君山银针、白毫银针、安溪铁观音、祁门红茶、云南普洱茶与苏州茉莉花茶被誉为"中国十大名茶"。

2. 茶的种类

中国茶叶品种较多，目前尚无统一的分类方法。通常根据茶叶制作工艺及品质的不同，将茶叶归纳为七大类，即绿茶、黄茶、白茶、青茶、黑茶、红茶和金茶，这七大类茶被称为基本茶类。用基本茶类的茶叶进行再加工而形成的茶叶统称为再加工茶。

此外，按茶叶发酵程度可分为不发酵茶、半发酵茶、全发酵茶、后发酵茶；按茶叶的采制时间可分为春茶、夏茶、秋茶、冬茶；按饮用方式可分为热茶、冰茶。在欧洲，通常把茶叶按商品特性分为红茶、乌龙茶、绿茶三大类。

（1）基本茶类。根据制造方法不同和品质上的差异，将基本茶叶分为绿茶、红茶、乌龙茶（即青茶）、白茶、黄茶、金茶和黑茶七大类。

1）绿茶。绿茶又称为不发酵茶（发酵度为零）。它是采摘茶树上的嫩芽和新叶，经杀青、揉捻、干燥等工艺程序制作而成。因没有经过发酵程序，保留了茶叶的翠绿色和天然物质，冲泡后茶水、茶叶都呈绿色，具有香高、味醇、形美、耐冲泡等特点。由于加工时干燥的方法不同，绿茶又可分为炒青绿茶、烘青绿茶、蒸青绿茶和晒青绿茶。绿茶是中国最早出现的一种茶类，其产量、品质都居世界前列，全国 18 个产茶省（区）都生产绿茶。

2）黄茶。黄茶属于轻发酵茶，在制茶过程中，有的揉前堆积闷黄，有的揉后堆积或久摊闷黄，有的初烘后堆积闷黄，有的再烘时闷黄，具有黄叶、黄汤的特色。黄茶芽叶细嫩，香味鲜醇，冲泡的茶叶在茶汤中上下漂动，呈现美妙的律动感。黄茶依原料芽叶的嫩度和大小可分为黄芽茶、黄小茶和黄大茶三类。

3）白茶。属轻度发酵的茶。它是福建特产，主要产于福鼎、政和、松溪和建阳等县。因加工时不炒不揉，只将细嫩、叶背长满茸毛的茶叶晒干或用文火烘干，使白色茸毛完整地保留下来而得名。白茶芽头肥壮，叶底嫩匀，味道清凉，泡出的汤色较其他茶叶色淡，其性清凉，最具有退热降火功效。白茶有白毫银针、白牡丹、贡眉、寿眉。

4）青茶。青茶又称乌龙茶，属半发酵茶。青茶综合了绿茶和红茶的制法，即制作时适当发酵，使叶片中间为绿色，叶缘呈红色，故有"绿叶红镶边"之称。青茶质量介于绿茶和红茶之间，既有红茶浓郁鲜味，又有绿茶清芬香气，滋味格外清香浓厚。

5）黑茶。黑茶原料粗老，一般堆积发酵时间较长，叶色多呈暗褐色，风味圆润，是中国部分少数民族日常生活的必需品。与绿茶不同的是，黑茶保质期较长，以陈年为佳品。黑茶产区广阔，品种款色很多，更有自己独特的形状，如青砖茶、扁茶、方茶和圆茶等。

6）红茶。红茶属于全发酵茶。红茶加工时不经杀青，而且萎凋，使鲜叶失去一部分水分，再揉捻成条或切成颗粒，然后发酵，使所含的茶多酚氧化，变成红色的化合物。这种化合物一部分溶于水，一部分不溶于水，而积累在叶片中，从而形成红汤、红叶。红茶口感香甜味醇，并具有保存持久的质量特征。红茶主要有工夫茶、小种红茶和红碎茶三大类。

7）金茶。金茶是七大茶类中最为稀有的一类茶品，要经过数月或经年的自然发酵，金茶原叶中营养物质会凝聚成金色菌体，覆盖于金茶表面，该菌体为冠状散突菌，通俗来讲就是年久的灵芝表面孢子所含的抗衰老物质，大量的金茶原叶中，只有少部分茶叶能够适度发酵，产生均匀的金色菌体，其稀少而珍贵、保健功效卓越，因此金茶又被称为"茶灵芝"、"金灵芝"或者"瑶池仙茶"，被中外茶业界誉为时尚尊贵茶品。极品金茶遍体金色，泡出茶汤为琥珀金色。

（2）再加工茶。再加工茶是对基本茶类的茶叶进行再加工而成。如熏花后形成花茶、蒸压后形成紧压茶、浸提萃取后制成速溶茶、加入果汁形成果味茶、加入中草药形成保健茶、把茶叶加入饮料中制成茶饮料。因此，再加工茶也有六大类，即花茶、紧压茶、萃取茶、果味茶、药用保健茶和茶饮料，分别具有不同的品味和功效。

1）花茶。花茶又称熏花茶、香花茶、香片。由精制茶叶与具有香气的鲜花拌和，通过一定的加工方法，促使茶叶吸附鲜花的芬芳香气而成。按所用鲜花的划分，有茉莉、白兰、珠兰、桂花、玫瑰、柚花等花茶。一般以烘青绿茶为茶坯，因其吸附性强，能使茶香花香融为一体，也有用红茶或乌龙茶做茶坯的。

2）紧压茶。紧压茶是以黑毛茶、老青茶及其他毛茶为原料，经过堆放、蒸、压等典型工艺过程加工而成的圆饼形、正方形、砖块形、圆柱形或其他形状的茶叶，其中以用黑茶制成的紧压茶为正宗。紧压茶的多数品种比较粗老，干茶色泽黑褐，汤色橙黄或橙红，紧压茶有防潮性能好、便于运输和储藏、茶味醇厚、适合减肥等特点，在少数民族地区非常流行。

3）萃取茶。萃取茶是以成品茶或半成品茶为原料，用热水萃取茶叶中的可溶物，过滤去茶渣取得的茶汁，经浓缩、干燥而制成固态或液态茶，统称为萃取茶。主要有罐装饮料茶、浓缩茶和速溶茶。

4）果味茶。果味茶是利用红茶、绿茶提取液和果汁为主要原料，再加糖和天然香料经科学方法调制而成的一种新型口味饮料。这类茶既有茶味，又有果味香，风味独特。其滋味酸甜可口，回味甘凉，是一种提神解渴、老少皆宜的饮料。如荔枝红茶、柠檬红茶、猕猴桃茶、鲜橘汁茶、椰子茶、山楂茶等。

5）药用保健茶。药用保健茶是指将药物与茶叶配制而成，以发挥和加强药物的功效，有利于药物的溶解，增加香气，调和药味。这种茶的种类很多，如"益寿茶"、"减肥茶"、"肠润茶"等。

6）茶饮料。茶饮料是指以茶叶的萃取液、茶粉、浓缩液为主要原料加工而成的饮料，具有茶叶的独特风味，含有天然茶多酚、咖啡因等茶叶有效成分，兼有营养、保健功效，是清凉解渴的多功能饮料。按其原辅料不同分为茶汤饮料和调味茶饮料，茶汤饮料又分为浓茶型和淡茶型，调味茶饮料还可分为果味茶饮料、果汁茶饮料、碳酸茶饮料、奶味茶饮料及其他茶饮料。

3. 茶的功效

茶在我国被誉为"国饮"，在国外则被称为"健康之液，灵魂之饮"。现代科学大量研究证实，茶叶确实含有与人体健康密切相关的生化成分，茶叶不仅具有提神清心、清热解暑、消食化痰、去腻减肥、清心除烦、解毒醒酒、生津止渴、降火明目、止痢除湿等药理作用，还对现代疾病，如辐射病、心脑血管病、癌症等，有一定的药理功效。可见，茶叶药理功效之多、作用之广，是其他饮料无可替代的。茶叶具有药理作用的主要成分是茶多酚、咖啡因、脂多糖等。

虽然喝茶有很多的好处，但由于个人体质不同，并不是每一个人都适合经常饮茶。对于患有缺铁性贫血、失眠及神经衰弱、活动性胃溃疡、泌尿系统结石、肝功能不良、便秘、心脏病、营养不良等病症的人和在经期、怀孕期、哺乳期的女性应该尽量少喝茶。

二、咖啡

茶叶与咖啡、可可并称为世界三大饮料。咖啡树属茜草科常绿小乔木，产于热带、亚热带。叶长卵形，花白色，结深红色浆果。咖啡有小果、中果、大果咖啡等。原产于埃塞俄比亚。

日常饮用的咖啡是用咖啡豆经各种不同的烹煮器具制作出来的。

1. 咖啡的历史

"咖啡"一词源自希腊语"Kaweh"，翻译就是"力量与热情"。咖啡树是属茜草科的灌木类，普通日常喝的咖啡是用咖啡豆经各种不同的烹煮器具制作出来的，而咖啡豆是指咖啡树果实里的果仁，再用一定的烘焙方法烘焙而成。

咖啡的发现有许多传说，而其成为人们生活中的饮品，真实的时间来源于阿拉伯古文献记载。公元11世纪，当时阿拉伯地区盛行将晒干的咖啡豆煎煮成汤汁，当成胃药使用。发现这种咖啡汁液有提神的效果，便使用它作为替代酒类的振奋性饮料，将这种饮料由阿拉伯传到埃及，再传到叙利亚、伊朗、土耳其等地。到了13世纪以后，阿拉伯人已懂得将生咖啡豆晒干，加以烘焙，用臼杵捣碎后，再用水熬煮，因而得到较质纯的咖啡。

16世纪中东的大马士革（1530年）诞生了世界上第一家咖啡馆。据学者推测，在16世纪末繁荣的调味原料进出口贸易中，有不少来自东方的咖啡豆开始从经贸发达的威尼斯源源不断地进入欧陆。

2. 咖啡的主要成分

咖啡的化学成分相当复杂，其中以碳水化合物的比例最多。咖啡中含有多种碳水化合物，共占咖啡豆总比例的60%，另外还有一些蛋白质、油脂、丹宁酸、咖啡因、矿物质及其他微量成分；然而品种、产地及收获季节都会影响到这些成分的组成。生豆的各种成分，在烘焙过程中会发生化学变化，并形成各种咖啡豆独有原风味与色泽。

（1）咖啡因。有强烈的苦味，能刺激中枢神经系统、心脏和呼吸系统。适量的咖啡因亦可减轻肌肉疲劳，促进消化液分泌。由于它会促进肾脏机能，有利尿作用，能将体内多余的钠离子排出体外。但摄取过多会导致咖啡因中毒。

（2）丹宁酸。煮沸后的丹宁酸会分解成焦梧酸，所以冲泡过久的咖啡味道会变差。

（3）脂肪。其中最主要的是酸性脂肪及挥发性脂肪。酸性脂肪，即脂肪中含有酸，其强弱会因咖啡种类不同而异；挥发性脂肪，是咖啡香气的主要来源，会散发出约 40 种芳香物质。

（4）蛋白质。蛋白质是卡路里的主要来源，所占比例并不高。咖啡粉里的蛋白质在煮咖啡时，多半不会溶出来，所以摄取到的有限。

（5）糖。咖啡生豆所含的糖分约 8%，经过烘焙后大部分糖分会转化成焦糖，使咖啡形成褐色，并与丹宁酸互相结合产生甜味。

（6）纤维。生豆的纤维烘焙后会炭化，与焦糖互相结合便形成咖啡的色调。

（7）矿物质。指含有少量石灰、铁质、磷、碳酸钠等。

3. 咖啡的品种和特色

咖啡品种繁多，各地出品均有其独特之处，一般以色、香、味、酸度、味道浓淡作为区分指标。咖啡主要知名品种有以下几种。

（1）蓝山咖啡。蓝山咖啡是世界上最优质的咖啡之一，同时也是世界上价格最贵的咖啡。产于牙买加、西印度群岛，拥有香醇、苦中略带甘甜、柔润顺口的特性，而且稍微带有酸味，形成一种强烈诱人的优雅气息，能让人的味觉感官更为灵敏，品尝出其独特的滋味，当之无愧为咖啡之极品。

（2）曼特宁咖啡。曼特宁咖啡盛产于印尼的苏门答腊，因而又称"苏门答腊咖啡"。当地的特殊地质与气候培养出曼特宁咖啡独有的特性，具有相当浓郁厚实的香醇风味，并且带有较为明显的苦味与碳烧味，苦、甘味更是特佳，气味芳醇，酸度适中，甜味丰富，十分耐人寻味而使其风韵独具。1995 年，日本最大的咖啡公司 UCC 上岛咖啡与印尼苏门答腊最大咖啡商 PT Gunung Lintong 合作，它们在亚洲的第一个曼特宁咖啡农场，足以显示曼特宁的重要地位。

（3）摩卡咖啡。摩卡咖啡产于埃塞俄比亚，此品种的豆子较小而香气甚浓，拥有独特的酸味和柑橘的清香气息，更为芳香迷人，而且甘醇中带有令人陶醉的丰润余味，独特的香气以及柔和的酸、甘味。

（4）巴西咖啡。巴西咖啡是从盛产咖啡豆的巴西精选的极品，口感中带有较浓的酸味，配合咖啡的甘苦味，入口极为滑顺，而且又带有淡淡的青草芳香，在清香中略带苦味，甘滑顺口，余味能令人精神舒畅。

（5）云南咖啡。云南省的西部和南部地处北纬 15° 至北回归线之间，大部分地区海拔在 1000~2000 米，地形以山地、坡地为主，且起伏较大、土壤肥沃、日照充足、雨量丰富、昼夜温差大，这些独特的自然条件形成了云南小粒种咖啡品味的特殊性——浓而不苦，香而不烈，略带果味。云南小粒种咖啡曾在国际咖啡市场上大受欢迎，被评定为咖啡中的上品。历史可追溯到1892年。一位法国传教士从境外将咖啡种带进云南，并在云南省宾川县的一个山谷里种植成功。2013年，云南咖啡种植面积已经突破140万亩。

（6）台湾咖啡。18世纪，1884年英国人引入咖啡在台北三峡地区试种，日据时代，日本人看台湾地区气候土壤适合咖啡生长，遂自国外引进"阿拉比卡"，在北部地区试种成功，便在该地区大量投资种植，产量佳。

总体来说，蓝山咖啡甘醇香、微酸、风味细腻、口味清淡；云南咖啡浓而不苦、香而不烈、柔顺、柔软香醇、略带果酸味；巴西咖啡，产于南美洲、中性、中苦、浓香、微酸、微苦、内敛；曼特宁咖啡苦醇香、香浓苦；摩卡咖啡，酸醇浓香、口感润滑。

4. 咖啡的功效

咖啡一方面含有一定的营养成分，适当饮用可以促进代谢、消除疲劳、预防结石和射线伤害。实验表明，一般人一天吸收300毫克（约3杯煮泡咖啡）的咖啡因，对一个人的精神和情绪会带来良好的效果。

另一方面，患高血压、冠心病、动脉硬化等疾病的人，长期或大量饮用咖啡，可引起心血管疾病；老年妇女喝咖啡会减少钙质、引起骨质疏松；胃病患者喝咖啡过量可引起胃病恶化；孕妇饮过量咖啡，可导致胎儿畸形或流产；维生素B_1缺乏者喝咖啡会加速破坏体内维生素B_1。

三、饮用水和碳酸饮料

饮用水和碳酸饮料是典型的软饮料，饮用水一般不添加各种味剂，主要包括矿泉水、纯净水、离子水、磁化水等。碳酸饮料是在一定条件下充入二氧化碳气的饮料，可分为果汁型、果味型、可乐型、低热量型、其他型等。

1. 饮用水

（1）矿泉水。矿泉水是指来自地下深部循环的天然泉水或经人工开采的地下水，其中含有一定比例的对人体有益的无机盐和微量元素等，并达到国家规定的饮用水标准。根据身体状况及地区饮用水的差异，选择合适的矿泉水饮用，可以起到补充矿物质，特别是微量元素的作用。盛夏季节饮用矿泉水补充因出汗流失的矿物质，是有效手段。

矿泉水可按矿化度分为低矿化度、中矿化度、高矿化度、淡矿泉水和盐类矿泉水等；按酸碱性分为强酸性水、酸性水、弱酸性水、中性水、弱碱性水、碱性水、强碱性水等；按阴阳离子可分为氯化物矿泉水、重碳酸盐矿泉水、硫酸盐矿泉水等。

世界著名矿泉水主要有依云矿泉水、巴黎（佩里埃）矿泉水、克萨奇矿泉水、奥兹矿泉水、挪威芙丝矿泉水、崂山矿泉水等。

（2）其他饮用水。随着工业化污染以及人们日益对健康饮水的重视，除了传统的自来水，纯净水、离子水、磁化水让更多的消费者进行选择。

1）纯净水。所谓纯净水，简称净水或纯水。是指纯洁、干净，不含杂质或细菌的水，是以符合生活饮用水卫生标准的水为原水，通过各种物理加工方法制成，密封于容器内，不含任何有害物质和细菌，如有机污染物、无机盐、任何添加剂和各类杂质，有效避免了各类病菌入侵人体。

2）离子水。即通过净水器利用活性炭作为过滤层，过滤自来水，使其净化达标（达到国家级水标准），再通过隔膜电解生成两种活性的水。离子水的特点：干净的水，碱性离子水不含对人体有害的物质，如氯化物、有机物、重金属及细菌、病毒。保留了一些对人体有益的元素，如钙、镁、钾、钠等，呈离子状态易于吸收。

3）磁化水。磁化水是一种被磁场磁化了的水。让普通水以一定流速，沿着与磁力线垂直的方向，通过一定强度的磁场，普通水就会变成磁化水。它有解酒，使皮肤细嫩，细胞活化的效果。

2. 碳酸饮料

碳酸饮料（Sodas）的生产始于 18 世纪末至 19 世纪初。最初的发现是从饮用天然涌出的碳酸泉水开始的。1807 年美国推出果汁碳酸水，在碳酸水中添加果汁用以调味，这种产品受到欢迎，以此为开端开始工业化生产。

碳酸饮料主要成分为糖、色素、甜味剂、酸味剂、香料及碳酸水等，一般不含维生素，也不含矿物质。

（1）碳酸饮料的含义。碳酸饮料是一种在水中加入一定比例的二氧化碳、甜味剂、酸化剂、调味剂等物质，然后进行调试，使其均匀分布，可供人们饮用的碳酸水饮料。

调味料是用于使碳酸饮料产生香气或味道的材料。调味料包括：调味粉，果汁或果泥，坚果、种子、根茎、树皮、树叶、花等的提取物，牛奶或牛奶制品。碳酸饮料大多颜色艳丽，口感清爽，最大的特点是饮料中含有"碳酸气"，因而赋予饮料特殊的风味以及不可替代的夏季消暑解渴功能。

（2）碳酸饮料的种类。碳酸饮料一般可分为果汁型、果味型、可乐型和其他型。

1）果汁型。果汁型碳酸饮料是指原果汁含量不低于 2.5%（国外一般都在10% 以上）的碳酸饮料。这种饮料含有天然水果果汁，具有该种水果特有的色香味，富含各种维生素、果糖、有机酸、果胶、无机盐等营养成分，是一种最普通的，也是人们最常饮用的饮料。

2）果味型。果味型碳酸饮料是一种以食用香精为主要赋香剂以及原果汁含量低于 2.5% 的碳酸饮料。或者，含有干果果实浸提液的碳酸饮料。这种饮料一般不添加果汁或添加量比较小（2.5%以下）。其营养价值不如果汁饮料，但只要调配得好，风味仍可接近果汁饮料，是一种大众化的碳酸饮料。

3）可乐型。可乐型碳酸饮料是含有可乐果、白柠檬、月桂、焦糖色或其他类似辛香和果香混合香气的碳酸饮料。可乐是一种嗜好性饮料，以美国的可口可乐为开山鼻祖，其后是百事可乐，据测定，可口可乐中含有 11.1% 的总糖分及 0.084% 的总酸，主要为磷酸，pH 值为 3.2，咖啡因含量为 0.11%，二氧化碳含量 3.0%，色素成分主要为焦糖，还含有多种混合香精，此外还含有微量的兴奋剂可卡因、甘油和酒精等。

4）其他碳酸饮料。其他碳酸饮料是指除上述三种类型以外的碳酸饮料，如苏打水、盐汽水，以及含有非果实的植物提取物或非果香的食用香精的碳酸饮料。如沙式汽水、忌廉汽水等。

（3）碳酸饮料对人体的影响。碳酸饮料的好处：足量的二氧化碳能起到杀菌、抑菌的作用，还能通过蒸发带走体内热量，起到降温作用。

碳酸饮料在一定程度上影响人们的健康，主要的表现：磷酸导致骨质疏松、引发人体免疫力下降、影响消化功能等。同时碳酸饮料含有大量的二氧化碳，在抑制人身体有害细菌的同时，对人体内的有益菌也会产生抑制作用，最终造成消化系统的破坏。饮料中糖会在人体内产生大量热量，长期饮用容易引起肥胖。给肾脏带来负担，引发糖尿病。

四、果蔬汁饮料与功能性饮料

随着我国居民的生活水平、消费水平及消费质量的不断提高，富含维生素的果蔬饮料越来越受到人们的青睐。而功能性饮料，通过调整饮料中的营养成分平衡人体机能，适应了高工作节奏的现代人群的需求。

1. 果蔬汁饮料

果蔬汁是指以新鲜或冷藏果蔬为原料，经过机器加工等方法得到的果蔬汁液，称为果蔬汁；果蔬汁饮料是以果蔬汁为原液，加入糖、酸、香精、色素等调和而成的制品。根据 GB10789—89 软饮料的分类标准，果汁饮料大致可以分为 9~10 类：原果汁、浓缩果汁、原果浆、浓缩果浆、果肉果汁饮料、高糖果汁饮料、果粒果汁饮料、水果汁、果汁饮料、果汁水。

（1）果汁饮料。果汁饮料根据工艺方式可以分为原果汁、果浆、浓缩果汁、浓缩果浆、果肉饮料等。

1）原果汁。采用机械方法将水果加工制成未经发酵但能发酵的汁液，具有原水果果肉的色泽、风味和可溶性固形物含量。在酒吧以及酒楼里常见的果汁就是用新鲜水果压榨而成，常见的有葡萄汁、芒果汁、橙汁、桃汁、猕猴桃汁等。

2）果浆。采用打浆工艺将水果或水果的可食部分加工制成未发酵但能发酵的浆液，具有原水果果肉的色泽、风味和可溶性固形物含量。或是在浓缩果浆中，加入果浆在浓缩时失去的天然水分等量的水，制成的具有原水果果肉的色泽、风味和可溶性固形物含量的制品。

3）浓缩果汁。采用物理方法从果汁中除去一定比例的天然水分，制成具有果汁应有特征的制品。

4）浓缩果浆。用物理方法从果浆中除去一定比例的天然水分，制成具有果浆应有特征的制品。

5）果肉饮料。在果浆（或浓缩果浆）中加入水、糖液、酸味剂等调制而成的制品，成品中果浆含量不低于 30%（m/V）。用高酸、汁少肉多或风味强烈的水果调制而成的制品，成品中果浆含量不低于 20%（m/V），一般是 30%，少数汁少肉多在 20% 以上即可，含有两种或两种以上果浆的果肉饮料称为混合果肉饮料。

6）果汁饮料。在果汁（或浓缩果汁）中加入水、糖液、酸味剂等调制而成的清汁或浑汁制品。成品中果汁含量不低于 10%（m/V），如橙汁饮料、菠萝汁饮料、苹果汁饮料等。含有两种或两种以上果汁的称为混合果汁饮料。

7）果粒果汁饮料。在果汁（或浓缩果汁）中加入水、柑橘类的囊胞（或其他水果经切细的果肉等）、糖液、酸味剂等调制而成的制品。成品果汁含量不低于 10%（m/V）；果粒含量不低于 5%（m/V）。

8）水果饮料浓浆。在果汁（或浓缩果汁）中加入水、糖液、酸味剂等调制而成的含糖量较高、稀释后方可饮用的制品。成品果汁含量不低于 5%（m/V），乘以本产品标签上标明的稀释倍数，如西番莲饮料浓浆（也称百香果、鸡蛋果）等。含有两种或两种以上果汁的水果饮料称为混合水果饮料浓浆。

9）水果饮料。在果汁（或浓缩果汁）中加入水、糖液、酸味剂等调制而成的清汁或浑汁制品。成品中果汁含量不低于 5%（m/V），如橘子饮料、菠萝饮料、苹果饮料等。含有两种或两种以上果汁的水果饮料称为混合水果饮料。

（2）蔬菜汁饮料。蔬菜汁主要指用新鲜或冷藏蔬菜（包括可食的根、茎、叶、花、果实，食用菌，食用藻类及蕨类）等为原料，经加工制成的制品。比如番茄汁、黄瓜汁。蔬菜汁饮料一般可以分为纯蔬菜汁饮料、复合蔬菜汁饮料、发酵蔬菜汁饮料。

1) 纯蔬菜汁饮料。在蔬菜汁中加入水、糖液、酸味剂等调制而成的可直接饮用的制品。含两种或两种以上蔬菜汁的称为纯蔬菜汁饮料。

2) 复合蔬菜汁饮料。在蔬菜汁和果汁中加入白砂糖等调制而成的制品。

3) 发酵蔬菜汁饮料。蔬菜或蔬菜汁经乳酸发酵后制成的汁液中加入水、食盐、糖液等调制而成的制品。由于品种不同，果蔬汁饮料所含营养成分差别很大，因而对人体的保健作用也不尽相同。主要特点及功能有：低热能，含有多种维生素、多种有机酸、丰富的纤维与果胶。果蔬汁中的碳水化合物基本是由果糖、葡萄糖组成的，这种糖很容易被吸收，有利于新陈代谢。

2. 功能性饮料

功能性饮料是指通过调整饮料中营养素的成分和含量，或加入具有特定功能成分满足某些人群需要的饮料。功能性饮料在广义上包括运动饮料、能量饮料和其他有保健作用的饮料。功能性饮料市场上通常分为两大类：补充型和功能型。补充型的作用是有针对性地补充人体运动时丢失的营养，包括钾、钠、钙、镁等电解质，能够及时补充人体因大量运动出汗所损失的水分和电解质（盐分），使体液达到平衡状态。而功能型饮料是通过在饮料中添加维生素、矿物质等各种功能因子，使其具有某种功能，以满足特定人群的保健需要。

功能性饮料能强身健体、提高身体机能，虽然一般人都能喝，有的功能饮料只针对特定的人群。比如饮料中含有咖啡因能刺激中枢神经，成年人饮用可以提神抗疲劳，但不适合青少年使用。在运动后人体通过饮用功能性饮料及时补充人体因大量出汗所损失的水分和盐分，使体液达到平衡状态，但对于心脏病和高血压患者而言，该饮料中所含的钠元素会增加机体负担，引起心脏负荷加大、血压升高，即使没有运动，对于上述功能饮料也不能饮用。因此，功能性饮料不能随便饮用。

五、含乳饮料

含乳饮料以风味独特等特点在软饮料行业中独树一帜。从 20 世纪 80 年代起步，如今已成为软饮料中的重要品种。含乳饮料是一种常见的营养型饮料，这种饮料的配料中除了牛奶以外，一般还有水、甜味剂、果味剂等。

1. 含乳饮料的概念及分类

含乳饮料是以鲜乳或乳制品为原料，发酵或不发酵，经过加工制成的一种乳品饮料。按我国软饮料的分类方法，含乳饮料是我国十大软饮料之一。

含乳饮料主要分为中性乳饮料和酸性乳饮料。中性乳饮料主要以水、牛乳为基本原料，加入其他风味辅料，如咖啡、果汁、甜味佐料等，再加以调色、调香制成的饮料，例如果汁调味奶。

根据是否经过发酵，酸性乳饮料还可以分为发酵型乳饮料和调配型乳饮料。发酵型乳饮料是指以鲜乳或乳制品为原料经发酵，添加水和增稠剂等辅料，经加工制成的产品。其中由于杀菌方式不同，可分为活性乳酸菌饮料和非活性乳酸菌饮料。调配型酸乳饮料是以鲜乳或乳制品为原料，加入水、糖液、酸味剂等调制而成的制品，产品经过灭菌处理，保质期比乳酸菌饮料要长。

2. 含乳饮料成分特点

很多人对含乳饮料的认识存在一定误区，许多家长将含乳饮料代替奶给孩子饮用，主要是因为对于含乳饮料的概念了解得不是很清楚。我们讲的"奶"，包括流体奶（如鲜牛奶、纯奶和各种花色奶）、发酵奶（如酸奶）和固体奶（如各种奶粉）。这些流体乳液或按说明调成的奶粉乳液，营养成分相近，例如，每100毫升乳液中蛋白质含量不得低于2.5克。而含乳饮料虽然含有必备的牛奶成分，但其中更多的是水。

虽然含乳饮料的营养价值不如牛奶，但是与含糖碳酸饮料相比，仍具有一定的营养优势。据测定，一罐300毫升的含糖碳酸饮料含糖量高，约为40克。碳酸饮料属于空营养高能饮料，不宜多喝，尤其是超重或肥胖儿童更应控制摄入量，而含乳饮料则占有优势。

第三节　蒸馏酒

蒸馏酒主要包括：白兰地、金酒、威士忌、伏特加、朗姆酒、特吉拉酒和中国白酒。

一、白兰地（Brandy）

白兰地（Brandy）源于荷兰文"Brandewijn"，是指可以燃烧的酒，它是世界上最负盛名的一种酒，人们授予白兰地至高无上的地位，称为英雄的酒。白兰地一词分狭义和广义之说，从广义上讲，所有以水果为原料发酵蒸馏而成的酒都称为白兰地，例如苹果白兰地。但现在已经习惯把葡萄酒经过蒸馏和放在木桶里经过相当时间的陈酿而成的酒，称为白兰地。白兰地通常的意思是"葡萄酒的灵魂"。

世界上生产白兰地的国家很多，但以法国生产的白兰地最为驰名。而在法国生产的白兰地中，尤以干邑地区生产的最为优美，其次为雅邑（亚曼涅克）地区所产。除了法国生产白兰地以外，其他盛产葡萄酒的国家，如西班牙、意大利、葡萄牙、美国、秘鲁、德国、南非、希腊等国家，也都生产一定数量、风格各异的白兰地。独联体国家生产的白兰地，质量也很优异。

1. 白兰地的特点

现在已经习惯把以葡萄为原料，经发酵、蒸馏、贮存、调配而成的酒称作白兰地。若以其他水果为原料制成的蒸馏酒，则需在白兰地前面冠以水果的名称，如苹果白兰地、樱桃白兰地等。白兰地主要有以下几个特点：

（1）具有特殊的芳香。白兰地中的芳香物质首先来源于原料。例如法国著名的干邑白兰地区就是以雅邑的白玉霓、白福儿、格伦巴优良葡萄含特有的香气，经过发酵和蒸馏，能内含到白兰地原液之中；其次就是橡木桶的陈酿作用，白兰地酒经贮存后，口感醇和，芳香浓郁，是因为所用的橡木桶对白兰地有微妙的"交换作用"。橡木桶的木质素中香气结合自身丹宁成分氧化产生的香气，形成一种白兰地特有的奇妙香气。桶中的氧气，与白兰地发生作用，它在氧化过程中引起复杂的化学反应并形成酒香；另外，橡木桶的溶解物质和它的微生物，对于白兰地的老熟和产生酒香影响极大。酒里的酒精也会蒸发一部分，使酒的烈度降低，每年平均蒸发 1%~2%，并且橡木桶的颜色也逐渐渗入酒中，使无色的白兰地酒变成晶莹的琥珀色，味道也有所变化。陈酿时间越久，白兰地的风格越柔顺，香气也越精美，白兰地不能无限制陈酿于木桶中，酒本身也有一定的时间限制。白兰地的最佳酒龄为 20~40 年，一般不超过 50 年。时间过长，品质将走向衰败，酒中的水分也会全部蒸发掉，酒味将遭破坏变成木质味，一般到了年头的酒可改用搪瓷罐贮存，则可以保证酒的品质长期不变。

（2）独特工艺。最好的白兰地是由不同酒龄、不同来源的多种白兰地掺兑而成的。兑酒师要通过品尝储藏在桶内的酒类来判断酒的品质和风格，并决定调兑比例。兑酒师都有自己的配方，绝不外传。勾兑后的白兰地在适当的容器中和谐 6 个月就可装瓶。白兰地与葡萄酒不一样，不在瓶中沉淀，入瓶以后就成为定型产品。只要避光、低温保存，不泄漏，就可长期留用。

品质优良的白兰地与所选用的原料和加工工艺有关，通常用白葡萄酒酿制比用红葡萄酒酿制好。新蒸馏出来的未经陈年的白兰地酒是无色的，酒度在 40~43 度，香气低而不调和，味道辛辣不爽口，无醇和甘冽的口感，所以要经过在大橡木桶中贮藏来提高质量。一般至少贮存两年以上，否则白兰地的名称上必须注明"未成熟"等字样。

白兰地的酒龄一般为 3~8 年，许多著名的牌子酒龄长至 25 年，甚至更为长远。为了突出贮存年限，抬高酒价，酒瓶的商标上还要有醒目的特殊标记，但这些标记的含义没有严格的标准，不仅没有严格确定的酒龄，即使相同的标记在不同的地区和厂家所代表的意义也不一定相同。

2. 白兰地的产地

世界上生产白兰地的国家很多，不过一提起白兰地，人们总是自然而然地与法国联系起来，的确法国出产的白兰地堪称世界白兰地之最。法国白兰地中主要包括干邑（Cognac）和雅邑（Armagnac）两地所产的白兰地，其他国家如美国、西班牙等生产的白兰地虽然不像法国干邑和雅邑那样声名显赫，但有一定影响力。典型白兰地的产地有如下几个：

（1）干邑白兰地（Cognac）。最著名白兰地的产地当属法国，然而当人们提到极品白兰地时，不是泛指法国白兰地，而是指干邑白兰地（Cognac）。干邑，是法国南部的一个地区，位于夏朗德省（Charente）境内。干邑地区的土壤、气候、雨水等自然条件特别有利于葡萄的生长，因此，这个地区所生产的葡萄在全世界是首屈一指的，干邑是法国白兰地最古老、最著名的产区，干邑地区生产白兰地有其悠久的历史和独特的加工酿造工艺，干邑之所以享有盛誉，与其原料、土壤、气候、蒸馏设备及方法、老熟方法密切相关，干邑白兰地被称为"白兰地之王"。

（2）雅邑白兰地（Armagnac）。雅邑白兰地仅次于干邑白兰地，雅邑位于干邑南部，即法国西南部的热尔省（Gers）境内，以产深色白兰地驰名，虽没有干邑著名，但风格与其很接近。酒体呈琥珀色，发黑发亮，因贮存时间较短，所以口味烈。陈年或远年的雅邑白兰地酒香袭人，风格稳健沉着，醇厚浓郁，回味悠长。

（3）美国白兰地（Ameican Brandy）。美国白兰地以加利福尼亚州的白兰地为代表。18世纪，加州就开始蒸馏白兰地。到了19世纪中叶，白兰地已成为加州政府酒工业中的一种。主要品牌有嘉露（E&J）、克利斯丁兄弟（Christian Brothers）、吉尔德（Guild）等。

（4）西班牙白兰地（Spanish Brandy）。西班牙白兰地主要用来作为生产金酒和配制酒的原料。主要品牌有卡朗斯（Carlos）、奥斯彭（Conde De Osborne）、芬达多（Fundador）、玛格诺（Magno）、索博阿诺（Soberano）、特利（Terry）等。

（5）意大利白兰地（Italian Brandy）。意大利白兰地味道十分浓郁，适合加入适量冰块或者掺水饮用。主要名品有布顿（Buton）、斯托克（Stock）、维基亚·朗马尼亚（Vecchia Romagna）等。

（6）南非白兰地（South Africa Brandy）。南非白兰地是用未陈年的白葡萄酒蒸馏而成的，蒸馏成的白兰地至少要陈年3年，而陈年5年的海角白兰地（Cape Brandy）品质十分优异。

（7）中国白兰地（China Brandy）。据史料记载，我国早在1000多年以前就已经掌握了白兰地的制作技术。而我国第一个民族葡萄酒企业——张裕葡萄酿酒公司成立后，我国的白兰地有所发展，在1915年巴拿马万国博览会上获得金奖的张裕金奖白兰地也是比较好的白兰地品牌之一。

3. 白兰地的保健功能

国际上通行的白兰地，酒精含量在 40%左右，色泽金黄晶亮，具有优雅的葡萄果香和浓郁的陈酿木香，口味甘洌，醇美无瑕，余香萦绕不散。国内外一些药物和营养学专家指出，经常饮用白兰地可帮助胃肠消化；秋季饮用白兰地，可以驱寒暖身、化瘀解毒，并对流行性感冒等病症有解热利尿的功效。此外，白兰地还是一种心脏"兴奋剂"和"调节器"，是有效的血管扩张剂，欧洲国家一些医生在给心血管病人开药时，往往开一些白兰地，因为白兰地能提高心血管的强度，所以有人又称白兰地是心血管病人的良药。

二、 金酒、威士忌和伏特加

金酒、威士忌和伏特加都属于烈性酒类，是酒吧中调酒师调酒常用的基酒。金酒、威士忌和伏特加一般都以产地来进行划分。

1. 金酒（Gin）

金酒在香港地区、广东地区被称为毡酒，在台北地区被称为琴酒，又因其含有特殊的杜松子味道，所以又被称为杜松子酒。

金酒不用陈酿，但也有厂家将原酒放到橡木桶中陈酿，从而使酒液略带金黄色。金酒的酒度一般在 35~55 度，酒度越高，其质量就越好。比较著名的有荷式金酒、英式金酒和美国金酒。

（1）荷式金酒（The Dutch Gin）。金酒是荷兰的国酒，荷式金酒主要的产区集中在斯希丹（Schiedam）一带，它是以大麦芽与稞麦等为主要原料，配以杜松子酶为调香材料，经发酵后蒸馏三次获得的谷物原酒，然后加入杜松子香料再蒸馏，最后将蒸馏而得的酒，贮存于玻璃槽中待其成熟，包装时再稀释装瓶。荷式金酒色泽透明清亮，酒香味突出，香料味浓重，辣中带甜，风格独特。无论是纯饮或加冰都很爽口，酒度为 52 度左右。因香味过重，荷兰金酒只适于纯饮，不宜作混合酒的基酒，否则会破坏配料的平衡香味。

（2）英式金酒（English Dry Gin）。英式金酒的生产过程较荷式金酒简单，它用食用酒糟和杜松子及其他香料共同蒸馏而得干金酒。由于干金酒酒液无色透明，气味奇异清香，口感醇美爽适，既可单饮，又可与其他酒混合配制或作为鸡尾酒的基酒，所以深受世人的喜爱。英式金酒又称伦敦干金酒，属淡体金酒，意思是指不甜，不带原体味，口味与其他酒相比，比较淡雅。

（3）美式金酒（American Gin）。美式金酒为淡金黄色，因为与其他金酒相比，它要在橡木桶中陈年一段时间。美式金酒主要有蒸馏金酒（Distiled Gin）和混合金酒（Mixed Gin）两大类。通常情况下，美式蒸馏金酒在瓶底部有"D"字，这是美式蒸馏金酒的特殊标志。混合金酒是用食用酒精和杜松子简单混合而成的，很少用于单饮，多用于调制鸡尾酒。

2. 威士忌（Whisky）

"威士忌"一词，意为"生命之水"，绝大多数人都喜欢纯饮威士忌。威士忌的酿制是将上等的大麦浸于水中，使其发芽，再用木炭烟将其烘干，经发酵、蒸馏、陈酿而成。贮存过程最少3年，也有多至15年以上的。造酒专家认为：劣质的酒陈年再久也不会变好的，所以，经二次蒸馏过滤的原威士忌，必须经酿酒师鉴定合格后，才可放入酒槽，注入炭黑橡木桶里贮藏酝酿。由于橡木本身的成分及透过橡木桶进入桶内的空气，会与威士忌发生作用，使酒中不洁之物得以澄清，口味更加醇化，产生独一无二的酒香味，并且会使酒染上焦糖般的颜色。所有威士忌都具有相同的特征：略带微妙的烟草味。大多数威士忌在蒸馏时，酒精纯度高达140~180proof，装瓶时稀释至80~86proof，这时酒的陈年作用便自然消失了，也不会因时间的长短而使酒的质量有所改变。

几百年来，威士忌大多是用麦芽酿造的。直至1831年才诞生了用玉米、燕麦等其他谷类所制的威士忌。到了1860年，威士忌的酿造又出现了一个新的转折点，人们学会了用掺杂法来酿造威士忌，所以威士忌因原料不同和酿制方法的不同可分为麦芽威士忌、谷物威士忌、五谷威士忌、稞麦威士忌和混合威士忌五大类。掺杂法酿造威士忌的出现使世界各国的威士忌家族更加壮大，许多国家和地区都有生产威士忌的酒厂，生产的威士忌酒更是种类齐全、花样繁多，最著名、最具代表性的威士忌分别是苏格兰威士忌、爱尔兰威士忌、美国威士忌和加拿大威士忌四大类。

（1）苏格兰威士忌（Scotch Whisky）。苏格兰威士忌是与独产于中国的贵州省仁怀市茅台镇的茅台酒，法国科涅克白兰地齐名的三大蒸馏名酒之一。苏格兰生产威士忌酒已有500年的历史，其产品有独特的风格，色泽棕黄带红，清澈透明，气味焦香，带有一定的烟熏味，具有浓厚的苏格兰乡土气息。苏格兰威士忌具有口感甘洌、醇厚、劲足、圆润、绵柔的特点，是世界上最好的威士忌酒之一。衡量苏格兰威士忌的主要标准是嗅觉感受，即酒香气味。苏格兰威士忌可分为纯麦威士忌、谷物威士忌和混合威士忌三种类型。目前，世界最流行、产量最大、品牌最多的便是混合威士忌。苏格兰混合威士忌的原料60%来自谷物威士忌，其余则加入麦芽威士忌。苏格兰威士忌受英国法律保护：凡是在苏格兰酿造和混合的威士忌，才可称为苏格兰威士忌。它的工艺特征是使用当地的泥煤为燃料烘干麦芽，再粉碎、蒸煮、糖化，发酵后再经壶式蒸馏器蒸馏，产生70%左右的无色威士忌，再装入内部烤焦的橡木桶内，贮藏5年甚至更长一段时间。其中有很多品牌的威士忌窖藏期超过了10年。最后经勾兑混配后调制成酒精含量在40%左右的成品出厂。苏格兰威士忌品种繁多，按原料和酿造方法不同，可分为三大类：纯麦芽威士忌、谷物威士忌和兑合威士忌。

（2）爱尔兰威士忌（Irish Whiskey）。爱尔兰威士忌酒作为咖啡的伴侣人们已经相当熟悉，其独特的香味是深受人们喜爱的主要原因。爱尔兰制造威士忌至少有700年的历史，有些权威人士认为威士忌酒的酿造起源于爱尔兰，随后传到苏格兰。爱尔兰人有很强的民族独立性，就连威士忌酒 Whiskey 的写法也与苏格兰威士忌酒 Whisky 有所不同。爱尔兰威士忌酒的生产原料主要有大麦、燕麦、小麦和黑麦等，以大麦为主，约占80%，爱尔兰威士忌酒用塔式蒸馏器经过三次蒸馏，然后入桶老熟陈酿，一般陈酿时间在8~15年，所以成熟度相对较高，装瓶时为了保证其口味的一贯性还要进行勾兑与掺水稀释。

（3）美国威士忌（Ameican Whiskey）。美国是世界上威士忌酒最大的生产国和消费国，据统计美国成年人每人每年平均饮用16瓶威士忌酒，这是世界任何国家所不能比拟的。虽然美国生产威士忌酒酿造活动仅有200多年的历史，但其产品紧跟市场需求，产品类型不断翻新，因此美国威士忌很受人们的欢迎。美国威士忌酒以优质的水、温和的酒质和带有焦黑橡木桶的香味而著名，尤其是美国的波旁威士忌（又称波本威士忌酒，Bourbon Whiskey）更是享誉世界。

（4）加拿大威士忌（Canadian Whisky）。加拿大生产威士忌酒已有200多年的历史，其著名产品是稞麦（黑麦）威士忌酒和混合威士忌酒。在稞麦威士忌酒中，稞麦（黑麦）是主要原料，占51%以上，再配以大麦芽及其他谷类，此酒经发酵、蒸馏、勾兑等工艺，并在白橡木桶中陈酿至少3年（一般达到4~6年），才能出品。该酒口味细腻，酒体轻盈淡雅，酒度40度以上，特别适宜作为混合酒的基酒使用。加拿大威士忌酒在原料、酿造方法及酒体风格等方面与美国威士忌酒比较相似。

3. 伏特加（Vodka）

伏特加语源于俄文的"生命之水"一词，最早的伏特加是用蜂蜜蒸馏的，到了18世纪，才有了在其中加入马铃薯以及各种谷物类，经过反复蒸馏精炼过滤的方法，使酒精含量提高到95%。伏特加是俄国和波兰的国酒，是北欧寒冷国家十分流行的烈性饮料，"伏特加"是苏联人对"水"的昵称。

伏特加是以多种谷物（马铃薯、玉米）为原料，用重复蒸馏、精炼过滤的方法，除去酒精中所含毒素和其他异物的一种纯净的高酒精浓度的饮料。伏特加无色无味，没有明显的特性，但很提神。伏特加酒口味烈，劲大刺鼻，除了与软饮料混合使其变得干爽，与烈性酒混合使其变得更烈之外，别无他用。但由于酒中所含杂质极少，口感纯净，并且可以以任何浓度与其他饮料混合饮用，所以经常用于做鸡尾酒的基酒。伏特加作基酒来调制鸡尾酒，比较著名的有黑俄朗斯（Black Russian）、螺丝钻（Screw Driver）、血玛丽（Bloody Mary）等。

三、朗姆酒和特吉拉酒

朗姆酒和特吉拉酒也是鸡尾酒调制中最为常用的基酒，朗姆酒和特吉拉酒与其他烈性酒使用的原料不一样，朗姆酒使用甘蔗为原料制取，而特吉拉酒主要使用龙舌兰为原料制取。

1. 朗姆酒（Rum）

朗姆酒，"Rum"一词来源于古英文字"Rumbullion"，指的是"兴奋"。朗姆酒是以甘蔗糖料、甘蔗汁或甘蔗渣滓为原料，经原料处理、酒精发酵、蒸馏取酒、入橡木桶陈酿后形成的具有特殊色、香、味的蒸馏酒。又译为兰姆酒。

朗姆酒根据不同的原料和酿制方法可分为朗姆白酒（White Rum）、朗姆老酒（Old Rum）、淡朗姆酒（Light Rum）、传统朗姆酒（Traditional Rum）和浓香朗姆酒（Great Aroma Rum）五种。朗姆白酒是一种新鲜酒，酒体清澈透明，香味清新细腻，口味甘润醇厚，酒度55度左右；朗姆老酒需陈酿3年以上，呈橡木色，酒香醇浓优雅，口味醇厚圆正，酒度在40~43度；淡朗姆酒是在酿制过程中尽可能提取非酒精物质的朗姆酒，陈酿1年，呈淡黄棕色，香气淡雅、圆正，酒度40~43度，多作混合酒的基酒；传统朗姆酒陈年8~12年，呈琥珀色，在酿制过程中加焦糖调色，甘蔗香味突出，口味醇厚圆润，有时称为黑朗姆，也用来作为鸡尾酒的基酒；浓香朗姆酒也称强香朗姆酒，是用各种水果和香料串香而成的朗姆酒，其风格与干型利口酒相似，此酒香气浓郁，酒度为54度。

2. 特吉拉酒（tequila）

特吉拉酒又称龙舌兰酒，龙舌兰酒是墨西哥的特产，被称为墨西哥的灵魂。此酒因产于墨西哥特吉拉小镇而闻名。特吉拉酒是以龙舌兰草（Agave Plant）的茎部为原料，经处理、酒精发酵、蒸馏取酒、贮存所制造出的含酒精饮品。龙舌兰是一种仙人掌科的植物，通常要生长12年，成熟后割下送至酒厂，再被割成两半后泡洗24小时。然后榨出汁来，汁水加糖送入发酵柜中发酵两天至两天半，然后经两次蒸馏，酒精纯度达104~106proof，此时的酒香气突出，口味凶烈。然后放入橡木桶陈酿，陈酿时间不同，颜色和口味差异很大，白色酒未经陈酿，银白色酒贮存期最多3年，金黄色酒贮存至少2~4年，特级特吉拉酒需要更长的贮存期，装瓶时酒度要稀释至80~100proof。

四、中国白酒

白酒是中国特有的一种蒸馏酒，是以谷物等农副产品为原料，经发酵蒸馏而成的一种高度酒。酒度一般为50~60度。白酒的香型主要取决于生产工艺、发酵、设备等条件。也就是说用不同的生产工艺、发酵方法和不同的设备，可生产不同香型的酒。如酱香型白酒是采用超高温制曲、凉堂、堆积、清蒸、回沙等酿造工艺，石窖或泥窖发酵；浓香型白酒是采用混蒸续渣工艺，陈年老窖或人工老窖发酵；清香型白酒是采用清蒸清渣工艺和地缸发酵；米香型白酒是采取浓、酱两种香型酒的某些特殊工艺酿造而成；其他香型的酒如西凤、董酒、景芝白干等，其生产工艺也各有不同。白酒按香型可分为五种：酱香型、浓香型、清香型、米香型、混香型。

（1）酱香型，又称茅型，主体香味成分比较复杂，其主体香尚未确定。口感风味具有酱香、细腻、醇厚、回味长久等特点。以贵州茅台酒为代表。

（2）清香型，又称汾型，主体香成分为乙酸乙酯和乳酸乙酯。具有清香、醇甜、柔和等特点，是中国北方的传统产品。以山西汾酒为代表。

（3）浓香型，又称泸型，主体香成分为己酸乙酯和适量的丁酸乙酯。口感风味具有芳香、绵甜、香味谐调等特点。以四川泸州老窖大曲酒为代表。

（4）米香型，主体香成分为乙酸乙酯和乳酸乙酯及适量的β—苯乙醇。口感风味具有蜜香、清雅、绵柔等特点。以广西桂林三花酒为代表。

（5）其他香型，具有各自独特的生产工艺和口感风味。其主体香及香型尚未确定。如贵州董酒、陕西西凤酒等，其口感、风味依酒的特性，风格突出者为佳品。

除上述五种主要的香型之外，还有小五香型，它们分别为：以白云边和中国玉泉酒为代表的兼香型白酒；以景芝白干（在山东，武松喝酒的地方）为代表的芝麻香型白酒；以董酒（在贵州）为代表的药香型白酒；以玉冰烧为代表的豉香型白酒（在广东，要用肥猪肉泡）。

平时在进餐的时候，适量饮用白酒，可以增进食欲，促进食物的消化。喝酒不能过量，若大量饮用白酒，胃黏膜会受到大量酒精的刺激，导致胃病的发生。近年来一些研究发现，适量饮用白酒对预防心血管病具有一定的作用。这是因为适量饮酒，会增加人体血液内的高密度脂蛋白，而高密度脂蛋白又能将可导致心血管病的低密度脂蛋白等从血管和冠状动脉中转移，从而可以有效减少冠状动脉内胆固醇沉积。也有研究认为，适量饮用白酒能够促进人体的血液循环，从而达到促进人体新陈代谢的作用。适量饮用白酒，还能够通过酒精对大脑和中枢神经的作用，起到消除疲劳、松弛神经的功效。另外，众所周知饮酒可以祛除寒冷，中医也认为饮酒可以舒活筋骨，活血化瘀。当然，只有适量饮用白酒才能使白酒的保健作用发挥到极致。

第四节 发酵酒

发酵酒主要包括葡萄酒、啤酒、黄酒和清酒。

一、葡萄酒

葡萄酒是以新鲜葡萄为原料经发酵制成的酒。酒精含量在 7%~16.2%，葡萄酒的基本成分主要是丹宁酸。通常认为，葡萄酒起源于公元前 6000 年的古波斯，那时有了葡萄种植和葡萄酒酿造。葡萄酒的种类很多，风格各异，但其主要生产工艺和主要成分却大致相同。

按照不同的方法可将葡萄酒分为若干类。按生长来源可分为山葡萄酒和家葡萄酒；按颜色可分为白葡萄酒、红葡萄酒和桃红葡萄酒；按含糖量可分为干葡萄酒、半干葡萄酒、半甜葡萄酒和甜葡萄酒；按酿造方法可分为天然葡萄酒和特种葡萄酒；按是否含有二氧化碳可分为静止葡萄酒和起泡葡萄酒（又分为葡萄汽酒和香槟酒）；按饮用方式可分为开胃葡萄酒、佐餐葡萄酒和健胃葡萄酒。

1. 葡萄酒的品种

葡萄酒是指用纯葡萄汁发酵，经陈酿处理后生成的低酒精度饮料。全世界葡萄酒品种繁多，一般按品种可以分为红葡萄酒和白葡萄酒。

（1）红葡萄酒品种。

1）赤霞珠（Cabernet Sauvignon），译为卡伯纳·苏维翁，别名解百纳、解百纳索维浓、解百纳苏味浓，曾用名雪华沙和苏维翁。原产法国，是法国波尔多（Bordeaux）地区传统的酿制红葡萄酒的良种。世界上生产葡萄酒的国家均有较大面积的栽培。我国于 1892 年首先由烟台张裕公司引入，是我国目前栽培面积最大的红葡萄品种。该品种容易种植及酿造、适应性较强、酒质优，可酿成浓郁厚重型的红酒，适合久藏。但它必须与其他品种调配（如梅鹿辄）经橡木桶贮存后才能获得优质葡萄酒。它与品丽珠、蛇龙珠在我国并称"三珠"。

2）品丽珠（Cabenet Franc），译为卡伯纳·佛朗，别名卡门耐特、原种解百纳。原产法国，是法国波尔多地区及罗亚河地区（Loire）古老的酿酒品种，是赤霞珠、蛇龙珠的姊妹品种。我国最早是在 1892 年由西欧引入山东烟台。该品种是世界著名的、古老的酿制红酒的良种，富有果香，较清淡柔和，大多不太能久藏，它的酒质不如赤霞珠，适应性不如蛇龙珠。通常与卡伯纳·苏维翁及美露（Merlot）搭配。

3）梅鹿辄（Merlot），别名梅鹿汁。原产法国，在法国波尔多地区与其他名种（如赤霞珠等）配合生产出极佳干红葡萄酒。我国最早是在 1892 年由西欧引入山东烟台。该品种为法国古老的酿酒品种，作为调配以提高酒的果香和色泽。

4) 佳丽酿（Carignane），别名佳里酿、法国红、康百耐、佳酿。原产西班牙，是西欧各国的古老酿酒优良品种之一。我国最早是在 1892 年由西欧引入山东烟台。所酿之酒宝石红色，味正，香气好，宜与其他品种调配，去皮可酿成白或桃红葡萄酒，且易栽培、丰产，可用作红酒调配与制白兰地。

5) 黑比诺（Pinot Noir），译为皮诺·诺瓦，别名黑品诺、黑皮诺等。原产法国，是古老的酿酒名种。我国最早在 1892 年从西欧引入山东烟台，1936 年从日本引入河北昌黎。该品种是法国著名酿造香槟酒与桃红葡萄酒的主要品种，早熟、皮薄、色素低、产量少，适合较寒冷的地区，它对土壤与气候要求比较严格，去皮发酵可酿制干白、白酒及非常好的气泡酒，是香槟最主要的葡萄品种之一。所酿的酒颜色不深，适合久藏。这是一种非常难种植又难酿造的葡萄品种。

6) 蛇龙珠（Cabernet Gernischt）。原产法国，为法国的古老品种之一。与赤霞珠、品丽珠是姊妹品种。1892 年引入中国，山东烟台地区有较多栽培。

（2）白葡萄酒品种。

1) 霞多丽（Chardonnay）。别名查当尼、莎当妮。原产法国，是酿造白葡萄酒的良种。主要在法国、美国、澳大利亚等国家栽培。我国最早于 1979 年由法国引入河北沙城，以后又多次从法国、美国、澳大利亚引入。树势生长强健，适应性强，能在各种土壤中种植，抗寒和抗病能力均较强。由于结果早和丰产性能好，因此对肥水条件要求较高。酿成的酒呈浅金黄色，微绿晶亮，味醇和，回味好，适于配制干白葡萄酒和香槟酒。

2) 白诗南（Chenin Blanc）。白诗南又名百诗难、白肖楠。原产自法国罗亚尔河谷的安茄（Anjou），属于欧亚种。1980 年由德国引入中国，在河北省、山东省、陕西省、新疆维吾尔自治区等地有栽培。白诗南适合温和的海洋性气候及石灰和硅石土质，所产葡萄酒常有蜂蜜口感和花香，入口味浓，酸度强。其干白酒和气泡酒品质也不错，大多适合贮藏年份不长时饮用，较优者也可陈年。

3) 雷司令（Riesling）。雷司令又称丽丝玲、蕙思林，其原产地一直是个谜，最早的种植记录在德国的莱茵河区。是德国和阿尔萨斯最优良细腻的品种。属晚熟型，适合大陆性气候（如莱茵河区），耐冷，多种植于向阳斜坡及砂质黏土，产量大，雷司令为最优质的葡萄品种，所产葡萄酒品种特性明显，淡雅的花香混合植物香，也常伴随蜂蜜及矿泉质香味。酸度强，但常能与酒中的甘甜口味感相平衡；丰富，细致，均衡，非常适合久存。除生产干白酒外，所产迟摘和贵腐甜白酒品质优异，即使成熟度过高也常能保持高酸度，香味浓烈优雅，可经数十年的陈年，品质可媲美塞米雍（Semillon）。

4）长相思（Sauvignon Blanc）。别名白索维浓、苏维浓、缩维浓。原产法国波尔多地区，是法国古老的酿酒品种。适合温和的气候，土质以石灰土最佳，常被称为白富美（Fume Blanc）。主要用来制造适合贮藏年份不长时饮用的干白酒，或混合塞米雍以酿造贵腐白酒。苏维浓所产葡萄酒酸味强，辛辣口味重，酒香浓郁且风味独具，非常容易辨别。青苹果及醋栗果香混合植物型香（如青草香和黑茶X子树芽香）最常见，在石灰土质则常有火石味和白色水果香，过熟时常会发出猫尿味。但比起其他优良品种，则显得简单不够丰富多变。

5）森美蓉（Semillon）。原产自法国波尔多地区，但以智利种植面积最广，法国次之，主要种植于波尔多地区。虽非流行品种，但在世界各地都有生产。适合温和型气候，产量大，所产葡萄粒小，糖分高，容易氧化。比起其他重要品种，法国波尔多所产干白酒品种特性不明显，酒香淡，口感厚实，酸度经常不足。所以经常混合解百纳葡萄酒以补其不足，适合贮藏年份不长时饮用。

2. 葡萄酒的功效

葡萄酒是唯一在人体消化道中呈碱性的饮料，它有利于人体对脂肪酸、蛋白质等高热量胆固醇食物的消化和吸收，并具有活血、通脉、助消化、降低血脂等功能。葡萄酒有 8 种人体不能自身合成的氨基酸，因而被称为"天然氨基酸食品"，并被联合国卫生食品组织批准为最健康、最卫生的食品。饭前饮用葡萄酒，可以帮助消化和吸收蛋白质。从而达到开胃健脾、帮助消化、预防便秘的作用。葡萄酒中含有较多的花色苷、前花青素、丹宁等物质，它们具有明显的扩张血管、增强血管通透性的作用，因而可以预防心脑血管疾病。经研究，葡萄皮中含有极高成分的白藜芦醇，可以防止正常细胞癌变，并能抑制癌细胞的扩散。还有研究表明，平时适量饮用葡萄酒可以提高大脑记忆力。当然，葡萄酒的养颜、抗氧化功能是众所周知的。适量饮用葡萄酒大有裨益。

二、啤酒

啤酒是以大麦芽、酒花、水为主要原料，经酵母发酵作用酿制而成的饱含二氧化碳的低酒精度酒。现在国际上的啤酒大部分均添加辅助原料。有的国家规定辅助原料的用量总计不超过麦芽用量的 50%。但在德国，除制造出口啤酒外，国内销售啤酒一概不使用辅助原料。国际上常用的辅助原料为米、大麦、小麦、淀粉、糖浆和糖类物质等。

啤酒的酒精含量是按重量计算的，一般为 2~7.5 度。啤酒度不代表酒精的含量，而是指酒液中原麦汁浓度重量的百分比。啤酒是一种含有多种氨基酸、维生素、蛋白质和二氧化碳的营养丰富、高热量、低酒度的饮料酒。具有清凉、解渴、健胃、利尿、增进食欲等功效，素有"液体面包"的美称。为国际上产量最大的饮料酒。

美国是世界上生产啤酒最多的国家，年产量达到 2000 万吨。德国则是世界上饮用啤酒最多的国家，人均年饮量多达 150 多公升。英国、德国、日本均为世界著名的啤酒生产国。德国慕尼黑啤酒节已成为国际性的狂欢节。

啤酒按颜色可分为淡色啤酒、浓色啤酒和黑啤酒；按生产工艺可分为纯生啤酒、全麦芽啤酒、小麦啤酒和浑浊啤酒；按生产方式可分为鲜啤酒和熟啤酒。

三、中国黄酒

黄酒是中国历史最为悠久的传统饮料，是以糯米、粳米等为原料，以药曲作为发酵剂酿制而成的饮料制品，黄酒的含量较低，一般在 14~20 度，属于低度酿造酒。黄酒含有丰富的营养，含有 21 种氨基酸，其中包括特种未知氨基酸，人体自身不能合成必须依靠食物摄取的 8 种必需氨基酸黄酒都具备，故被誉为"液体蛋糕"。

黄酒的颜色并不总是黄色，也有黑色、红色的黄酒；黄酒的实质应是谷物发酵非蒸馏而成的，也被称为"米酒"。因此，凡是用谷物酿制的非蒸馏酿造酒，都可以被称为黄酒类。

黄酒按含糖量可划分为干黄酒、半干黄酒、半甜黄酒和甜黄酒；按原料和酒曲可划分为糯米黄酒、黍米黄酒、大米黄酒、红曲黄酒。

四、清酒

清酒主要是指日本的酿制酒，以精白米为主要原料，以日本西宫地区水源酿造，通过微生物发酵制成的饮料。日本清酒是借鉴中国黄酒的酿造法而发展的，清酒发展以前日本只有浊酒，后来加入石炭过滤沉淀，取清洁的酒液，清酒才得以成名。随着中国的"曲种"酿酒技术由朝鲜人传播到日本，使日本的酿酒技术到 14 世纪日臻成熟，以奈良地区所产的清酒最负盛名。清酒色泽呈淡黄色或无色，清亮透明，芳香宜人，口味纯正，绵柔爽口，其酸、甜、苦、涩、辣诸味协调，酒精含量在 15%~17%（属于低度酒），含多种氨基酸、维生素，是营养丰富的饮料酒。

清酒按制造工艺可分为米酒、本酿酒、吟酿酒、大吟酿酒和桑黄菇发酵酒；按口味可分为甜口酒、辣口酒、浓醇酒、淡丽酒、高酸味酒、原酒和市售酒；按贮存期可分为新酒、老酒、老陈酒和秘藏酒；按酒税法规定的级别可分为特级清酒、一级清酒和二级清酒。

第五节　配制酒

配制酒主要包括开胃酒、餐后甜食酒、利口酒和中国配制酒。

一、开胃酒

开胃酒也称为餐前酒，是人们在用餐前饮用、能生津开胃和增加食欲的一种配制酒。开胃酒主要以葡萄酒或某种蒸馏酒为酒基，加入各种植物的成分等配制成的饮料制品。

1. 味美思（Vermouth）

味美思一般是以中性干型白葡萄酒为基酒，调配各种香料如苦艾草、大茴香、苦橘皮、菊花、小豆蔻、肉桂、白术、白菊、花椒根、大黄、厂香、龙胆、香草等，经搅、浸、冷却、澄清后装瓶。意大利和法国交界的高山边缘一带为最佳产区，因此意大利和法国是味美思最著名的生产国。味美思制法包括在已制成的葡萄酒中加入药料浸渍；用预先提炼的香料按比例加入葡萄酒；在葡萄汁的发酵期，将配好的药料加入一同发酵；在制成的味美思中以人工法加入二氧化碳或味美思起泡酒。

味美思有两种分类方法，一种是按地域划分，分为意大利味美思酒和法国味美思酒；另一种是按照味美思中的含糖量来划分。

2. 比特酒（Bitter）

比特酒从古药酒演变而来，具有药用和滋补的效用。它主要是用葡萄酒或蒸馏酒加入奎宁、阿尔卑斯草、龙胆根、苦橘皮、柠檬根等苦味或药味的草卉和植物的茎根与表皮配制而成。比特酒种类繁多，有清香型，也有浓香型；有淡色，也有深色；但不管是哪种比特酒，苦味和药味是它们的共同特征。比特酒的酒精含量在18~45度。较有名气的比特酒主要产自意大利、法国、荷兰、英国、德国、美国、匈牙利等。

3. 茴香酒（Anisés）

茴香酒实际上是用茴香油和蒸馏酒配制而成的酒，酒精含量为25度。茴香油中含有大量的苦艾素。45度酒精可以溶解茴香油。茴香油一般从八角茴香和青茴香中提炼取得，八角茴香油多用于开胃酒制作，青茴香油多用于利口酒制作。茴香酒中以法国产品较为有名。酒液视品种而呈不同色泽，一般都有较好的光泽，茴香味浓厚，馥郁迷人，口感不同寻常，味重而有刺激，酒度在25度左右。较有名气的法国茴香酒有里卡尔（Ricard）、巴斯的士（Pastis）、彼诺（Pernod)、白羊倌（Perger Blanc）等。

二、甜食酒

甜食酒常以葡萄酒基为基酒，加入蒸馏酒如白兰地勾兑配制而成，也称为强化葡萄酒，其酒度比葡萄酒高，在 16~18 度。但与利口酒有明显区别，后者虽然也是甜酒，但它的主要酒基一般是蒸馏酒。餐后甜酒的主要生产地有葡萄牙、西班牙、意大利、希腊、匈牙利、法国南方等。

1. 波特酒（Porto Wine）

波特酒产于葡萄牙杜罗河（Douro）一带，在波尔图港进行储存和销售。波特酒是用葡萄原汁酒与葡萄蒸馏酒勾兑而成的，有白和红两类。白波特酒有金黄色、草黄色、淡黄色之分，是葡萄牙人和法国人喜爱的开胃酒。红波特酒作为甜食酒在世界上享有很高的声誉，有黑红、深红、宝石红、茶红四种，统称为色酒（Tinto），红波特酒的香气浓郁芬芳，果香和酒香协调，口味醇厚、鲜美、圆润，有甜、半甜、干三个类型。最受欢迎的是 1945 年、1963 年、1970 年的产品。

2. 雪利酒（Sherry）

雪利酒产于西班牙的加勒斯（Jerez），英国人称其为 Sherry，法国人则称其为 Xérés。英国人嗜好雪利酒胜过西班牙人，人们遂以英文名相称此酒。雪利酒以加勒斯所产的葡萄酒为酒基，勾兑当地的葡萄蒸馏酒，逐年换桶陈酿，陈酿 15~20 年时，质量最好，风格也达极点。雪利酒分为两大类：菲奴（Fino）和奥罗路索（Oloroso），其他品种均为这两类的变形。

3. 玛德拉酒（Madeira）

玛德拉岛地处大西洋，长期以来为西班牙所占领。玛德拉酒产于此岛，是用当地生产的葡萄酒和葡萄烧酒为基本原料勾兑而成，十分受人喜爱。玛德拉酒是上好的开胃酒，也是世界上屈指可数的优质甜食酒。玛德拉酒分为四大类：舍西亚尔（Sercial）、弗德罗（Verdelho）、布阿尔（Bual）、玛尔姆赛（Malmser）。舍西亚尔是干型酒，酒色金黄或淡黄，色泽艳丽，香气优美，人称"香魂"，口味醇厚、浓正，西方厨师常用来做料酒。弗德罗也是干型酒，但比舍西亚尔稍甜。布阿尔是半干型或半甜型酒。玛尔姆赛是甜型酒，是玛德拉酒家族中享誉最高的酒。此酒呈棕黄色或褐黄色，香气悦人，口味极佳，比其他同类酒更醇厚浓重，风格和酒体给人以富贵豪华的感觉。玛德拉酒的酒精含量大多在 16~18 度。

4. 马拉加酒（Malaga）

马拉加酒产于西班牙安达卢西亚的马拉加地区，酿造方法颇似波特酒。酒精含量在 14~23 度，此酒在餐后甜酒和开胃酒中比不上其他同类产品，但它具有显著的强补作用，较为适合病人和疗养者饮用。

5. 马尔萨拉酒（Marsala）

马尔萨拉酒产于意大利西西里岛西北部的马尔萨拉（Marsala）一带，是由葡萄酒和葡萄蒸馏酒勾兑而成的，它与波特、雪利酒齐名。酒呈金黄略带棕色，香气芬芳，口味舒爽、甘润。根据陈酿的时间不同，马尔萨拉酒风格也有所区别。陈酿 4 个月的酒称为精酿（Fine），陈酿两年的酒称为优酿（Superiore），陈酿 5 年的酒为特精酿（Verfine）。

三、利口酒（liqueur）

利口酒是一类以蒸馏酒为酒基，配制各种调香物，并经甜化处理的酒精饮料。利口酒也称为"甜酒"，它具有三个显著的特征：调香物只采用浸制或兑制的方法加入酒基内，不做任何蒸馏处理；甜化剂是食糖或糖浆；利口酒大多在餐后饮用。利口酒的酒精度比较高，一般在 20~45 度。调香物质有果类、草类和植物种子类等。

1. 果类利口酒（Liqueurs de fruits）

果类利口酒一般采用浸泡法酿制，其突出的风格是口味清爽新鲜。

（1）库拉索酒（Curacao）。库拉索酒产于荷属库拉索岛，该岛位于离委内瑞拉 60 公里的加勒比海中。库拉索酒是由橘子皮调香浸制成的利口酒。有无色透明的，也有呈粉红色、绿色、蓝色的，橘香悦人，香馨优雅，味微苦但十分爽适。酒精度在 25~35 度，比较适合餐后饮用或配制鸡尾酒。

（2）大马尼尔酒（Grand Manier）。大马尼尔酒产于法国雅邑（Cognac）地区，是用苦橘皮浸制成"橘精"调香配制而成的果类利口酒。大马尼尔酒是库拉索酒的仿制品。大马尼尔酒有红标和黄标两种，红标是以哥涅克为酒基，黄标则是以其他蒸馏酒为酒基。它们的橘香都很突出，口味凶烈，甘甜，醇浓，酒度在 40 度左右，属特精制利口酒。投放市场的大马尼尔酒还有另外两个品种："百年酿"（Cuvée du Centenaire）和"雪利马尼尔"（Cherry Marnier）。

（3）马拉希奴酒（Maraschino）。马拉希奴酒又名"马拉斯钦"（Marasquin），原产于南斯拉夫境内的萨拉（Zara）一带，第二次世界大战后转向意大利威尼斯地区，主要产于帕多瓦（Padoue）附近。马拉希奴酒以樱桃为配料，樱桃带核先制成樱桃酒，再兑入蒸馏酒配制成利口酒。马拉希奴酒有两个牌号，即拉克多（Luxado）和朵丽（Drioli），它们都具有浓郁的果香，口味醇美甘甜，酒度在 25 度左右，属精制利口酒，适于餐后饮用或配制鸡尾酒。

（4）利口杏酒（Liqueurs d'abricots）。杏是利口酒极好的配料，可以直接浸制，也可以先制成杏酒，再兑白兰地。酒度在 20~30 度。世界较有名的利口杏酒有：凯克斯克麦特（Kecskmet），产于匈牙利；加尼尔杏酒（Abricotine Garnier），产于法国。

（5）卡悉酒（Cassis）。卡悉酒又名黑加仑子酒，产于法国第荣（Dijon）一带，酒呈深红色，乳状，果香优雅，口味甘润。维生素 C 的含量十分丰富，是利口酒中最富营养的饮品。酒度在 20~30 度，适于餐后、兑水、配鸡尾饮用等。

2. 草类利口酒（Liqueurs de Plantes）

草类利口酒的配制原料是草本植物，制酒工艺较为复杂，有点秘传色彩，让人感到神秘难测。生产者对其配方严加保密，人们只能了解其中的大概情况。

（1）修道院酒（Chartreuse）。修道院酒是法国修道徒发明的一种驰名世界的配制酒，目前仍然由法国依赛（Isère）地区的卡尔特教团大修道院所生产。修道院酒的秘方至今仍掌握在教士们手中，从不披露。经分析表明：该酒用葡萄蒸馏酒为酒基，浸制 130 余种阿尔卑斯山区的草药，其中有虎耳草、风铃草、龙胆草等，再配兑以蜂蜜等原料，成酒需陈酿 3 年以上，有的长达 12 年之久。

（2）修士酒（Bénédictine）。修士酒有的译为本尼狄克丁，也有称为泵酒。此酒产于法国诺曼底地区的费康（Fécamp），是很有名的一种利口酒。此酒祖传秘方，参照教士的炼金术，配制而成，人们虽然对它有所了解，但仍然没有完全弄清楚它的制作细节。修士酒用葡萄蒸馏酒做酒基，用 27 种草药调香，其中有海索草、蜜蜂花、当归、芫荽、丁香、肉豆蔻、茶叶、没药、桂皮等，再掺兑糖液和蜂蜜，经过提炼，冲沏、浸泡，掐头去尾，勾兑等工序最后制成。

（3）衣扎拉酒（Izarra）。衣扎拉酒产于法国巴斯克（Basque）地区，在巴斯克族语中，Izarra 是"星星"的意思，所以衣扎拉酒又名"巴斯克星酒"。该酒调香以草类为主，也有果类和种类，先用草料与蒸馏酒做成香精，再将其兑入浸有果料和种料的阿尔玛涅克酒液，加入糖和蜂蜜，最后用藏红花染色而成。衣扎拉酒有绿酒和黄酒之分，绿酒含有 48 种香料，酒度是 48 度；黄酒含有 32 种香料，酒度 40 度。它们均属于特精制利口酒。

（4）马鞭草酒（Verveine）。马鞭草具有清香味和药用功能，用马鞭草浸制的利口酒是一种高级药酒。主要有三个品种：马鞭草绿白兰地酒（Verveine Verte brandy），酒度为 55 度；马鞭草绿酒（Verveine Verte），酒度为 50 度；马鞭草黄酒（Verveine jaune），酒度为 40 度，均属特精制利口酒。最出名的马鞭草利口酒是弗莱马鞭草酒（Verveine de Velay）。

（5）涓必酒（Drambuie）。涓必酒产于英国，是用草药、威士忌和蜂蜜配制成的利口酒。在美国也十分流行。

（6）利口乳酒（Crèmes）。利口乳酒是一种比较稠浓的利口酒，以草料调配的乳酒比较多，如薄荷乳酒（Créme de Menthe）、玫瑰乳酒（Créme de Rose）、香草乳酒（Créme de Vanille）、紫罗兰乳酒（Créme de Violette）、桂皮乳酒（Créme de Cannelle)。

3. 种料利口酒 (Liqueurs de graines)

种料利口酒是用植物的种子为基本原料配制的利口酒。用以配料的植物种子有许多种，制酒者往往选用那些香味较强、含油较多的坚果种子进行配制加工。

（1）茴香利口酒 (Anisette)。茴香利口酒起源于荷兰的阿姆斯特丹 (Amsterdam)，为地中海诸国最流行的利口酒之一。法国、意大利、西班牙、希腊、土耳其等国均生产茴香利口酒。其中以法国和意大利的最为有名。先用茴香和酒精制成香精，再兑以蒸馏酒基和糖液，搅拌，冷处理，澄清而成，酒度在 30 度左右。茴香利口酒中最出名的叫玛丽·布利查 (Marie Brizard)，是 18 世纪一位法国女郎的名字，该酒又称作波尔多茴香酒 (Anisettes de Bordeaux)，产于法国。

（2）顾美露 (Kümmel)。顾美露的原料是一种野生的茴香植物，名叫"加维茴香"(Carvi)，主要生长在北欧。顾美露产于荷兰和德国。

（3）荷兰蛋黄酒 (Advocaat)。荷兰蛋黄酒产于荷兰和德国，主要配料用鸡蛋黄和杜松子。香气独特口味鲜美。酒度在 15~20 度。

（4）咖啡乳酒 (Créme de Café)。咖啡乳酒主要产于咖啡生产国，它的原料是咖啡豆。先焙烘粉碎咖啡豆，再进行浸制和蒸馏，然后用不同的酒液进行勾兑，加糖处理，澄清过滤而成。酒度 26 度左右。咖啡乳酒属普通利口酒。

（5）可可乳酒 (Créme de Cacao)。可可乳酒主要产于西印度群岛，它的原料是可可豆种子。制酒时，将可可豆经烘焙粉碎后浸入酒精中，取一部分直接蒸馏提取酒液，然后将这两部分酒液勾兑，再加入香草和糖浆制成。

（6）杏仁利口酒 (Liqueurs d'amandes)。杏仁利口酒以杏仁和其他果仁为配料，酒液绛红发黑，果香突出，口味甘美。

四、中国配制酒

中国各少数民族都有自己悠久的民族民间医药和医疗传统，其中，内容丰富的配制酒是其重要构成部分之一，他们利用酒能"行药势、驻容颜、缓衰老"的特性，以药入酒，以酒引药，治病延年。中国配制酒五花八门，丰富多样。有用药物根块配制者，如滇西天麻酒。哀牢山区的茯苓酒、滇南三七酒、滇西北虫草酒等；有用植物果实配制者，如木瓜酒、桑葚酒、梅子酒、橄榄酒等；有以植物杆茎入酒者，如人参酒、胶股兰酒、寄生草酒；有以动物的骨、胆、卵等入酒者，如虎骨酒、熊胆酒、鸡蛋酒、乌鸡白凤酒；有以矿物入酒者，如麦饭石酒。

中国配制酒按功效分有保健型配制酒和药用型配制酒两大类。其中，保健配制酒种类多，用途广，占配制酒的绝大部分。中国配制酒较有代表性的有山西竹叶青、杨林肥酒、彝族鸡蛋酒、苗族刺梨酒和满族松苓酒等。

第六节 鸡尾酒

鸡尾酒源自西方，主要指该酒由多种酒水搭配而成的酒或饮料。

一、鸡尾酒的结构

鸡尾酒是由基酒、辅料、附加料、调法、用杯、装饰物等组成的，其结构见表1–1。

表1–1 鸡尾酒的结构

基酒	主要是烈酒，确定了鸡尾酒的基本特征或口味
辅料	对基酒起稀释作用并改善或增加原口味
附加料	少量成分起调色或调味作用
调法	鸡尾酒的调制方法和程序
用杯	鸡尾酒的载杯，根据饮料来选用杯的大小、形状
装饰物	鸡尾酒起装饰、点缀的作用

二、鸡尾酒的特点

现代鸡尾酒有如下特点：

1. 混合酒

鸡尾酒由两种或两种以上的非水饮料调和而成，其中至少有一种为酒精性饮料。像柠檬水、中国调香白酒等则不属于鸡尾酒。

2. 花样繁多，调法各异

用于调酒的原料有很多类型，各酒所用的配料种数也不相同，如两种、三种甚至五种以上。就算以流行的配料种类确定的鸡尾酒，各配料在分量上也会因地域不同、人的口味各异而有较大变化，从而冠用新的名称。

3. 具有刺激性口味

鸡尾酒因具有一定的酒精浓度，具有明显的刺激性，能使饮用者兴奋。适当饮用鸡尾酒可使饮用者紧张的神经和缓、肌肉放松等。

4. 能够增进食欲

鸡尾酒应是增进食欲的滋润剂。饮用后，由于酒中含有的微量调味饮料，如酸味、苦味等饮料，饮用者的口味应有所改善，绝不能因此而倒胃口、厌食。

5. 口味优于单体组分

鸡尾酒必须有卓越的口味，而且这种口味应该优于单体组分。品尝鸡尾酒时，舌头的味蕾应该充分扩张，能尝到刺激的味道。如果过甜、过苦或过香，就会影响品尝风味的能力，降低酒的品质，是调酒时不允许的。

6. 冷饮性质

鸡尾酒需足够冷冻。像朗姆类混合酒，以沸水调节器配，自然不属典型的鸡尾酒。当然，也有些酒种既不用热水调配，也不强调加冰冷冻，但其某些配料是温的，或处于室温状态的，这类混合酒也应属于广义的鸡尾酒的范畴。

7. 色泽优美

鸡尾酒应具有细致、优雅、匀称、均一的色调。常规的鸡尾酒有澄清透明的或浑浊的两种类型。澄清型鸡尾酒应该是色泽透明，除极少量因鲜果带入的固形物外，没有其他任何沉淀物。

8. 盛载考究

鸡尾酒应由式样新颖大方、颜色协调得体、容积大小适当的载杯盛载。装饰品虽非必需，但却常有。它们对于酒，犹如锦上添花，使其更有魅力。况且，某些装饰品本身也是调味料。

思考题：

1. 如何理解我们日常生活中经常使用的"酒水"一词？

2. 酒的分类方法有哪些？

3. 试举例身边常喝的茶饮料和咖啡饮料，如何理解这些饮料对我们日常生活的影响？

4. 国外的酒有哪些？试举例酒吧常见的洋酒类型。

第二章 酒水品鉴与服务

本章导读：理解茶艺与茶道的精髓，掌握泡茶五大要素和不同茶叶的饮法；掌握茶技泡法与表演方式；了解咖啡的调制与分类、普通咖啡调制与花式咖啡调制，掌握普通咖啡调制中的虹吸式冲泡法、滤纸式冲泡法、滤布式冲泡法、水滴式冲泡法、蒸汽加压法五种主要方法；掌握花式咖啡调制的热调和冷调方式；了解蒸馏酒的品鉴与服务；重点掌握葡萄酒的品鉴与服务；了解黄酒和清酒的品鉴方式；掌握鸡尾酒的调制技巧；了解鸡尾酒的色彩和口味配制；了解不同场合配置何种鸡尾酒。

第一节 茶艺与茶道

茶道是一种以茶为媒的生活礼仪，也被认为是修身养性的一种方式，它通过沏茶、赏茶、闻茶、饮茶增进友谊，美心修德，学习礼法，是一种有益身心的仪式。喝茶能静心、静神，有助于陶冶情操、去除杂念，这与提倡"清净、恬澹"的东方哲学思想很合拍，也符合佛道儒的"内省修行"思想。茶道精神是茶文化的核心，是茶文化的灵魂；通过品茶活动来表现一定的礼节、人品、意境、美学观点和精神思想；它是茶艺与精神的结合，并通过茶艺表现精神。茶道兴于中国唐朝，盛于宋、明朝，衰于清朝。中国茶道的主要内容讲究五境之美，即茶叶、茶水、火候、茶具、环境，同时配以情绪等条件，以求"味"和"心"的最高享受。被称为美学宗教，以和、敬、清、寂为基本精神的日本茶道，则是承唐宋遗风。

一、茶艺的学问

泡茶是一门技艺，品茶则是一种精神和物质的双重享受，泡好一壶和享受一杯茶也要涉及广泛的内容，如识茶、选茶、泡茶、品茶、茶叶经营、茶文化、茶艺美学等。因此泡茶、喝茶是一项技艺、一门艺术。

1. 泡茶五大要素

泡茶可以因时、因地、因人的不同而有不同的方法。泡茶时涉及茶、水、茶具、时间、环境等因素，把握这些因素之间的关系是泡好茶的关键。

（1）投茶量。一般泡茶时用大壶的1/3，人参乌龙放1/4。

（2）水温。泡铁观音一般用95℃以上的水，泡绿茶一般用75℃的水，泡乌龙茶的水温一般用95℃~100℃，投茶量为壶的1/4；泡名优绿茶的水温一般为75℃~80℃，投茶量为壶的1/4；泡普通绿茶的水温一般为85℃~90℃，投茶量为壶的1/4；泡花茶的水温一般为90℃~95℃，投茶量为壶的1/4；泡普洱茶、铁观音的水温一般为100℃以上，投茶量为壶的1/4或1/5；泡单枞的水温一般为100℃，投茶量为壶的1/5。

（3）水质。泡茶除了茶要好，更重要的是水也要好，水好要求水甘、洁、鲜、活四大点，不同水质的水泡出来的茶味道也不一样，最好的水当然是纯天然的矿物质水。

（4）时间。一般茶叶的冲泡时间在3~5分钟最佳，时间太短茶无法入味，时间太长，香味会散去，受到损失。

（5）茶具。茶具一般包括四种，即水壶、火炉、茶壶、茶杯四类；一般多用宜兴出的稍大一些的紫砂茶具，紫砂最好，用得最多，紫砂壶传热慢、吸附性好，不影响茶质。其次的茶具就是玻璃制品，最次为搪瓷用具。

2. 茶叶的饮法

茶类众多，风俗习惯不一，形成了各自不同的饮用方法。不同类型茶叶的饮法虽大致相同，但也有一定的差异。这是必须加以区别的。

（1）红茶饮法。从使用的茶具来分，大体可分为两种：一种是杯饮法；另一种是壶饮法。一般来说，各类工夫红茶、小种红茶、袋泡红茶和速溶红茶等，大多采用杯饮法；各类红碎茶及红茶片、红茶末等，为使冲泡过的茶叶与茶汤分离，便于饮用，习惯采用壶饮法。

从茶汤中是否添加其他调味品来划分，又可分为"清饮法"和"调饮法"两种。我国绝大部分地方饮红茶采用"清饮法"，不在茶中添加其他调料。但在广东，有些地方要在红茶里加牛奶和糖，使营养更丰富，味道更好。在我国西藏自治区、内蒙古自治区，这种饮法更为普遍，称为酥油茶和奶茶。

通常的饮法是：先将茶叶放入预先烫热的茶壶中，冲入沸水浸泡约5分钟，然后把茶汤倒入茶杯中，加入适量的糖、牛奶和乳酪。在茶壶中泡过一次的茶渣，一般弃去不再用。

（2）绿茶饮法。绿茶在我国南方地区非常流行，是人们普遍爱饮的茶类，其饮法也随不同茶品、不同地区而异。

高级绿茶（包括各种名茶），一般习惯于用透明的玻璃杯冲泡，以显示出茶叶的品质特色，便于观赏。普通的眉茶、珠茶，往往用瓷质茶杯冲泡。瓷杯保温性能强于玻璃杯，使茶叶中的有效成分容易浸出，可以得到比较浓厚的茶汤。低级茶叶及绿茶末，又多用壶饮法，以便于茶汤与茶渣分离，饮用方便。

江浙一带，人们大多喜欢龙井、碧螺春等名茶和高级眉茶。饮用时，十分讲究茶具的洁净和用水的质量。

（3）乌龙茶饮法。我国福建省、广东省居民都偏爱乌龙茶。特别是闽南人、潮汕人，在喝乌龙茶时，对茶品、茶水、茶具和冲泡技巧都十分讲究。茶叶选用大多是武夷岩茶、安溪铁观音等乌龙茶上品；泡茶时选用的是干净的溪水、泉水；茶具配套小巧精致，茶具被称为"四宝"，即玉书煨（开水壶）、潮山烘炉（火炉）、孟臣罐（茶壶）、若琛瓯（茶杯）。玉书煨是扁形的薄瓷壶，能容水4两；潮山烘炉，用白铁制成，小巧玲珑，以硬炭作燃料，也有用甘蔗或橄榄核当作燃料的，注意防止烟味冒入壶口；孟臣罐多出自宜兴，颜色以紫为贵，容水约2两；若琛瓯是白色的小瓷杯，容水不过10克，多用景德镇等地的产品。饮茶时，把炉子放在墙边，上搁玉书煨煮水，同时用清水洗涤茶具；当水汽从煨壶徐徐冒出时，即用沸水烫热孟臣罐和若琛瓯，再把乌龙茶放入罐内，茶量约占罐容量的六七成，冲入开水后，用壶盖刮去面上浮沫，然后把盖盖上，再用开水在盖上淋浴，并把若琛瓯烫热；二三分钟后，把茶汤均匀地倾入各个杯中，通常一壶茶分注4杯，每杯先倾一半，周而复始，逐渐加至八成，使每杯茶汤气味均匀。这时，一边慢慢品啜，一边又把清水放入煨里，准备冲泡第二壶茶。这种泡法，液色极浓，揭开壶盖，只见满壶茶叶，汤量却很小。一只若琛瓯只能容二三钱茶汤，也许不满一口，不过此饮法可细细品尝，回味悠长，满口生香，此饮法亦称工夫茶。

品饮乌龙茶时，拿看茶杯，从鼻端慢慢移到嘴边，乘热闻香，细品其味。特别是武夷岩茶和铁观音有一种茶香，闻香时不是把茶杯久置鼻端，而是慢慢由远及近，来回往复，即觉阵阵茶香扑面而来，品饮时甘香适口，余韵不绝。

（4）花茶饮法。花茶，大多是选用芳香浓郁的鲜花和经过精工细制的绿茶窨制而成，茶引花香。花茶中以茉莉花茶为最多，也最受人们喜爱。泡饮花茶多用瓷杯，取一撮花茶置于杯内，用沸水冲泡，加盖四五分钟后即可品饮。如饮茶人数较多，往往采用壶饮法，即将适量的花茶置于壶内，冲泡四五分钟后，倾入茶杯或茶碗中饮用。

花茶的饮法，与普通绿茶相仿，但需特别注意防止香气的散失，使用的茶具、茶水要洁净无异味，最好选用白瓷有盖茶杯，以衬托花茶固有的汤色，保持花茶的芳香。

（5）砖茶饮法。砖茶，亦称茶砖，是将茶叶紧固成像砖一样的形状，它是我国边疆少数民族极为喜爱的茶种。藏族人习惯将砖茶制成酥油茶饮用，而蒙古族人和维吾尔族人又喜欢饮用奶茶。

藏族人烹煮酥油茶的方法是：先将砖茶切开捣碎，加水烹煮，然后滤清茶汁，倒入预先放有酥油和食盐的搅拌器中，不断搅拌，使茶汁与酥油充分混合成乳白色的汁液。之后，将它倾入茶壶，以供食用。藏胞多用早茶，饮过数杯后，在最后一杯饮到一半时，即在茶中加入黑麦粉，调成粉糊，俗称糌粑。午饭时喝茶，一般多加麦面、奶油及糖调成糊状热食。

蒙古族人饮茶，除城市和农业区采用泡茶以外，牧区几乎都用铁锅（铜壶）熬煮，放入少量食盐，称为咸茶，这是日常的饮法。遇有宾客来临或遇节日喜日，则多饮奶茶。奶茶烹煮方法是，先将砖茶切开捣碎，用水煮沸数分钟，除去茶渣，放进大锅，掺入牛奶，加水煮沸，然后放进铜壶，再加适量的食盐，即可成咸甜可口的奶茶。有的还在茶汤中加入适量经过炒焙的炒米（类似于小米）。蒙古族牧民一般每天要喝三次茶。晨午两次当饭，晚上一次才算是饮茶。

维吾尔族人煮茶与蒙古族同胞类似，但饮法上有自己的特点，像我们平常吃青菜一样，连汤带汁一起下肚，以弥补水果、蔬菜的不足。

（6）特殊饮用法。用开水冲泡茶叶而饮，是近代比较普遍的饮茶方法。但用茶叶煮作羹饮或作为菜肴，知道的却不多。在我国云南省、湖南省、广西壮族自治区一带少数民族聚居地区，至今还保留着古时候遗留下来的几种茶叶的特殊饮用方法。

烤茶，也称爆冲茶。居住在云南省东北部、西北部及西双版纳地区的兄弟民族现在还习惯于饮烤茶，即用椒、姜、桂与茶共煮而饮。用于烤茶的茶叶一般是晒青毛茶。这种茶叶在初制过程中，是采用阳光干燥，茶叶含水分较高，如采用一般冲饮方法，不仅没有香气，而且有日晒味。采用烤后品饮的方法，则香气清高，回味无穷。

煨茶，亦称烧茶。云南省南部的一些兄弟民族，如傣族人、佤族人等都习惯饮用煨茶。煨茶用的是从茶树上采下的一芽五六片叶的新鲜嫩枝条，带回家中，直接放在明火上烘烧至焦黄后，再放入茶罐内煮饮。此类茶叶因未经揉制，茶味较淡，还略带苦涩味和青气。

打油茶。在云南省、贵州省、湖南省、广西壮族自治区毗邻的一些地方，村前村后、院庭周围，都种有几株茶树，任其自然生长，每年采叶一两次。将叶放入甑中或锅中蒸煮，等叶变黄，取出沥干，加米汤少许略加揉搓，再用明火烤干，充分干燥后成为打油茶的调制原料。在烹煮时需在油锅中加入花生、黄豆、芝麻、玉米花、干笋子等。据说，这种茶汤营养十分丰富，一些机关食堂也备用此茶。

竹筒茶。居住在云南省南部的傣族、哈尼族、景颇族人民，有用竹筒茶当菜的食用方法。先将采下的新鲜茶叶用锅蒸煮，当叶子柔软时，放在竹帘上搓揉，然后把它装入竹筒，用棒椿实，封口，让它缓慢发酵。经过两三个月后，筒内茶叶发黄，劈开竹筒，取出紧压的茶叶晾干，装入瓦罐中，加香油浸腌，随时可以取出作蔬菜食用。

二、茶技泡法与表演

常用的传统茶技泡法主要包括：

烫壶，将沸水冲入壶中至溢满为止。

倒水，将壶内的水倒出至茶托。

置茶，比较讲究的置茶方式是将一个茶漏斗放在壶口处，然后用茶匙拨茶入壶。

烧的水注入壶中，至泡沫溢出壶口。

倒茶，先提壶沿茶船沿逆行转圈，目的是刮去壶底的水滴，俗称"关公巡城"。注意磨壶时的方向：右手执壶，欢迎喝茶要逆时针方向磨，送客时则顺时针方向磨；如是左手提壶，则反之；将壶中的茶倒入公道杯，可使茶汤均匀。另一种均匀茶的方法是用茶壶轮流给几杯同时倒茶，当将要倒完时，把剩下的茶汤分别点入各杯中，俗称"韩信点兵"。注意倒茶时不能一次倒满一杯，至七分满处为好。

分茶，将茶中的茶汤倒入茶杯中，以七分满为宜。

奉茶，自由取饮，或由专人奉上。

去渣，用渣匙将壶中茶渣清出。

以备后用，客人离去后，洗杯，洗壶以备下次用。

茶艺一般讲究环境、气氛、音乐、冲泡技巧及人际关系等。

第二节　咖啡的调制

咖啡是世界上消费量最大的饮料之一，近年来随着咖啡质量的提升，咖啡制作的不断创新，更赋予了咖啡新的含义。咖啡的调制可分为普通咖啡调制与花式咖啡调制。

一、普通咖啡调制

咖啡器是调制美味咖啡的主要工具之一，按咖啡使用的器具不同可以分为虹吸式冲泡法、滤纸式冲泡法、水滴式冲泡法、蒸汽加压法等。

1. 虹吸式冲泡法

虹吸壶 1840 年由苏格兰海军工程师朗伯特·奈菲尔发明，虹吸壶组成部分包括上座盖、上座、滤器、下座、支架、过滤器、酒精灯。利用蒸汽压力原理，使被加热的水，由下面的烧杯，经由虹吸管和滤布向上流升，然后与上面杯中的咖啡粉混合，而将咖啡粉中的成分完全淬炼出来，经过淬炼的咖啡液，在移去火源后，再度流回下杯。其具体方法如下：

（1）向虹吸壶下座中加入适量的纯净水（可使用经过加热的纯净水，以缩短烧水的时间。假设本次操作中，加入的水量是 2.5 杯，即大约 280 毫升）。

（2）在酒精灯燃料充足的条件下，将其点燃并放置于虹吸壶下座的正下方。

（3）将套有滤布/滤纸的过滤器固定在虹吸壶上座之上，并确保过滤器的位置是在正中央（如果位置偏了，可用竹搅棒进行调整）。

（4）将适量的咖啡粉（2.5 杯水量对应约 37 克咖啡粉，可根据个人口味适当调整）倒入虹吸壶上座。水平晃动上座几下，以使咖啡粉均匀覆盖于过滤器之上。

（5）将虹吸壶上座斜插入下座，但不要插紧（若在水开后才将上座插入，则沸腾的热水可能会突然喷出，相当危险）。

（6）当下座的水完全沸腾后，将酒精灯暂时挪开约 10 秒钟，再挪回来，但不要放在下座正下方，应该略微偏离中心的位置。这样做有两个目的：一是可使水温下降到最适宜的温度，大约 95℃；二是减弱酒精灯的火力（酒精灯在调整火力方面不太方便，可轮换使用两只酒精灯或使用可调火力的瓦斯炉）。

（7）扶正上座，并将其插入下座（略微用力即可）。

（8）这时下座中的水因加热后压力增大，会沿着上座的立管流入上座。当下座中的水只剩下 1/3 时，将研磨好的咖啡粉倒入上座，并用竹搅棒从四周向中间泼湿咖啡粉。

（9）在咖啡粉被完全泼湿后，开始计时（这时不要搅拌咖啡混合液，此阶段被称为"焖"）。

（10）大约 45 秒后，使用竹搅棒快速搅拌咖啡溶液。在液体表面出现一层泡沫后，可停止搅拌。再等几秒钟，即可将酒精灯撤走并熄灭。

（11）用事先准备好的湿抹布擦拭下座，给下座降温。擦拭顺序是先擦底部再擦四周，且不要在一个位置停留过久，以免下座冷却不均而炸裂。如果熟练，可用一只手拿抹布擦拭下座，用另一只手拿竹搅棒搅动咖啡溶液，以加速其冷却。

（12）下座遇冷后，内部压力随之下降，从而导致上座中的咖啡溶液被吸回下座（这也是虹吸壶名称的由来）。

（13）当上座中的咖啡溶液被完全吸回后，拔出上座，并将下座中的咖啡溶液倒入事先温过的咖啡杯即可。

虹吸壶虽然有"塞风式"的别名，却与虹吸原理无关，而是利用水加热后产生水蒸气，造成热胀冷缩原理，将下球体的热水推至上壶，待下壶冷却后再把上壶的水吸回来。

2. 滤纸式冲泡法

这是家庭主妇发明的，典型的家庭方法，在冲泡时，利用滤纸过滤掉所有的咖啡渣，滤纸每次用完即丢，以得到清澈香醇的咖啡。使用滤纸式咖啡壶时，宜选用细细研磨的咖啡粉，可得到最佳的冲泡效果；以滤纸冲咖啡须注意水质及滤纸的品质，好水质才能避免煮出的咖啡有怪味残留，而滤纸的选择必须配合滤杯的大小，当确认尺寸能与滤杯相合后，才能购买。其具体方法如下：

（1）先用热开水冲杯使咖啡杯的温度提高，起到温杯的作用。

（2）过滤纸沿着缝线部分折叠再放入滴漏中。

（3）以量匙将研磨的咖啡粉倒入滴漏之中，再轻敲几下使表面成平坦。

（4）用茶壶将水煮开后，倒入细嘴水壶，由中心点轻稳地将开水注入，缓慢地以螺旋方式将开水渗透且遍布咖啡粉。

（5）在滤杯中央注入少量热水，等咖啡液开始滴漏，且咖啡粉膨胀至最高点（约 35~40 秒），以画圆圈的方式再将热水沿边注入一次，待膨胀的咖啡粉消退时，再注入热水，当水注入约七八分满时就可停止。当咖啡液滴漏完后，将滤杯拿开，即完成了一杯咖啡萃取。

3. 滤布式冲泡法

这一方法是利用"老汤熬新药"的原理，也是内行人所钟情的冲泡法，因为过滤用的绒布经反复使用之后，咖啡的油脂会附着于绒布的纹路上，使冲泡的咖啡变得更加香醇。其具体方法如下：

（1）准备过滤好的热水，最好用一般家庭滤水器所滤出的清水，以每杯 30 毫克计算，量出所需的水量。

（2）绒布内侧加入咖啡粉，一人份 10~12g，放入滤布中。再将咖啡粉弄平。

（3）如点滴般的慢慢注入开水。为了使咖啡能充分蒸透，开水的点滴应一直保持在中央位置，而不直接浇在绒布上。

（4）点滴一直持续到由绒布底滴出咖啡浓浆为止。壶口较尖的壶比较适用。

（5）自绒布底端滴出最浓的一滴后，抽取其精华即告完成。此后再连续慢慢注入开水即可。

（6）当咖啡粉膨胀之后，就从绒布中心点以"E"字形和外方注入开水。

（7）以相同的量与速度，缓缓地冲泡达到一杯为标准。

4. 水滴式冲泡法

水滴式咖啡又称荷兰咖啡，冲泡用的滴壶是巴黎的一个大主教发明的。它使用冷水或冰水来淬炼，让水以每分钟 40 滴的速度，一滴一滴地萃取咖啡精华。其具体方法如下：

（1）在滴漏里放入依人数所计算分量的咖啡粉后轻轻地挤压，注入少量的水使全部浸湿。

（2）在烧杯上放滴漏，桶槽里注入人数份的水（三人份 300~350cc）。

（3）盖子盖好。需要用 3~4 小时才可制成咖啡。

（4）想要喝咖啡时，将盖子、桶槽、滴漏取掉倒入烧杯内加火，快到沸腾程度时倒入杯中。

5. 蒸汽加压法

蒸汽加压咖啡机在 20 世纪初被发明，它是利用蒸汽加压原理的一种冲泡法，这种冲泡法可以快速提炼出浓咖啡液。使用蒸汽加压法的咖啡豆，必须是深炒或是煎焙度更强的炒咖啡豆，这样加以冲泡的咖啡才能得到浓郁的香味。1906 年，在意大利米兰举行的博览会上，展出的蒸汽加压咖啡机比过去的咖啡机提取咖啡的时间要缩短很多，蒸汽加压法诞生了。

现在作为主流的蒸汽加压法有意大利蒸汽加压法与由美国传到日本，并在日本普及的蒸汽加压法。其具体方法如下：

（1）下半部的袋子里注入所需人数分量的开水，再将带有烘焙、研磨功能的桶子，约一人份 6~8 克，从上面轻轻挤压。

（2）上半部的壶子和桶子与下部的壶子组合。特别在上半部的壶子须好好地拴紧。

（3）将咖啡壶放到火源上，待下壶热水沸腾之后冲到上壶时，咖啡就可以取出饮用了。

二、花式咖啡调制

花式咖啡就是加入了调味品以及其他饮品的咖啡。花式咖啡比单品咖啡多加一些其他原料，比如牛奶、巧克力酱、酒、茶、奶油等。花式咖啡没有明确的定义，也不能算是真正的咖啡，是一种调味型饮料。花式咖啡调制根据冷热可以分为热咖啡系列和冰咖啡系列。

1. 热咖啡系列

热咖啡所传达的香气，显现了简单、随和的特性。它的单纯、冲动以及它入口的柔和感恰到好处，沁人心脾。咖啡粉加入沸水，兑入奶精、糖汁、薄荷柠檬等调味品，简单调制而成热咖啡，味道不浓烈但宜入口。

（1）维也纳咖啡（Viennese）。在恋爱季节中，维也纳咖啡是适宜的温柔咖啡。这种咖啡以浓浓的鲜奶油和巧克力的甜美风味迷倒全球人士。品尝维也纳咖啡最大的技巧是享受杯中三段式的快乐：首先是冰凉的奶油，柔和爽口；然后是浓香的咖啡，润滑却微苦；最后是甜蜜的糖浆，即溶未溶的关键时刻，带给人们发现宝藏般的惊喜。

做法：将咖啡糖或粗砂糖三小匙放入杯内，再注入深烘焙的咖啡，然后将两大匙的奶精静静地浮在其上。

（2）摩卡奇诺咖啡。摩卡奇诺咖啡是一种苦涩又甜美的独特咖啡。

做法：在杯子里放入巧克力糖汁20cc，注入浓深烘焙的咖啡，仔细搅拌。再将一大匙鲜奶油浮于其上，然后，削些巧克力衬饰在上面，最后加上肉桂枝。

（3）卡布奇诺咖啡。卡布奇诺咖啡是一种芳香略带苦涩的咖啡，因颜色与意大利修道僧所戴的头巾类似而取名。也可以添加肉桂、柠檬薄片或柳橙薄片在其中。

做法：将深烘焙的咖啡注入事先温热的小杯子，加上2小匙的砂糖。将1大匙鲜奶油浮于其上，再洒些柠檬薄片或柳橙薄片，然后以肉桂枝代替汤匙来享用。

（4）梅兰锡咖啡（melange）。梅兰锡咖啡是一种加入满满的牛乳的咖啡。

做法：在杯子里注入稍深的中烘焙咖啡，再以与咖啡同量的牛乳放入手持锅内加温火，然后在沸腾之前以泡沫器搅拌，泡沫尚未消失前，轻轻地加入咖啡中。

（5）摩卡薄荷咖啡。摩卡薄荷咖啡是咖啡与薄荷的美好配兑。

做法：在杯子里注入20cc巧克力糖浆，再注入略浓的深烘焙咖啡，加上1小匙白薄荷，再将1大匙的鲜奶油浮于其上，再衬饰削成薄片的巧克力与薄荷叶，会更漂亮。

（6）那不勒斯咖啡。那不勒斯咖啡是一种强烈苦涩的热清晨咖啡。

做法：在宽大杯子里注入深烘焙的烫热咖啡，再以厚片柠檬浮于其上，不加牛奶而喝。

（7）俄式咖啡。所谓的热摩卡地平线式，味道浓厚而沉稳的咖啡。

做法：将成块的巧克力放进开水中溶化或略浓的可可亚与蛋黄，再加入少量的牛乳加热后与深烘焙的咖啡充分搅拌。在注入1小匙砂糖到杯子中，搅拌均匀，然后用1大匙鲜奶油使其浮于其上，完成后再削些巧克力撒于其上。

（8）印第安咖啡。只添加少许盐巴就能使可口的牛乳甘味更加明显的咖啡。

做法：锅中倒入牛乳后加温，牛乳沸腾前加入深烘焙的咖啡与赤砂糖10cc、少量的盐巴，再仔细搅拌，不用赤砂糖，使用黑砂糖、蜂蜜也可。

（9）土耳其咖啡。充满异国情趣，源自土耳其旧式传统咖啡。

做法：将深烘焙的咖啡豆放入乳钵，研磨成极细的粉状与肉桂精香料放在一起细磨。然后将这些放入锅内煮沸，约 3 次反复煮沸。待咖啡渣沉淀在杯子底部，再将上层澄清的咖啡液倒出。有时可加柠檬或蜂蜜。要注意若不轻轻地倒出，连咖啡渣都会一起掉出来。

2. 冰咖啡系列

冰咖啡是用咖啡和冰块混合，配以各种特色的配料，这样的冰制咖啡非常适合夏季饮用。比较流行的冰咖啡主要有维也纳冰咖啡、冰卡布奇诺咖啡、摩卡冰咖啡。

（1）维也纳冰咖啡。

做法：冷冻过的杯子里注入冰咖啡，加冰激凌。其上加鲜奶油与捣碎的饼干。

（2）冰卡布奇诺咖啡。在欧洲冰的卡布奇诺是不加冰块，而是经过冷藏后饮用。

做法：在杯子里放入有咖啡的冰块，加上打成泡沫的砂糖甜牛乳。牛乳缓缓地倒进冷的咖啡。这样，牛乳与咖啡分成两层，牛乳的泡沫浮在最上层。再撒点肉桂粉。

（3）摩卡冰激凌咖啡。加满巧克力，略浓苦涩的咖啡与香甜巧克力酿造出绝妙的平衡点，风味的决胜点在于巧克力糖浆与巧克力冰—巧克力的双重使用。

做法：在深度烘焙的咖啡中加入巧克力糖浆 20 毫升，仔细地搅拌。将此注入装有冰块的杯子，再放入巧克力冰；完成后再加上牛乳；再撒些巧克力颗粒。

（4）摩卡冰咖啡。像冰激凌口味咖啡，看起来非常可口，其制作要点是在溶化前使其凝固。

做法：用搅拌器将冰、冰咖啡、巧克力糖浆 20cc、摩卡冰激凌一起搅拌。重点是不可过分地搅拌。而在杯子边缘加上巧克力浆，让其从四周流下垂涎的模样；然后将搅拌好的液体倒入，最后再削些巧克力点缀。

（5）蜂蜜冰咖啡。指加上蜂蜜的冰咖啡，也可加上肉桂粉、花生粉或碎凤梨。

做法：打碎冰块放入杯中，注入冰咖啡。再将鲜奶油浮于其上，四周撒点肉桂粉，最后放蜂蜜。

（6）香蕉摩卡冰咖啡。指咖啡与香蕉和巧克力结合，由于冰块也是咖啡结成的，所以味道不会变淡。

做法：冰咖啡与巧克力浆 20cc，香蕉 2 条，牛乳 40cc，用搅拌器均匀搅拌。注入用咖啡制成冰块的杯子中，希望更甜时，可加点糖浆。

第三节　蒸馏酒的品鉴与服务

酒水品鉴既是一门科学，也是一门艺术。对国外烈性蒸馏洋酒品鉴，不仅要了解该酒的历史文化、储藏年份长短，还需要大量的品酒实践。由此衍生出来的品鉴方式也各有千秋。

一、白兰地酒的品鉴

一种好的白兰地酒，就是一种艺术品，令人向往和陶醉。艺术的鉴赏离不开人，白兰地酒的鉴赏与评价，只能靠人的感觉器官。

品尝或饮用白兰地酒的酒杯，最好是郁金香花形高脚杯。这种杯形，能使白兰地的芳香成分缓缓上升。品尝白兰地酒时，斟酒不能太多，至多不超过杯容量的1/4，要让杯子留出足够的空间，使白兰地芳香萦绕不散。这样就能使品尝者对白兰地中的长短不同、强弱各异、错落有致的各种芳香成分，进行仔细分析、鉴赏和欣赏。另外还要用水杯配一杯冰水，喝一小口白兰地，再喝一小口冰水，可以获得清新纯美的享受。

第一步：举杯齐眉，察看白兰地的清度和颜色。好白兰地应该澄清晶亮，有光泽。

第二步：闻白兰地的香气。白兰地的芳香成分是非常复杂的，既有优雅的葡萄品种香，又有浓郁的橡木香，还有在蒸馏过程和贮藏过程中获得的酯香和陈酿香。由于人的嗅觉器官特别灵敏，所以当鼻子接近玻璃杯时，就能闻到一股优雅的芳香，这是白兰地的前香。然后轻轻摇动杯子，这时散发出来的是白兰地特有的醇香，像椴树花、葡萄花、干的葡萄嫩枝、压榨后的葡萄渣、紫罗兰、香草，等等。这种香很细腻，幽雅浓郁，是白兰地的后香。

第三步：入口品尝。酒是做给人喝的，酒的好坏，只有尝一尝才能知晓。白兰地的香味成分很复杂。有乙醇的辛辣味，有单糖的微甜味，有丹宁多酚的苦涩味及有机酸成分的微酸味。好白兰地，酸甜苦辣的各种刺激相互协调，相辅相成，一经沾唇，醇美无瑕，回味无穷。舌面上的味蕾，口腔黏膜的感觉，均可以鉴定白兰地的质量。品酒者饮一小口白兰地，让它在口腔里扩散回旋，使舌头和口腔广泛地接触、感受它，品尝者可以体察到白兰地奇妙的酒香滋味和特性：协调、醇和、甘冽、沁润、细腻、丰满、绵延、纯正。

二、威士忌的饮用与服务

威士忌的专用杯是 6~8 盎司的古典杯。用平底浅杯饮酒能表现出粗犷和豪放的风格。标准用量为每份 40 毫升。

威士忌常用的饮用方法有四种：

（1）净饮（纯饮）。将威士忌直接倒入威士忌杯中饮用。在酒吧服务中，常以 1 盎司为一个销售单位（1 份）。

（2）加冰块饮用。先在老式杯中放四五块冰块，然后将威士忌倒入老式杯中。

（3）威士忌对饮。威士忌可以作调制鸡尾酒的基酒，如威士忌酸、曼哈顿、古典等著名的鸡尾酒就是用它作基酒调制的。

（4）威士忌兑水（所兑的水可以是冰水或汽水可乐），如苏格兰苏打，即是苏格兰威士忌兑苏打水饮用。方法是：在冷饮杯中，先放入两三块小冰块，再加入定量的威士忌和八分满的苏打水，用柠檬饰杯插入吸管饮用。

三、伏特加的饮用与服务

伏特加的标准用量为每位客人 40 毫升，用利口杯或用古典杯饮用，可作佐餐酒或餐后酒。纯饮时，备一杯凉水，在常温下饮用，快饮（干杯）是其主要饮用方式。许多人喜欢冰镇后干饮，仿佛冰溶化于口中，进而转化成一股火焰般的清热。

四、朗姆酒的饮用与服务

在生产朗姆酒的国家，人们多喝纯的未加任何调和的朗姆酒。他们认为朗姆酒的独特风味是要直接品味；而在美国，则更多地用朗姆酒来调制鸡尾酒，很少净饮。另外，因为烧焦的蔗糖有强烈的香味，所以朗姆酒也经常用于烹饪上制作糕点、糖果、冰激凌以及法式大菜的调味。除此之外，朗姆酒饮用时还可加冰、水、可乐和热水。据说用热水和黑色朗姆酒兑在一起，是冬天治疗感冒的特效偏方。

五、龙舌兰酒的饮用与服务

龙舌兰酒的口感偏烈，香气很独特。龙舌兰酒是墨西哥的国酒，墨西哥人对此酒情有独钟，饮用方式也很独特，常用于净饮。每当饮酒时，墨西哥人首先把盐巴撒在手背虎口上，用拇指和食指握一小杯纯龙舌兰酒，再用无名指和中指夹一片柠檬片。迅速舔一口虎口上的盐巴，接着把酒一饮而尽，然后再咬上腌渍过的辣椒干、柠檬干，恰似火上浇油，美不胜言。除此之外，龙舌兰酒也适宜冰镇后纯饮，或是加冰块饮用。它特有的风味，更适合调制各种鸡尾酒。

一般饮用的方法有：杯口抹盐加片柠檬一口饮尽；纯饮；加冰块饮用；加七喜或雪碧用杯垫盖住酒杯用力敲下，再一饮而尽；加柳橙汁还有红石榴糖浆（Grenadine）让红石榴沿杯口慢慢流下，形成分层叫作龙舌龙日出；用小汤匙舀一勺未煮过的咖啡（磨成粉），一口咖啡一口酒。

六、中国白酒的用法与用量

中国白酒的主要成分为酒精和水，乙醇含量愈高，酒度愈烈，对人体危害愈大。据病理分析，60公斤体重的人饮60%白酒每日1.5~2两较安全，空腹饮酒对人体有危害。饮酒时如摄入脂肪、牛奶、甜饮料，吸收速度会降低，但如饮碳酸饮料，则加速乙醇吸收。所以合理饮酒应做到：每日可饮白酒2两，低度酒3两以内；不要空腹饮酒；应饮低度酒；饮白酒时不宜同时吃西红柿、核桃、柿子、牛肉、海鲜等，也不宜饮碳酸饮料。

第四节　发酵酒的品鉴与服务

黄酒、啤酒、葡萄酒为世界三大古酒，不仅历史悠久，而且最富民族特色。葡萄酒并非西方人的专利，中国自古就有饮用红酒的习俗，更有"葡萄美酒夜光杯，欲饮琵琶马上催"这样优美的诗句，特别是近些年，红酒逐渐走入我们的生活，它不仅有利于身体健康，还是宴会用餐的佳品，红酒的品鉴分为观色、轻摇、闻香、品尝。黄酒为我国所独有，黄酒正式有文字记载始于春秋战国之时，黄酒酒性温和，又有很强的滋补作用，深受古代文人喜爱。很多文人墨客在动情之时，多以"黄酒小菜"为伴，享受快乐心情。随着人们饮酒品位的提升，"黄酒小菜有几碟"会成为人们现实生活中的享受。如同葡萄酒一样，啤酒也具有独特的酒文化。啜饮啤酒，让啤酒在口腔间流动，感受着啤酒的味道。啤酒的品鉴除了与其他酒一样要观、闻、品外，根据香气和口感特点，每款啤酒都有一种杯子是最匹配的，或是细长优雅，或是阔口粗矮，或是容量豪气的品脱杯。日本清酒，因为它的原料单纯到只用米和水，有令人难以忘怀的好滋味，所以有人将它形容成"用米做成不可思议的液体"。由于日本各地风土民情的不同，且在长远历史的影响下，日本清酒也因此成为深具地方特色的一种代表酒，清酒品鉴三步骤是眼观、鼻闻、口尝。

一、葡萄酒的品鉴与服务

品鉴葡萄酒，首先要能鉴别酸、甜、苦、咸、鲜五种基本味道，这些味道与酒中酒精中和是否均衡协调。舌头的不同部位对不同的味道感受是不一样的。舌尖对甜味最敏感，舌尖往后的两侧对咸味最敏感，舌头中间两侧对酸味最敏感，舌后根部对苦味最敏感。其次要鉴别口感，包括收敛感、灼热感、刺痒或刺麻感、金属感等。酒贮存时间越短，丹宁越多，收敛感越强。酒精度数越高，酒越会有股甜味且具灼热感。酒里二氧化碳过量，就会产生刺麻感。

1. 葡萄酒的品鉴

葡萄酒的品鉴通常分为 4 个步骤：

（1）观色。首先不能把酒斟得太满，约红酒杯的 1/3，把杯子斜拿着，留意从内到外、从深到浅的色泽变化。巅峰状态的红酒具有最丰富的天然葡萄红，陈年的红酒，则呈现棕咖色。经长时间酝酿而成的醇和红酒，色泽柔润，葡萄酒的最外圈差不多是半透明的，这个半透明圈的面积越大，酒的酒精浓度就越低。从上往下看，也可看清楚浓度。看清晰度，就是看酒有没有沉淀物，是否浑浊。看酒时，灯光要明亮，白色的背景至为重要。品酒的台布最好用纯白的，如果不方便，手持白餐巾或白纸巾托底也可以。

（2）轻摇。摇动手中的酒杯，最稳妥是把酒杯放在台上，手持杯干或夹住杯底，往顺手的方向摇晃，让葡萄酒在杯中旋动起来，杯中酒越摇越高，差不多到杯的边沿就停手。留意杯壁有一层薄薄的酒液，慢慢地往下流，带出一条条不规则的痕迹，这就是所谓酒的"酒痕"，或称为"TEARS"。其长短和酒精的浓度或酒体圆满成正比。

（3）闻香。通过摇晃杯中酒，使氧气与葡萄酒充分融合，释放出葡萄酒的独特香气。把鼻子凑在杯上，短促地轻闻几下，不是长长的深吸，因为嗅觉容易疲倦，尤其是当你要评试几种较浅嫩的红酒时。酒香是相当复杂的东西，专家把酒香分为三部分：来自葡萄的、来自酿酒过程的化学作用和酒在瓶中成长所催化的。前两种的酒香在贮藏较短时间的酒来得强烈，称为浮香；第三种只会来自成熟的酒，称为沉香。

（4）品尝。最后在酒入口之前，先深深地在酒杯里嗅一下，此时已能领会到红酒的幽香，饮一小口酒，但先不要吞下去。吸入少量空气，然后在口腔里滚转，让酒充气，在口腔内透出独有的成熟韵味，再细嚼红酒的香味，以便品尝和评判它的细微差别口味，最后喝下去可感觉红酒芳香而浓郁，以及令人激赏之圆润丰厚，深深体会它的余香。好的葡萄酒讲究的是平衡，也就是甜、酸、涩、香四种味道的均衡存在，缺一不可。

2. 葡萄酒的服务

葡萄酒的服务主要分为葡萄酒的保存方法和葡萄酒开酒技巧。

（1）葡萄酒的保存。一般来说，保存葡萄酒要注意以下几个方面：温度、湿度、光线和震动。葡萄酒最佳的保存温度应该是13℃左右。湿度一般60%~70%比较合适。葡萄酒一般要横放，瓶口向上倾斜15度也是可以的。葡萄酒应避免震动，因为震动会加速葡萄酒的成熟，从而使酒变得粗糙。

（2）葡萄酒开酒的方法。

1）首先让客人验酒。将酒的标签面对客人便于客人确认，并说出酒的产区和年份，因为标签是酒的"身份证"。

2）割开铅封，避免瓶中酒接触铅封，并用白色餐巾擦拭瓶口。

3）葡萄酒几乎都是用软木塞，因此应用螺旋形专用开瓶器开木塞，注意当瓶塞快要脱离时用手将塞子轻轻拉出，以免发出很大响声。

4）拉出瓶塞后用餐巾擦拭瓶口，闻一闻瓶塞，确认酒是否产生异味。

5）检查完毕，将酒倒一些给客人品尝，得到确认后给每一位客人倒酒。

二、啤酒的服务

啤酒的服务操作比人们想象的要复杂得多，优质的啤酒服务，通常应考虑到三个因素：啤酒的温度、杯子（或称分装容器）的洁净程度及压力。

（1）啤酒的最佳饮用温度是8~11℃，高级啤酒饮用温度略高，12℃左右，温度太低，酒会变味而浑浊，气泡消失；温度太高，酒里的气会放出跑掉，跑气的啤酒称作野啤酒（WILD BEER）。

（2）啤酒杯一定要提前洗干净，热洗冷刷，自然风干。油迹是啤酒泡沫的大敌，切勿用手指触及啤酒杯内壁，忌将酒杯与其他餐具同洗。

（3）瓶装、罐装啤酒斟酒时，有两种倒法：一是先将酒杯微倾顺壁倒入2/3的无沫酒液，再将酒杯放正，采用倾注法，使泡沫产生；二是采用倾注法倒酒至杯子2/3处，然后使泡沫稍平息，再将酒慢慢倒入，使泡沫徐徐上升，酒液与酒头（泡沫）的比例为5:1最佳。

（4）压力啤酒斟倒时，先将开关开好开足，忌晃酒瓶；另外还有桶装的"扎啤"，则常通过机器先灌入啤酒壶再倒入啤酒杯，亦有直接倒入酒杯的。

三、黄酒的品鉴和服务

好的黄酒，其酒香芳香舒适，引人入胜，口味醇和、柔美、醇厚、丰满、鲜爽。特别是糖的甘甜，酒的醇香，酸的鲜美，曲的苦辛需搭配和谐，余味悠长。如果某种口味突出，便会出现过甜、过酸或苦辣味等感觉，就会影响酒质。

1. 黄酒的品鉴

由于黄酒的组成物质必然通过色、香、味三方面反映出来，所以必须通过观酒色、闻酒香、尝酒味之后，最后综合三个方面的印象，来判断其酒体。

（1）要鉴赏品尝黄酒，首先应观其色泽。要求晶莹透明，有光泽感，无浑浊或悬浮物，无沉淀物泛起荡漾于杯中，具有琥珀红色，是好酒。

（2）其次将鼻子移近酒盅或酒杯，闻其幽雅、诱人的馥郁芳香。此香不同于白酒的香型，更区别于化学香精，是一种深沉特别的脂香和黄酒特有的酒香的混合。若是10年以上陈年的高档黄酒，哪怕不喝，放一杯在案头，也能让人心旷神怡。

（3）完成两步前奏，则品尝的欲望陡升。用嘴轻啜一口，搅动整个舌头，徐徐咽下后美味的感受非纸上所能表达。如此轻啜慢咽，且不豪饮赌胜，敢保证3~5次下来，如果能适量饮用，有一定保健作用。

2. 黄酒饮法

黄酒热喝是最常见的一种饮用方式。早在三国即有曹操、刘备"煮酒论英雄"的佳话，可见黄酒热喝不仅是一种饮酒方式，更是一种文化。黄酒最传统的饮法，当然是温饮。黄酒冷饮，很受年轻人欢迎。黄酒冰镇或者加冰饮用，降低了酒度，还带来冰爽口感。冷饮黄酒，消暑解渴，清凉爽口，给人以美的享受。

（1）温饮黄酒。温饮的显著特点是酒香浓郁，酒味柔和。温酒的方法一般有两种：一种是将盛酒器放入热水中烫热；另一种是隔火加温。但黄酒加热时间不宜过久，否则酒精都挥发掉了，反而淡而无味。一般，冬天盛行温饮。

黄酒的最佳品评温度是在38℃左右。在黄酒烫热的过程中，黄酒中含有极微量的对人体健康无益的甲醇、醛、醚类等有机化合物，会随着温度升高而挥发掉，同时，脂类芳香物则随着温度的升高而蒸腾，从而使酒味更加甘爽醇厚，芬芳浓郁。因此，黄酒烫热喝是有利于健康的。

（2）冰镇黄酒。我国香港及日本流行黄酒加冰后饮用。自制冰镇黄酒，可以从超市买来黄酒后，放入冰箱冷藏室。如是温控冰箱，温度控制在3℃左右为宜。饮时再在杯中放几块冰，口感更好。也可根据个人口味，在酒中放入话梅、柠檬等，或兑些雪碧、可乐、果汁。有消暑、促进食欲的功效。

（3）佐餐黄酒。黄酒的配餐也十分讲究，以不同的菜配不同的酒，则更可领略黄酒的特有风味，以绍兴酒为例：干型的元红酒，宜配蔬菜类、海蜇皮等冷盘；半干型的加饭酒，宜配肉类、大闸蟹；半甜型的善酿酒，宜配鸡鸭类；甜型的香雪酒，宜配甜菜类。

四、清酒的品鉴与服务

清酒是日本的一种传统酒精饮料。在日本，清酒的饮法有一定的讲究，比如用什么酒具、怎么温酒和怎么倒酒。品饮日本清酒时，应该注意以下几方面。

1. 清酒的品鉴

普通酒质的清酒，只要保存良好、没有变质、色呈清亮透明，就都能维持住一定的香气与口感。但若是等级较高的酒种，其品鉴方式就像高级洋酒一样，也有辨别好酒的诀窍及方法，其方法主要有以下三个步骤：

（1）眼观。观察酒液的色泽与色调是否纯净透明，若是有杂质或颜色偏黄甚至呈褐色，则表示酒已经变质或是劣质酒。在日本品鉴清酒时，会用一种在杯底画着螺旋状线条的"蛇眼杯"来观察清酒的清澈度，算是一种比较专业的品酒杯。

（2）鼻闻。清酒最忌讳的是过熟的陈香或其他容器所逸散出的杂味，所以，有芳醇香味的清酒才是好酒，而品鉴清酒所使用的杯器与葡萄酒一样，需特别注意温度的影响与材质的特性，这样才能闻到清酒的独特清香。

（3）口尝。在口中含 3~5 毫升的清酒，然后让酒在舌面上翻滚，使其充分均匀地遍布舌面，然后进行品味，同时闻酒杯中的酒香，让口中的酒与鼻闻的酒香融合在一起，吐出之后再仔细品尝口中的余味，若是酸、甜、苦、涩、辣五种口味均衡调和，余味清爽柔顺的酒，就是优质的好酒。

2. 清酒的饮用

清酒的饮用方法主要有两种：热饮和冰饮。

（1）热饮方法。一般最常见的温酒方式，是将欲饮用的清酒倒入清酒壶瓶（Takuri），再放入预先加热沸腾的热水中温热至适饮的温度，这种隔水加热法是最能保持酒质的原本风味，并让其渐渐散发出迷人的香气。另外，随着科技的进步，也有使用微波炉温热的方法，若是以此种方法温热时，最好在酒壶中放入一支玻璃棒，如此才可使壶中的酒温度产生对流，让酒温均匀。

（2）冰饮方法。冰饮的方法也各有其不同的表现方式，较常见的是将饮酒用的杯子预先放入冰藏，要饮用时再取出杯子倒入酒液，让酒杯的冰冷低温均匀地传导融入酒液中，以保存住纤细的口感。另外还有一种特制的酒杯，可以隔开酒液及冰块，将碎冰块放入酒杯的冰槽后，再倒入清酒，当然最直接、最方便的方法就是将整樽的清酒放入冰箱冰存，饮用时再取出。

无论冰饮、热饮，只要选对了酒，用适合自己的饮用方式细心品尝，就算无法像品酒师一样理性地分析口感与成分，但也能体会个中巧妙。

第五节　鸡尾酒的品鉴与服务

鸡尾酒是一种量少而冰镇的酒。它是以朗姆酒、琴酒、龙舌兰、伏特加、威士忌（Whisky）等烈酒或是葡萄酒作为基酒，再配以果汁、蛋清、苦精（Bitters）、牛奶、咖啡、可可、糖等其他辅助材料，加以搅拌或摇晃而成的一种饮料，最后还可用柠檬片、水果或薄荷叶作为装饰物。

一、鸡尾酒的调制技巧

鸡尾酒经过 200 多年的发展，现代鸡尾酒已不再是若干种酒及乙醇饮料的简单混合物。虽然种类繁多，配方各异，但都是由各调酒师精心设计的佳作，其色、香、味兼备，盛载考究，装饰华丽以及圆润、协调的味觉，观色、嗅香，更有享受、快慰之感。甚至其独特的载杯造型，简洁、妥帖的装饰点缀，无一不诗情画意。综观鸡尾酒的性状，现代鸡尾酒的调制要注意掌握其基本原则和相关要点：

1. 鸡尾酒调制的基本原则

鸡尾酒调制主要有以下 15 个基本原则，最重要的是前 10 个原则。

（1）饮料混合均匀。

（2）调制前，杯应先洗净、擦亮。酒杯使用前需冰镇。

（3）按照配方的步骤逐步调配。

（4）量酒时必须使用量器，以保证调出的鸡尾酒口味一致。

（5）搅拌饮料时应避免时间过长，防止冰块融化过多而淡化酒味。

（6）摇混时，动作要自然优美、快速有力。

（7）用新鲜的冰块。冰块大小、形状与饮料要求一致。

（8）用新鲜水果装饰。切好后的水果应存放在冰箱内备用。

（9）使用优质的碳酸饮料。碳酸饮料不能放入摇壶里摇。

（10）水果挤汁时最好使用新鲜柠檬和柑橘，挤汁前应先用热水浸泡，以便能多挤出汁。

（11）装饰要与饮料要求一致。

（12）上霜要均匀，杯口不可潮湿。

（13）蛋清是为了增加酒的泡沫，要用力摇匀。

（14）调好的酒应迅速送递。

（15）动作要规范、标准、快速、美观。

2. 鸡尾酒调制的规范动作

鸡尾酒调制的规范动作分为两大部分，第一部分是操作酒瓶包括传瓶、示瓶、开瓶、量瓶；第二部分是调制规范与服务，包括量酒—搅拌（或摇壶）—过滤—装饰—服务等过程。

（1）传瓶。传瓶把酒瓶从酒柜或操作台上传到手中的过程。传瓶一般有从左手传到右手或从下方传到上方两种情形。用左手拿瓶颈部传到右手上，用右手拿住瓶的中间部位。或直接用右手从瓶颈上提至瓶中间部位。要求动作快、稳。

（2）示瓶。把酒瓶展示给客人。用左手托住瓶下底部，右手拿住瓶颈部，呈45°角把商标面向客人。

传瓶至示瓶是一个连贯的动作。

（3）开瓶。用右手拿住瓶身，左手中指逆时针方向向外拉酒瓶盖，用力得当时可一次拉开。并用左手虎口即拇指和食指夹起瓶盖。开瓶是在酒吧没有专用酒嘴时使用的方法。

（4）量酒。开瓶后立即用左手中指和食指与无名指夹起量杯（根据需要选择量杯大小），两臂略微抬起呈环抱状，把量杯放在靠近容器的正前上方约一寸处，量杯要端平。然后右手将酒倒入量杯，倒满后迅速正立瓶口，右手同时将酒倒进所用的容器。用左手拇指顺时针方向盖盖，然后放下量杯和酒瓶。

（5）握杯。古典杯、海波杯、哥连士杯等平底杯应握住杯子下底部，切忌用手掌拿杯口。高脚杯或脚杯应拿细柄部。白兰地杯用手握住杯身，通过手传热使其芳香溢出（指客人饮用时）。

（6）溜杯。将酒杯冷却后再用来盛酒。通常有以下几种情况：①冰镇杯。将酒杯放在冰箱内冰镇。②放入上霜机。将酒杯放在上霜机内上霜。③加冰块。有些可加冰块在杯内冰镇。④溜杯。杯内加冰块使其快速旋转至冷却。

（7）温烫。指将酒杯烫热后再来盛饮料。通常有以下几种情况：①火烤。用蜡烛来烤杯，使其变热。②燃烧。将高酒精烈酒放入杯中燃烧，至酒杯发热。③水烫。用热水将杯烫热。

（8）搅拌。搅拌是混合饮料的方法之一。它是用吧勺在调酒杯或饮用杯中搅动冰块使饮料混合。具体操作要求：用左手握杯底，右手按握"毛笔"姿势，使吧勺勺背靠杯边按顺时针方向快速旋转。搅动时只有冰块转动声。搅拌五六圈后，将滤冰器放在调酒杯口，迅速将调好的饮料滤出。

（9）摇壶。这是使用调酒壶来混合饮料的方法。具体操作形式有单手、双手两种。

1）单手握壶。右手食指按住壶盖，用拇指、中指、无名指夹住壶体两边，手心不与壶体接触。摇壶时，尽量使手腕用力。手臂在身体右侧自然上下摆动。

要求：力量要大、速度快、节奏快、动作连贯。手腕可使壶按"S"形、"三角"形等方向摇动。

2）双手握壶。左手中指按住壶底，拇指按住壶中间过滤盖处，其他手指自然伸开。右手拇指按住壶盖，其余手指自然伸开固定壶身。壶头朝向自己，壶底朝外，并略向上方。摇壶时可在身体左上方或正前上方。要求两臂略抬起，呈伸曲动作，手腕呈三角形摇动。

（10）上霜。上霜是指在杯口边沾上糖粉或盐粉。具体要求：用柠檬皮擦杯口边，要求匀称。操作前要把酒杯空干。然后将酒杯放入糖粉或盐粉，沾完后把多余的糖粉或盐粉弹去。

二、鸡尾酒的色彩和口味配制

酒吧是最讲究气氛的场所，通过鸡尾酒的不同色彩来传达不同的情感以创造特殊的酒吧情调。色彩的冷暖有助于满足不同顾客的需求。鸡尾酒的口味要考虑温度和调料的轻重搭配。

1. 鸡尾酒色彩的配制

鸡尾酒之所以如此具有诱惑力，是与它那五彩斑斓的颜色分不开的。色彩的配制在鸡尾酒的调制中至关重要。

（1）鸡尾酒原料的基本色。鸡尾酒是通过基酒和各种辅料调配混合而成的。这些原料的不同颜色是构思鸡尾酒色彩的基础。下面就原料的基本色彩作一个介绍。

1）糖浆。糖浆是由各种含糖比重不同的水果制成的，颜色有红色、浅红色、黄色、绿色、白色等。较为熟悉的糖浆有红石榴糖浆（深红）、山楂糖浆（浅红）、香蕉糖浆（黄色）、西瓜糖浆（绿色）等。

2）果汁。果汁是通过水果挤榨而成的具有水果的自然颜色，且含糖量比糖浆要少得多。常见有橙汁（橙色）、香蕉汁（黄色）、椰汁（白色）、西瓜汁（红色）、草莓汁（浅红色）、西红柿汁（粉红）等。

3）利口酒。利口酒颜色十分丰富，几乎赤、橙、黄、绿、青、蓝、紫全包括。有些利口酒同一品牌有几种不同颜色，如可可酒有白色；薄荷酒有绿色、白色；橙皮酒有蓝色、白色等。利口酒也是鸡尾酒调制中不可缺少的辅料。

4）基酒。基酒除伏特加、金酒等少数几种无色烈酒外，大多数酒都有自身的颜色，这也是构成鸡尾酒色彩的基础。

（2）鸡尾酒颜色的调配。鸡尾酒颜色需按色彩配比的规律调制。

1）在调制彩虹酒时首先要使每层酒应为等距离，以保持酒体形态最稳定地平衡；其次应注意色彩的对比，如红与绿、黄与蓝是接近补色关系的一对色，白与黑是色度差距较大的一对色；最后将暗色、深色的酒置于酒杯下部，如红石榴汁，明亮或浅色的酒放在上部，如白兰地、浓乳等，以保持酒体的平衡。只有这样调出来的彩虹酒才会给人感观美。

2）在调制分层果汁饮料时，应注意颜色的比例。一般来说暖色或纯色的诱惑力强，应占面积小一些，冷色或浊色面积可大一些。如特吉拉日出，红石榴汁用量 3/4 盎司，小沉杯底，上面大部分为淡橙色，这样就平衡，产生美感。

3）鸡尾酒的色彩混合调配。在鸡尾酒家庭中，绝大部分鸡尾酒都是将几种不同颜色的原料进行混合，调制成某种颜色的鸡尾酒。

第一，这就需要我们事先用两种或两种以上的颜色混合后产生的新颜色。如黄、蓝混合成绿色，红与蓝混合成紫色，红黄混合成橘色，绿色、蓝色混合而成青绿色等。

第二，在调制鸡尾酒时，应把握好不同颜色原料的用量。颜色原料用量过多，色深，量少则色浅。酒品就达不到预想的效果。如红粉佳人主要用红石榴汁来调出粉红色的酒品效果。在标准容量鸡尾酒杯（40~50z）中，一般用量为 1 吧匙，多于 1 吧匙，颜色为深红，少于 1 吧匙，颜色呈淡粉色，体现不出"红粉佳人"的魅力。

第三，注意不同原料对颜色的作用。冰块是调制鸡尾酒不可缺少的原料，不仅对饮品起冰镇作用，对饮品的颜色、味道也起稀释作用。在调制鸡尾酒时冰块的用量、放置时间长短直接影响到颜色的深浅。另外，冰块本身具有的透亮性，在古典杯中加冰块的饮品更具光泽，更显晶莹透亮，如君度加冰、威士忌加冰、金巴利加冰、加拿大雾酒等。

（3）鸡尾酒的情调创造。酒吧是最讲究氛围的场所，鸡尾酒的不同色彩能传达不同的情感以创造特殊的酒吧情调。

红色鸡尾酒和混合饮料，表达一种幸福和热情、活力和热烈的情感。紫色饮品，给人高贵而庄重的感觉；粉红色的饮品，传达浪漫、健康的情感；黄色饮品，给人一种辉煌、神圣的象征；绿色饮品，使人联想到大自然，感到年轻，充满活力、憧憬未来；蓝色饮品，既可给人以冷淡、伤感的联想，又是使人产生平静希望的象征；白色饮品，给人纯洁、神圣、善良的感觉。

2. 鸡尾酒的口味调配

人们对味道的感受是通过鼻（嗅觉）和舌（味觉）来体验的。鸡尾酒味道是由具有各种天然香味的饮料成分来调配的，所以它的味道调配过程不同于食品的烹调。鸡尾酒需加冰块在最佳的保持芳香味的温度下，完成调制。鸡尾酒调出的味道一般都不过酸、过甜，是一种味道较为适中、能满足人们各种口味需要的饮品。

鸡尾酒口味可以分为：

（1）清凉爽口的饮品。用碳酸饮料加冰与其他酒类配制的饮用时间较长的饮料。具有清凉解渴的功效。

（2）酸甜适中的饮品。以柠檬汁、西柠汁和利口酒、糖浆为配料与烈酒调配出的酸甜鸡尾酒，香味浓郁、入口微酸，回味甘甜。这类酒在鸡尾酒中占有很大比重。酸甜味比例根据饮品及各地人们的口味不同，并不完全一样。

（3）酒香浓郁的饮品。基酒占绝大多数比重，使酒体本味突出，配少量辅料增加香味，如马丁尼、曼哈顿。这类酒含糖量少，口感干冽。

（4）微苦香甜的饮品。以金巴利或苦精为辅料调制出来的鸡尾酒，如亚美利加诺、尼格龙尼等。这类饮品入口虽苦，但持续时间短，回味香甜，并有清热的作用。

（5）果香浓郁丰满的饮品。新鲜果汁配制的饮品，酒体丰满具有水果的清香味。

不同地区的人们对鸡尾酒口味的要求各不相同，在调制鸡尾酒时，应根据顾客的喜好来调配。一般欧美人不喜欢含糖或含糖高的饮品，为他们调制鸡尾酒时，糖浆等甜物要少放，碳酸饮料最好用不含糖的。对于东方人，如日本、中国香港地区顾客，他们喜欢甜口，可使饮品甜味略突出。在调制鸡尾酒时，还应注意世界上各种流行口味的鸡尾酒。如酸甜类鸡尾酒或含苦味鸡尾酒是较流行的饮品。对于有特殊口味要求的顾客可征求客人意见后调制。

三、不同场合的鸡尾酒口味

尽管在鸡尾酒酒吧中，鸡尾酒种类五花八门，应有尽有，但是某一特定的场合对鸡尾酒品种、口味有特殊的要求。

1. 餐前鸡尾酒

餐前鸡尾酒是指在餐厅正式用餐前或者是在宴会开始前提供的鸡尾酒。这类鸡尾酒首先要求酒精含量较高，具有开胃作用的酸味、辣味饮品，如马丁尼、吉姆莱特等。

2. 餐后鸡尾酒

餐后鸡尾酒是指在正餐后饮用的鸡尾酒品，要求口味较甜，具有助消化、健胃的功能，如黑俄罗斯等。

3. 休闲场合鸡尾酒

休闲场合鸡尾酒主要是游泳池旁、保龄球场、台球厅等场所提供的鸡尾酒。要求酒精含量低或者无酒精饮料，以清凉、解渴的饮料为佳，一般为果汁混合饮料、碳酸混合饮料等。

四、鸡尾酒操作实例

1. 马天尼（Martini）

（1）干马天尼（Dry Martini）。

材料：金酒 1.5 盎司、干味美思 5 滴。

制法：加冰块搅匀后滤入鸡尾酒杯，用橄榄和柠檬皮装饰。如果将装饰物改成"珍珠洋葱"，干马天尼就变成"吉普森"了。

（2）甜马天尼（Sweet Martini）。

材料：金酒 1 盎司、甜味美思 2/3 盎司。

制法：加冰块搅匀后滤入鸡尾酒杯，用红樱桃一颗装饰。

（3）中性马天尼（Medium Martini）。

材料：金酒 1 盎司、干味美思 1/2 盎司、甜味美思 1/2 盎司。

制法：加冰块搅匀后滤入鸡尾酒杯，用樱桃和柠檬皮装饰。"中性马天尼"又称为"完美型马天尼"（Perfect Martini）。

2. 曼哈顿（Manhattan）

主要的曼哈顿类鸡尾酒有：

（1）干曼哈顿（Dry Manhattan）。

材料：黑麦威士忌 1 盎司、干味美思 2/3 盎司、安哥斯特拉苦精 1 滴。

制法：在调酒杯中加入冰块，注入上述酒料，搅匀后滤入鸡尾酒杯，用樱桃装饰。

（2）中性曼哈顿（Medium Manhattan）。

材料：黑麦威士忌 1 盎司、干味美思 1/2 盎司、甜味美思 1/2 盎司、安哥斯特拉苦精 1 滴。

制法：在调酒杯中加入冰块，注入上述酒料，搅匀后滤入鸡尾酒杯，用一颗樱桃和一片柠檬片进行装饰。"中性曼哈顿"又称为"完美型曼哈顿"。

（3）甜曼哈顿（Sweet Manhattan）。

材料：黑麦威士忌 1 盎司、甜味美思 2/3 盎司、安哥斯特拉苦精 1 滴。

制法：在调酒杯中加入冰块，注入上述酒料，搅匀后滤入鸡尾酒杯，用樱桃装饰。

3. 威士忌酸（Whisky Sour）

材料：威士忌 1.5 盎司、柠檬汁 1/2 盎司、砂糖 1 匙。

制法：将上述材料加冰搅匀后滤入高波杯中，并加满冰苏打水，将一块柠檬皮放在酒面，再用一片柠檬片和一颗红樱桃装饰。

4. 得其利（Daiquiri）

材料：淡罗姆 1.5 盎司、柠檬汁 1/2 盎司、砂糖 1/2 匙。

制法：将上述材料加冰搅匀后滤入杯沿粘糖粒的鸡尾酒杯，或加有冰块的老式杯内，必要时可多加点糖，用一块鲜柠檬皮装饰。这是一种带有淡蓝灰色彩的鸡尾酒，日本人习惯称它为"百加地"。这种酒宜餐前饮用或佐餐用，可助消化，增进食欲。

5. 玛格丽特（Margarita Cocktail）

材料：特吉拉酒 1 盎司、橙皮香甜酒 1/2 盎司、鲜柠檬汁 1 盎司。

制法：先将浅碟香槟杯的杯口粘上精细盐，再将上述材料加冰摇匀后滤入杯中，饰以一片柠檬片即可。

6. 螺丝钻（Screwdriver）

材料：伏特加 1.5 盎司、鲜橙汁 4 盎司。

制法：将碎冰置于阔口矮型杯中，注入酒和橙汁，搅匀，以鲜橙点缀。这是一款世界著名的鸡尾酒，四季均宜饮用，酒性温和，气味芬芳，能提神健胃，颇受各界人士欢迎。

7. 白兰地亚历山大（Alexander Brandy）

材料：白兰地 2/3 盎司、棕色可可甜酒 2/3 盎司、鲜奶油 2/3 盎司。

制法：将上述材料加冰块充分摇匀，滤入鸡尾酒杯后用一块柠檬皮放在酒面，再用一颗樱桃进行装饰并在酒面撒上少许豆蔻粉。

8. 百加地（Bacardi）

材料：百加地罗姆酒 1/5 盎司、鲜柠檬汁 1/4 盎司、石榴糖浆 3/4 盎司。

制法：将冰块置于调酒壶内，注入酒、石榴糖浆和柠檬汁充分摇匀，滤入鸡尾酒杯，以红樱桃一颗点缀。

9. 吉普森（Gibson）

材料：金酒 1 盎司、干味美思 2/3 盎司。

制法：将上述材料加冰摇匀后滤入鸡尾酒杯，然后放入一棵小洋葱。它的别名为"无苦汁的马提尼"，饮用时可放入柠檬皮，口味更加清爽。

10. 特吉拉日出（Tequila Sunrise）

材料：特吉拉酒 1 盎司、橙汁适量、石榴糖浆 1/2 盎司。

制法：在高脚杯中加适量冰块，在量杯中倒入特吉拉酒，兑满橙汁，然后沿杯壁放入石榴糖浆，使其沉入杯底，并使其自然升起呈太阳喷薄欲出状。

11. 红粉佳人（Pink Lady）

材料：金酒 1.5 盎司、柠檬汁 1/2 盎司、石榴糖浆 2 茶匙、蛋白 1 个。

制法：将酒料加冰摇匀至起泡沫，后滤入鸡尾酒杯，以红樱桃点缀。这是一款颇负盛名的鸡尾酒，就如同粉红色的佳人一样，很受女士们的欢迎。这种酒颜色鲜红美艳，酒味芳香，入口润滑，适宜四季饮用。

12. 生锈钉（Rusty Nail）

材料：苏格兰威士忌 1 盎司、杜林标甜酒 1 盎司。

制法：将碎冰放入老式杯中，注入上述材料慢慢搅匀即成。这是著名的鸡尾酒之一，四季皆宜，酒味芳醇，且有活血养颜之功效。

13. 罗伯罗伊（Rob Roy）

材料：苏格兰威士忌 2 盎司、甜味美思 1/2 盎司、苦精 1 滴。

制法：将上述材料搅拌均匀后滤入鸡尾酒杯，放入一块柠檬皮。这是一种带辛辣味的曼哈顿式鸡尾酒。

14. 边车（Side Car）

材料：白兰地 1.5 盎司、橙皮香甜酒 1/4 盎司、柠檬汁 1/4 盎司。

制法：将上述材料摇匀后注入鸡尾酒杯，饰以红樱桃。这款鸡尾酒带有酸甜味，口味非常清爽，能消除疲劳，所以适合餐后饮用。这种酒乃是"鸡尾酒十杰"之一，凡饮用过的人无不交口称赞。

15. 金菲士（Gin Fizz）

材料：金酒 2 盎司、君度酒 2 盎司、鲜柠檬汁 2/3 盎司、蛋白 1 个、糖粉 2 茶匙、苏打水适量。

制法：将碎冰放入调酒壶，注入酒料，摇匀至起泡沫，倒入高波杯中，并在杯中注满苏打水。这种鸡尾酒酒香味甜，入口润滑，常饮可消除疲劳，振奋精神，尤其适宜夏季饮用。

16. 血玛丽（Bloody Mary）

材料：伏特加 1.5 盎司、番茄汁 4 盎司、辣酱油 1/2 茶匙、精盐 1/2 茶匙、黑胡椒 1/2 茶匙。

制法：在老式杯中放入两块冰块，按顺序在杯中加入伏特加和番茄汁，然后再撒上辣酱油、精细盐、黑胡椒等，最后放入一片柠檬片，用芹菜秆搅匀即可。这是一款世界流行的鸡尾酒，甜、酸、苦、辣四味俱全，富有刺激性，夏季饮用可增进食欲。

17. 新加坡司令（Singapore Gin Sling）

材料：金酒 1.5 盎司、君度酒 1/4 盎司、石榴糖浆 1 盎司、柠檬汁 1 盎司、苦精 2 滴、苏打水适量。

制法：将各种酒料加冰块，摇匀后滤入柯林杯内，并加满苏打水，用樱桃和柠檬片装饰。这种鸡尾酒适宜暑热季节饮用，酒味甜润可口，色泽艳丽。

18. 青草蜢（Grasshopper Cocktail）

材料：白可可甜酒 2/3 盎司、绿薄荷甜酒 2/3 盎司、鲜奶油（或炼乳）2/3 盎司。

制法：将上述材料充分摇匀，使利口酒和鲜奶油充分混合，滤入鸡尾酒杯，用一颗樱桃进行装饰。

19. 古典鸡尾酒（Old Fashioned）

材料：威士忌 1.5 盎司、方糖 1 块、苦精 1 滴、苏打水 2 匙。

制法：在老式杯中放入苦精、方糖、苏打水，将糖搅拌后加入冰块、威士忌搅凉后放入一片柠檬皮，并饰以橘皮和樱桃。这也是一款著名的鸡尾酒品种，酸甜适中，很受欢迎。

20. 约翰柯林（John Collins）

材料：威士忌 1.5 盎司、樱桃白兰地 2/3 盎司、砂糖 3 匙、苏打水适量。

制法：将上述材料充分摇匀后滤入柯林杯内，并在杯中加满冰苏打水，以柠檬片和樱桃装饰。这是一种甜中带酸的消暑饮品。

21. 自由古巴（Cuba Liberty）

材料：深色罗姆 1/2 盎司、可口可乐 1 瓶。

制法：在高波杯内加入三块冰块，并放入一片柠檬片，然后加入罗姆酒，用可乐加满酒杯。这是一种内容非常丰富的饮料，如用淡色罗姆，那么它的香气就会被可口可乐的味道掩盖，所以最好是使用香气较强的深色罗姆酒。这种酒酒味香醇甜美，宜夏天饮用，更适合酒量浅的人饮用，有去疲劳、助消化，促进新陈代谢的功效。

22. 黑俄罗斯（Black Russian）

材料：伏特加 1.5 盎司、咖啡利口酒 3/4 盎司。

制法：在阔口矮型老式杯中加入冰块，注入酒，轻轻搅匀即可，这种酒味美芬芳，饮后能增加精神，宜餐后与咖啡共进。

23. 史丁格（Stinger）

材料：白兰地 1.25 盎司、白薄荷酒 1.25 盎司。

制法：在调酒杯内放上冰块，注入酒搅匀滤入鸡尾酒杯，以红樱桃装饰。这种酒适宜餐后饮用，有浓厚的薄荷味，饮后能祛风行气，健身强体，潮湿气候饮用尤佳。

24. 布朗克斯（Bronx）

材料：金酒 1.5 盎司、干味美思 1.5 盎司、甜味美思 0.5 盎司、橙汁 2/3 盎司。

制法：先将冰块放进摇酒壶中，用量杯将酒和饮料按标准量倒入其中，用摇和法，过滤冰块，把酒水倒入鸡尾酒杯中，用小刀切樱桃挂在杯边装饰。

25. 尼克罗尼（Negroni）

材料：金酒 2 盎司、金巴利酒 1 盎司、甜味美思 1 盎司。

制法：用调和滤冰法，先把冰块加入调酒杯中，用量杯将三种酒按配方量入杯中，用酒吧匙搅拌 5 分钟，过滤冰块，把酒倒入鸡尾酒杯中，最后削一片长柠檬皮，轻扭 90 度，垂入杯中装饰。

思考题：

1. 我们日常泡茶的方式有哪些？结合现实，不同地域喝茶有什么讲究？

2. 请举例你喝过的咖啡品牌。你常采用何种方式喝咖啡？

3. 如果你非常喜欢喝发酵型酒，请问你如何品尝酒的好坏？

4. 生活中，你喝过鸡尾酒吗？你尝试过不同酒的混配吗？你认为应如何搭配味道更好？

第三章　酒吧筹建

本章导读：了解酒吧的设置，根据功能主要分为主酒吧、酒廊、服务酒吧、宴会酒吧、多功能酒吧、主题酒吧；掌握酒吧选址的关键流程以及选址评估选择常用技术方法；理解酒吧设计、装修的几个关键原则，掌握吧台设计的几种类型及设计的要点；掌握如何配置吧台人员岗位并设计岗位职责；掌握酒吧的设施规格和常规必备的用具。

第一节　酒吧的形式

酒吧一般可以分为主酒吧、酒廊、服务酒吧、宴会酒吧、多功能酒吧、主题酒吧。

1. 主酒吧

主酒吧也叫英美正式酒吧，在国外也有叫"Engilsh Pub"或"Cash Bar"。这类酒吧的特点是客人直接面对调酒师坐在酒吧台前，当面欣赏调酒师的操作，调酒师从准备材料到酒水的调制和服务全过程都在客人的目视下完成。主酒吧不但要装饰高雅、美观、格调别致，而且在酒水摆设和酒杯摆设中要创造气氛，吸引客人来喝酒，并使客人觉得置身其中饮酒是一种享受。

许多主酒吧的另一特色是具有各自风格的乐队表演或向客人提供飞镖游戏。来此消费的客人大多是来享受音乐、美酒以及无拘无束的人际交流所带来的乐趣，因此对调酒师的业务技术和文化素质要求较高。

2. 酒廊

酒廊在形式上通常有咖啡厅的特征，格调及装修布局也相似。但只供应饮料和小食，不供应主食。一些座位在酒吧台前面，但客人一般不喜欢坐。这类酒吧有两种形式，一是大堂酒吧（Lobby Lounge），设置在饭店的大堂，主要为饭店客人服务，让客人可以暂时休息、等人、等车等。二是音乐厅（Music Room），其中也包括歌舞厅和卡拉OK厅。在饭店多数是综合音乐厅，里面有小乐队演奏，有小舞池供客人跳舞。

3. 服务酒吧

服务酒吧是一种设置在餐厅中的酒吧，服务对象也以用餐客人为主。一般在中餐厅中较简单，调酒师不需直接与客人打交道，只要按酒水单供应就行了。酒吧摆设也以中国酒为主。西餐厅中的服务酒吧要求较高，主要是数量多、品种齐全的餐酒（葡萄酒），而且红葡萄酒、白葡萄酒的存放温度和方法不同，需配备餐酒库和立式冷柜。在国外的饭店中，西餐厅的酒库显得特别重要，因为西餐酒水和配餐的格调、水准都在这里体现出来。

4. 宴会酒吧

宴会酒吧是根据宴会形式和人数而摆设的酒吧，通常是按鸡尾酒会、贵宾厅房、婚宴形式的不同而作相应的摆设，但只是临时性的，变化很多。

外卖酒吧（Catering Bar）是宴会酒吧中的一种特殊形式，在外卖情况下摆设。例如许多公司开公司酒会，场地设在本公司内，这时酒吧工作人员需将酒水和各种应用器具准备好送到公司指定的场地摆设酒吧，提供酒水服务。

5. 多功能酒吧

多功能酒吧大多设置于综合娱乐场所，它不仅能为用午餐、晚餐的客人提供用餐酒水服务，还能为有赏乐、蹦迪（Disco）、练歌（卡拉OK）、健身等不同需求的客人提供种类齐备、风格迥异的酒水及其服务。这一类酒吧综合了主酒吧、酒廊、服务酒吧的基本特点和服务功能。多功能酒吧对调酒师要求较高，良好的英语基础、高超的技术水平、比较全面地了解娱乐方面的有关知识，是考核调酒师能否胜任的三个基本条件。

6. 主题酒吧

比较流行的氧吧、网吧等均称为主题酒吧。这类酒吧的明显特点即突出主题，来此消费的客人大部分也是来享受酒吧提供的特色服务，而酒水却往往排在次要的位置。

第二节　酒吧的选址

选址决策事实上是酒吧营销计划中不可分割的一部分。尽管选址似乎是新组织的临时性问题。但酒吧的选址对酒吧经营有决定性影响。若酒吧的选址不当，那经营很难成功。在筹建酒吧选址时，除了要以市场分析的资料为依据外，还要收集一些与市场数据相关的信息。

按照一般规律，酒吧以潜在利润的多少作为其决策的基础。但是，在许多情况下，并不存在一个绝对的最好地点。在所提供的地点中，总有许多可能的地点可以让酒吧去选择。而且，这种可能的地点数目很大，以致很难从中找出一个唯一地点。因此，大多数酒吧是从一些可以接受的地点中择优。

一、酒吧选址的一般程序

酒吧选址通常包括以下几个步骤：

第一步，决定评估地点好坏的标准，例如，富有人气的商圈。

第二步，识别重要因素，比如市场或顾客的位置。

第三步，找出可供选择的地点。①确定选址的一般地区；②确定几个可供选择的社区；③从可供选择的社区中找出几个可供选择的地点；④评估这几个选择地点并确定其中一个。

二、影响酒吧选址决策的因素

酒吧的位置对酒吧经营有决定性影响。若酒吧的位置选择不当，那经营绝不会成功。在筹建酒吧选址时，除了要考虑具体位置外，还要考虑收集一些与市场相关的数据信息，掌握近几年来的经济发展情况，注意收集和评估所在地区商业发展的数据及其因素，一般要着重考虑以下因素：

1. 地区经济

要注意收集和评估所在地区商业发展的数据及其因素。

2. 城市规划

区域规划往往会涉及建筑的拆迁或重建，如果未经分析，盲目投资酒吧，而在成本收回之前就遇到了拆迁，这家酒吧无疑会蒙受损失，或原有商圈优势丧失。所以在确定酒吧位置之前，一定要向有关部门提出咨询。

酒吧迁址要保证相关营业执照能通用，否则在新迁地址需重新花费大量时间和金钱办理执照。

3. 竞争情况

竞争情况是直接影响酒吧经营的不可抗拒因素，需要认真调查研究，对于竞争的评估可以从两个方面考虑。一方面是开间相同的酒吧进行直接竞争，这一点自然是消极的因素。另一方面是非直接竞争，包括提供不同饮品和不同服务的酒吧，这一点有时会成为积极的因素。没有竞争的地方，从顾客方面来讲也意味着没有吸引力。缺少任何一种形式的竞争都是值得考虑的，即使是个潜在的绝好地段，但因为竞争激烈也有可能使地段丧失优势。

4. 规模和外观

酒吧的潜在容量大到可以容纳足够的空间建筑物、停车场和其他的必要设施。酒吧位置的地面形状以长方形、方形为好，圆形也可。三角形或多边形除非它非常大，否则是不可取的，因为长方形的土地利用率较高。在对地点、规模和外观进行评估的同时也要考虑潜在消费的可能。

5. 能源供应情况

能源主要是指水、电、天然气等经营必须具备的基本条件。在这些因素中，水的品质也应考虑，因为水质的好坏直接关系到冰块及调制冷热饮的效果。

6. 流动人员

流动人员主要指路过的客流量和客流种类。因此对流动人员一定要仔细分析，综合其特点，选择适当的位置和酒吧的种类。

7. 地点特征

地点特征显示出与人们外出活动或人群聚集相关的位置。要考虑与购物中心、商业中心、娱乐中心的距离和方向，这些地点由于人群聚集，甚至能在离酒吧几里以外的地点，仍能对酒吧的推销产生影响。另外还应考虑交通目的地，有些地点看似交通流量很大，但由于附近没有合适的停留、休憩的环境，这类地点也是绝不可取的。

8. 交通状况

交通状况是指车辆的通行状况和行人的多少。交通状况往往意味着客源的多少，但客源的多少绝不等同于交通的频繁程度，有的地区尽管交通频繁，但客人却没有去酒吧的机会或欲望。但通常情况下，在选择酒吧位置时，应考虑本地区车辆流动的数据及行人流动的资料，以保证酒吧建成后，有相当数量的客源。

一个地区的交通情况尤为重要，因为它不仅影响酒吧的营业量，甚至有时还可决定酒吧必须采用何种服务方式。很显然，酒吧具体位置的交通便利情况、停车进出的方便程度，将影响客人是否愿意光顾。有时，由于客人不愿经过十分拥挤、危险的岔路口才能到达酒吧，使许多店家失去相当可观的生意。当规划建立一家酒吧时，首先得仔细分析现有交通在未来是否会改善，有些生意兴隆的酒吧由于交通路线改变而被迫停业。

9. 酒吧可见度

酒吧可见度是指酒吧的显眼程度。也就是说，无论顾客从哪个角度看，都应可以获得对酒吧的感知。酒吧可见度可从驾车驶入方向或徒步进入酒吧方位来评估。酒吧可见度往往会影响酒吧的吸引力。

10. 公共服务

酒吧及娱乐设施必须使用一系列配套的公共设施，但其中有许多公共设施并不是现成的。在实践中，常有因当地有关部门拒绝扩建一些计划中必要的公共设施，使酒吧营建计划落空。因而，酒吧及娱乐设施建设也需要先调查选址附近是否有可供使用的公共设施。公共设施包括消防、垃圾废物处理和其他所需的公共服务。目标地点所需服务的设施、费用和品质都是应该评估的，这些信息可从当地有关部门中获得。

三、推荐酒吧选址地点

酒吧集中点，一般是指酒吧一条街，这里有群体的优势和氛围，是酒吧最繁荣的体现，因为这里顾客云集，酒水的吞吐量很大。但此方面存在竞争太强的弱点，所以小酒吧在这种情况下一定要经营有特色，产品有个性。只有这样，才能在大酒吧如林的集中群中有立足之地，才能够借上有利的东风。

以下方面均是开设酒吧需着重考虑的因素：

文化层次较高，居民又较为集中的地段，可经营几个大众化的酒吧等休闲场所，消费不应太高。

临近旅游及商务往来频繁的宾馆附近，人源稳定，并方便住店客人选择；高档住宅区及通往商业区的路段，此种地段也较为理想，夜晚这些区域便呈现出无限生机；外事机构较为集中的地段，最好是大使馆附近，此类地区也是开酒吧的最理想位置，因为这里往往是那些外国人款待朋友的最佳选择。

目前城市郊区的新建住宅小区，也开设了很多具有乡土格调的酒吧，这意味着人们观念的转变：即使在地价低廉的地段，也同样有生意可做，而且还相当有潜力。过去认为只有在闹市区、繁华地段才适合经营啤酒屋。而现在，一些小型啤酒屋，乃至大型酒吧，也都纷纷出现在新建住宅区。在住宅区开设酒吧有一个共同性，就是要把自己和当地居民打成一片，了解他们的需求，这一点非常重要。

四、酒吧选址的评估技术

在评估供选择的地点时有一些常用技术，包括量—本—利选址分析、因素评分法和重心法等。

1. 量—本—利选址分析

量—本—利选址分析有利于对备选地点在经济上进行对比。这种比较可以用数字，也可以用图表。图表方法更能清楚地说明情况，因为它增强了对概念的理解，并能指出一种选择优于其他选择的程度。

（1）量—本—利分析过程包括的步骤：①确定每一备选地点的固定成本和可变成本。②在同一张图表上绘出各地点的总成本线。③确定在某一预期的产量水平上，哪一地点的总成本最少或者哪一地点的利润最高。

（2）量—本—利分析方法需要建立的几点假设：①产出在一定范围时，固定成本不变。②可变成本与一定范围内的产出呈线性关系。③所需的产出水平能近似估计。④只包括一种产品。

在成本分析中，要计算每一地点的总成本：

总成本 $= FC + VQ$

式中，FC 为固定成本，V 为每单位的可变成本，Q 为产出产品的数量或体积。

[例] 表 3-1 列出了四种酒吧所在地可能的固定成本和可变成本：

表 3-1　酒吧所在地的固定成本和可变成本

地　址	每年的固定成本/元	每单位的可变成本/元
A	250000	11
B	100000	30
C	150000	20
D	200000	35

首先绘出各条总成本线，选择最接近预期产量的产出（如每年 10000 个单位）。计算在这个水平上每个地点的总成本线。

地　址	固定成本/元	+	可变成本/元	=	总成本/元
A	250000	+	11（10000）	=	360000
B	100000	+	30（10000）	=	400000
C	150000	+	20（10000）	=	350000
D	200000	+	35（10000）	=	550000

绘出每一地址的固定成本（在产出为 0 时）及产出为 10000 个单位时的总成本，并用一条直线把两点连起来，如图 3-1 所示。

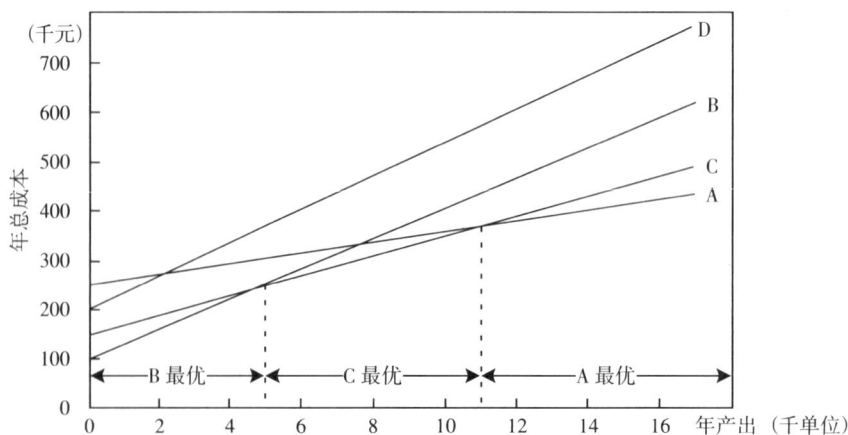

图 3-1　量—本—利分析

图 3-1 显示了各个备选地点的总成本最低时的区间。请注意，D 地从未优于其他任何一地。因此，可以从 B 线和 C 线的交点以及 A 线和 C 线交点所得到的产出水平求出确切的区间。为了得到这点，使它们的总成本公式相等，求 Q，即得到它们最优产出水平的界限。于是，对于 B 和 C 来说，B 向 C 右移：

$100000 + 30Q = 150000 + 20Q$

解之，Q = 5000 单位/年。

对于 C 和 A 来说，C 向 A 右移：

$150000 + 20Q = 250000 + 11Q$

解得，Q = 11111 单位/年。

由图 3-1 可看出，每年产出 8000 单位时，地点 C 的成本总额最低。

在利润分析中，计算每一地的总利润。

总利润 = Q（R - v）- FC

式中，R 为每单位收入。

当预期产出水平接近某一备选地最优产出区间的中间时，这时的选择就很简单明了。当预期产出水平靠近某一区间的边缘时，就意味着两种不同选择的年成本相似。因此，这时管理者就不会以总成本作为选择依据。但是，认识到这一点很重要，在很多情况下，成本以外的其他因素也应考虑在内。

2. 因素评分法

因素评分法是一项决策技术。该技术应用广泛，从个人做出某一项决定（如购车、决定居住地等）到职业规划（如选择一种职业，在某些职业之间进行选择等）。这里介绍其在选址规划中的应用。

典型的选址决策包括质和量的输入，这些质和量的输入随每个组织的需要不同而变化。因素评分法是一种普遍的方法，对于给定地点的评估和备选地点的比较非常有用。它的价值在于：通过为每个备选地点建立归纳各种相关因素的综合得分，从而为评估提供了合理的基础并方便了备选地点的比较。因素评分使决策者得以将他们的个人意愿与大量的信息引入决策过程。

（1）因素评分法步骤。因素评分法一般有以下几个步骤：①选择有关因素（如市场位置、水源供应、停车场、潜在收入等）。②赋予每个因素一个权重，以显示它与所有其他因素相比的相对重要性。各因素权重总和一般是 1.00。③给所有因素确定一个统一的数值范围（如 0~100）。④给每一备选地点打分。⑤把每一因素的得分与它的权重值相乘，再把各因素乘积值相加，就得到了待选地点的总分。⑥选择其中综合得分最高的地点。

（2）举例说明以上程序。一家酒吧打算开一家分店，表 3-2 是两个备选地点的信息。

解法如表 3-2 所示：

表 3-2　因素评分法示例

因素	权重	得分（总分 100）		加权得分	
		地点 1	地点 2	地点 1	地点 2
邻近已有商店	0.10	100	60	0.10（100）=10.0	0.10（60）=6.0
交通繁华	0.05	80	80	0.05（80）=4.0	0.05（80）=4.0
租金	0.40	70	90	0.40（70）=28.0	0.40（90）=36.0
大小	0.10	86	92	0.10（86）=8.6	0.10（92）=9.2
布局	0.20	40	70	0.20（40）=8.0	0.20（70）=14.0
运营成本	0.15	80	90	0.15（80）=12.0	0.15（90）=13.5
总计	1.00			70.6	82.7

地点 2 综合得分高，是较好的选择。

有些情况下要对综合得分设定最低临界值。如果备选地点不满足最低临界值，管理者就无须再进一步考虑它。如果没有地点达到这种最低临界值，那就意味着需对增加的备选地进行确认或评估，必须对这个最低临界值重新考虑。

3. 重心法

重心法是一种选择分销中心的位置，从而使分销成本降至最低的方法。它把分销成本看作距离和运输数量的线性函数。运输到每个目的地的商品数量被假设成固定的（即不会随时间而改变）。可以接受的变化是商品的总量，只要它们的相对数目保持不变（如季节性变化）。

这种方法要利用地图显示目的地位置。地图必须精确并且满足比例尺。将一个坐标系重叠在地图上来确定各点的相应位置，坐标系的（0，0）点位置及其刻度并不重要。一旦坐标系确定，才能看出每个目的地的坐标点，见图 3-2（a）和图 3-2（b）。

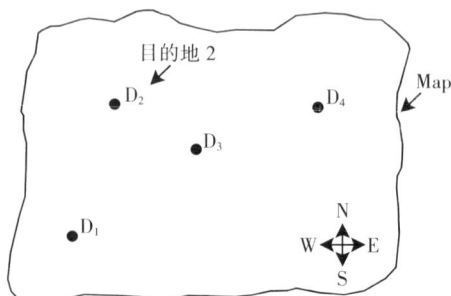

图 3-2（a）　显示目的地的地图

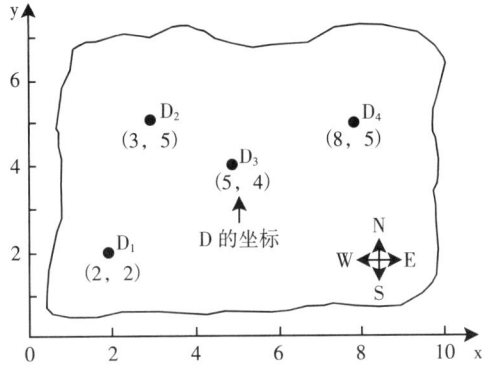

图 3-2（b） 显示目的地的重心

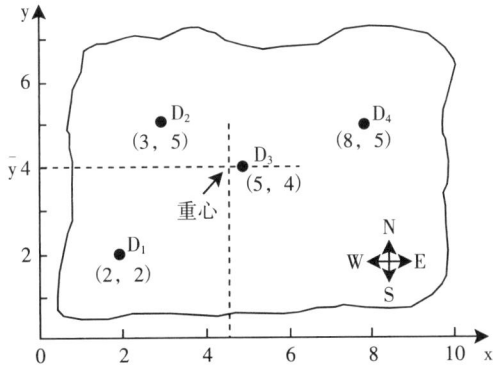

图 3-2（c） 重心坐标值

如果运往各地的产品数量是一样的，你就能通过计算 x 轴与 y 轴的平均值得到重心（即销售中心的位置）的坐标值［见图 3-2（c）］。这个平均值可以通过以下公式求得：

$$\bar{x} = \frac{\sum x_i}{n}$$

$$\bar{y} = \frac{\sum y_i}{n}$$

式中，x_i 为目的地 i 在 x 轴上的位置；y_i 为目的地 i 在 y 轴上的位置；n 为目的地的数目。

当运往各地的商品数量不一样时（这是常有的情况），必须以运往各地的商品数量作为权重，用加权平均法来求重心。

它的近似公式是：

$$\bar{x} = \frac{\sum x_i Q_i}{\sum Q_i}$$

$$\bar{y} = \frac{\Sigma y_i Q_i}{\Sigma Q_i}$$

式中，Q_i 为运往目的地的商品数量；x_i 为目的地 i 在 x 轴上的坐标位置；y_i 为目的地 i 在 y 轴上的坐标位置。

（1）求图 3-2（c）描述的问题的重心坐标位置。假定从重心运往四个目的地的商品数量都是一样的，如表 3-3 所示。

解：从图 3-2（b）中可以得出目的地的坐标

$$\bar{x} = \frac{\Sigma x_i}{n} = \frac{18}{4} = 4.5$$

$$\bar{y} = \frac{\Sigma y_i}{n} = \frac{16}{4} = 4$$

因此，中心位置是（4.5，4），正好位于 D_3 的西方，见图 3-2（c）。

目的地	x	y
D_1	2	2
D_2	3	5
D_3	5	4
D_4	8	5
总　计	18	16

（2）假定图 3-2（a）描述的问题中，运往各地的商品数量如表 3-3 所示，请确定重心位置。

解：因为运往各目的地的商品数量是不同的，因此必须用加权平均公式：

$$\bar{x} = \frac{\Sigma x_i Q_i}{\Sigma Q_i} = \frac{2(800) + 3(900) + 5(200) + 8(100)}{2000} = 3.05 \approx 3$$

$$\bar{y} = \frac{\Sigma y_i Q_i}{\Sigma Q_i} = \frac{2(800) + 5(900) + 4(200) + 5(100)}{2000} = \frac{7400}{2000} = 3.7$$

所以，重心的坐标点大约是（3，3.7），这个点在点 D_2（3，5）的南方，见图 3-2（c）。

表 3-3　重心法示例

目的地	x	y	每周数量
D_1	2	2	800
D_2	3	5	900
D_3	5	4	200
D_4	8	5	100
总　计	18	16	2000

此外，有许多商业软件包适用于酒吧选址分析。除了以上描述的模型外，许多软件包还采用线性规划或混合整数程序设计算法。另外，有些软件包运用启发式方法得到酒吧选址问题的合理解答。

第三节　酒吧装修设计

个性的风格是酒吧设计的灵魂，就像人类的思想。酒吧文化从某种意义来讲是整个城市中产阶级的文化聚集场所，它最先感知时尚的流向，它本身自由的特性又吻合了人们渴望舒缓的精神需求。

一个理想的酒吧装修环境需要在空间设计中创造出特定氛围，最大限度地满足人们的各种心理需求。一流的空间设计是精神与技术的完美结合，它在布局、用色上大胆而个性，它推敲每一处细节，做到尽善尽美。

酒吧装修设计是用个人的观点去接近大众的品位，用独到的见解来感染大众的审美，以设计的手段来表达思维的活跃，用理性的技术来阐述感性的情绪。

一、设计原则

酒吧装修设计是整个装修工程的灵魂所在，对设计的要求需要切合大家的需求。在装修设计中，酒吧装修设计是比较独特的，特别是在空间设计上更要体现出这一点。在酒吧装修设计时空间的确定一般需要遵循以下几个原则：

1. 空间布置要合理

酒吧空间是一定的，怎样在有限的空间里让设计容纳的人数更多呢？有些酒吧在装修设计时喜欢把整个酒吧分成若干个区域，给客人一种包间感觉。这样的酒吧在空间设计时需要根据不同区域的客人多少来加以决定。空间设计得太小给人拘束的感觉，空间过大给人一种空荡荡的感觉，既要使客人不感到拥挤和杂乱无章，同时还要满足客人对环境的要求，所以酒吧空间到底多大，就要根据这一原则来加以设计了。

2. 走道不易过窄

在布局设计时注意酒吧过道不能过于狭窄，应当便于行走。

3. 明确吧台位置

在酒吧布局设计时还应当注意吧台位置的选择。在设计时一般当客人迈向酒吧之时，便要能看到吧台的位置，感觉到吧台的存在。针对这一点，吧台应设置在最显眼的位置上。吧台所处位置应当对酒吧中不同角度坐着的客人来说都要能提供快捷的服务，同时也要便于服务员的服务。

4. 定位设计风格

在酒吧装修布局设计时，还需要考虑布局设计要有一个比较明确的设计风格，只有定位明确了，才便于装修设计。

5. 注重装饰物

一个酒吧的空间处理尺度适中会给人一种亲切感，主要是从空间的装饰物来入手。如可利用一些小艺术品体现浓厚的个性特色，很多酒吧在装修设计时其空间装饰所存在的问题是装修华而不实，浪费了金钱而又装修设计的不简洁。美观与实用并重，重视外表的美观而忽视其实用性是很多酒吧空间装饰中所存在的问题。

二、设计前提

综观整个酒吧发展史我们会发现，酒吧装饰要营造的是一个经营场所，是以市场为依托的，因此酒吧装饰一定要突出商业气息，并且要很好地实现盈利性目的。

酒吧装饰不是只懂点美学就可以了，酒吧装饰必须要能够满足市场的需求，要与酒吧经营管理理念相切合。

1. 策划、设计、经营"三位一体"的整合规划

策划、设计、经营"三位一体"的整合规划是酒吧设计成功的前提，三者相辅相成、缺一不可。酒吧是大众型的娱乐场所，营造热烈的气氛，带动消费者的情绪是经营酒吧的首要条件，要达到这个目的，就必须在投资之初即对策划、设计、经营实行"三位一体"的整合规划。

在策划时就应将项目的经营特色、推广计划、功能布局、装饰风格等整合统一、全盘规划；并在随后的设计中将这些策划的重点根据项目的实际空间特点和具体的使用要求一一完美地结合起来并执行到位；最后在酒吧开始经营后，也应按策划方案的最初预期贯彻实施，同时将设计的特色功能发挥得淋漓尽致。而在过往失败的项目中，它们可能是三者缺一，又或是三者缺二，更有甚者三者均无，所以，注定只能以失败而告终。例如，有些酒吧功能布局及环境装饰的设计都是一流的，但因经营方式偏离了市场消费需求而不景气；有些酒吧经营很有方法，但因环境装饰陈旧、功能布局平淡无奇而渐行下滑；有些酒吧策划很有新意，但因环境装饰设计落后而影响了经营。总体而言，三者如不能融会贯通、相辅相成，酒吧设计则是不完美的，甚至是失败的。

2. 设计要符合当地消费需求的娱乐形式

不同地区和城市的消费水平、文化底蕴、娱乐方式、消费习惯等都有着很大的差异，如果投资时没有因地制宜地策划、设计出一套适合当地文化的方案，最

终将会以失败告终。例如，某个"慢摇吧"的始祖品牌为一家全国性的酒吧连锁品牌企业。当时，它先后在北京、上海、广州等一线城市进行投资，并以其独特的音乐优势屡获成功，风靡一时。据此，它开始扩大投资范围，进军一些中小城市，统一采用相同的音乐风格、一样的经营模式、类似的空间布局及装饰风格——它要"复制"原来的成功。但由于这些二线城市娱乐消费市场的发展相对滞后，消费群体的生活方式和消费品位与广州、上海、北京等一线城市的差异较大，这些慢摇吧在这些城市无法适应当地的市场环境，因此全线失败。总结其失败的原因，一是忽略了当地消费市场的需求，以固有的模式生搬硬套强加于消费市场。二是面对各个不同城市迥异的消费品位，没有对酒吧的策划、设计、经营做出改变，以适应消费需求。

同样的道理，有一些在二线城市经营得不错的酒吧连锁品牌企业，因为受到一线城市巨大的消费市场的诱惑，加上对企业已有成功模式的盲目自信，因此不经调查分析和做出相应的改进便大举进入一线城市的消费市场，其结果也是可想而知。

从以上可以看到，"一招鲜，吃遍天"的时代已经过去，投资者必须结合当地的消费市场环境、消费人群的喜好来进行酒吧投资，在酒吧设计之初就要具体分析，因地制宜地结合当地市场的消费习惯、消费文化，打造一家符合当地市场需求的酒吧。

3. 明确酒吧自身的经营特点和消费群体的消费习惯

酒吧是以大厅经营为特点的，如何带动现场气氛，又如何让消费者之间互动起来是经营的关键。到酒吧消费的客源，很大一部分都是高薪的白领、年轻的老板、时尚的少男少女，他们到酒吧大都是自娱自乐，感受过程中的气氛，让自己得到身心的释放。在无拘无束的气氛下，无论是老朋友畅聚还是新朋友的结识都显得融合而自然。而气氛往往是通过空间、音乐、灯光、领舞、销售员、消费者等相互配合形成的，根据经营时间段内消费者饮酒程度的变化而变化的。在一个紧凑而合适的空间内，让音乐带动着消费者的情绪逐渐兴奋起来，在不同的时段以不同形式的领舞表演、激光表演和 LED 屏幕的变幻，适时根据客人饮酒程度调节音乐的节奏，进入忘我的境界。在色、光、艺的连续刺激下，在现场气氛的驱使下，消费者情绪持续高涨，现场气氛自然高潮迭起。

因此，经营者要了解的是消费者的消费目的和需要，这样才能更显场所的魅力，有一些经营者没有深入了解酒吧的经营特点及消费群体的消费习惯，用经营夜总会及桑拿的成功经验来经营酒吧，往往不能成功。

4. 与时俱进的创新意识

"喜新厌旧"是酒吧消费群体的基本心态，一成不变的守旧最终只能被市场淘汰，只有与时俱进、与消费市场俱进方可经久不衰。

如某酒吧是全国性的连锁品牌企业，它以其独特的音乐风格及演唱与领舞相结合的方式独树一帜，并风靡酒吧行业，但由于其环境装饰和功能布局设计一成不变，逐渐受到了一些新开酒吧的较大影响。甚至，有些模仿它的经营特色但在环境装饰和功能布局的设计上超越了它的酒吧经营都比它成功。所以，具备了好的经营模式和品牌效应，并不意味着就一定能取得成功，在竞争日益激烈的今天，只有好的环境装饰和功能布局的设计同经营相结合才会相得益彰。

5. 功能要素间要合理搭配

功能空间、音乐灯光、娱乐制作是酒吧项目经营成功的三大要素，功能与经营管理是密不可分的，空间与经营环境也是不可分离的，所以，设计布局的功能空间成功与否就已经基本决定了以后的经营成功与否。

装饰不可一成不变，空间更要在合理策划的前提下不断创新。功能空间的布局既要使消费者在座区能看到舞池、领舞等中心区域，达到人气凝聚、气氛互动，但又不能一眼望透而显得过于空荡，否则容易冷场。合理的高低错落布局能将人气相互衔接。通透的空间间隔即使区域分隔也不影响左右互动，布局过于方正则显得呆板并空洞无趣，错落有致的设计则显得丰富而多变。在功能空间的布局设计上既要融合经营理念和功能运用，也要考虑空间的层次和视线的变化，还要与其装饰的造型立体效果相结合。总之，平面功能空间的布局是综合性的方案总规划，它合理与否严重影响着以后的经营效果。

上述要点只是酒吧投资经营中的几个关键方面，其他需要注意的方面，如酒吧选址不当、面积大小不合理、空间层次的高低不当、设计格调陈旧俗套、灯光设计无法营造娱乐气氛、领舞制作没有特色、经营策略不当等诸多因素，也会影响酒吧的经营效果。只要对影响经营的不良因素加以改进，酒吧经营自然会良性发展，取得成功。

总之，酒吧经营虽然是经久不衰，但在竞争激烈的市场环境下，在酒吧项目开始设计之前，绝对不能投机取巧，随便敷衍了事。一定要根据酒吧行业的发展规律、所在市场的具体需求、消费群体的喜好等各个方面的具体情况进行系统地策划、设计和经营，一套量身定做、专业严谨的策划设计和经营管理的方案是获得投资成功及丰厚收益的关键。

三、特色体现

酒吧装修设计不仅仅是刷好墙、铺好地板那么简单，它更多地需要注重对人们精神上那种氛围的营造，更多地需要酒吧装修设计对人们感情的注重，将酒吧文化引入进来，能够很快地让人融入进来，获得好的娱乐效果，从而吸引更多的顾客。应该树立酒吧装修也是一种文化的观念。在酒吧装修设计时，要注意对当地酒吧文化的保护。这也是一个比较简单的融入当地市场的过程，音乐、美酒和美女是一个酒吧的基本构架，这也是不同地区、不同风格、不同主题的酒吧唯一相同的地方。各种酒吧的发展虽然变得比较繁杂，但酒吧在装修设计时，灯光依旧是一个很好的表现手段，在烘托整体气氛上的作用是不能埋没的。比如，"灯红酒绿"似乎已经成为了酒吧的代名词，这也是一种文化。

不同的酒吧也要注重自身特色，它所展现出来的环境舒适感，以及此环境所蕴涵的美感，并能被人感受到具有氛围感和亲和力，体现一种装修文化。

另外，酒吧的设计环境气氛也很重要，这可归为酒吧的基本风格。灯光始终是调节气氛的关键，一般酒吧都会选择电脑控制系统，令整个酒吧调出自己需要的气氛，不同时段也会有不同的灯光效果，而材料和颜色也是为气氛服务的，用什么颜色或什么材料要与酒吧的整体文化风格相适应。

酒吧内处处体现着文化，酒吧装修应体现着酒吧文化中一种浓浓的风情，给人一种别样的风情。

四、盈利技巧

酒吧装饰要想实现盈利目的，必须具备实用功能。酒吧装饰时，建造美学、地域文化、施工工艺与造价这四大因素缺一不可，缺了其中任何一个因素都不能称为全面的酒吧装饰设计，只能是片面的、局部的，酒吧设计装饰时就会存在缺陷。没有功能的设计根本就是没有依据的设计；没有美的酒吧装饰会落入丑态百出的境地；没有地域文化就少了自己的个性，就没有了酒吧装饰的灵魂，就少了酒吧长期生存的基础；不懂施工工艺和造价的设计就没法估算出投入，设计师就会陷入盲目的不切逻辑的设计，更不用说如何进行成本核算了。只有具备了这四种因素的酒吧设计，才能满足市场需求下的酒吧装饰经营管理，实现酒吧健康、有序的发展。

酒吧装饰就是在更好地服务于消费者的基础上，给经营者带来利润，利润是目的，客源是基础。

五、吧台位置

吧台就其样式来说主要有三种基本形式，其中最为常见的是两端封闭的直线形吧台。

1. 直线形吧台

直线形吧台的长度没有固定尺寸，一般认为，一个服务人员能有效控制的吧台最长是 3 米。如果吧台太长，服务人员就要增加，这样才能掌控现场服务。

2."U"形吧台

这种吧台一般安排三个或更多的操作点,两端抵住墙壁,在"U"形吧台的中间可以设置一个岛形储藏室用来存放物品和放置冰箱。

3. 环形吧台或中空的方形吧台

环形吧台或中空方形吧台的中部应设计一个"中岛"供陈列酒类和储存物品用。这种吧台的好处是能够充分展示酒类,也能为顾客提供较大的空间,但它使服务难度增大。若只有一个服务人员,则他必须照看四个区域,这样就会导致服务区域不能在有效的控制范围内。

其实酒吧设计类型还要与实际经营情况相结合,这样才能设计出既实用又好看的吧台。

六、设计要点

酒吧装修设计是整个装修工程的灵魂所在。在装修设计中酒吧装修设计是比较独特的,特别是在灯光、吧台、色彩设计上更体现出这一点。

1. 酒吧灯光设计的流行看点

灯光是设计不可忽视的问题,灯光是否具有美感是设计成败的因素之一,能直接影响到人们的心情,因此需在采光方式上动足心思。采用何种灯型、光度、色系以及灯光的数量,达到何种效果,都是很精细的问题。灯光往往有个渐变的过程,就像婀娜的身姿或波动的情绪,在亮处看暗处,在暗处看亮处,不同角度看吧台上的同一只花瓶获得的感观愉悦都不尽相同。灯光设置的学问在于横看成岭侧成峰,让人感觉到变幻和难以捕捉的美。

2. 酒吧吧台设计的注意事项

吧台是酒吧空间的一道亮丽风景,吧台用料可以有大理石、花岗岩、木质等,并与不锈钢、钛金等材料协调构成,因其空间大小的性质不同,形成风格各异的吧台风貌。从造型看有一字形、半圆形、方形等,吧台的形状视空间的性质而定,视建筑的风格而定。酒吧的吧台是其区别于其他休闲场所的一个重要环节,它令人感到亲切和温馨,潜意识里传达着平等的观念。与吧台配套的椅子大多是采用高脚凳,尤以可旋转的为多,它给人以全方位的自由,让人放松情绪。

3. 酒吧色彩搭配的小诀窍

如果说采光是美人的秋波,酒吧的室内色彩就是她的衣裳。人们对色彩是非常敏感的,冷或暖,悲或喜,色彩本身就是种无声的语言。最忌讳设计不分明的色彩倾向,表达太多反而概念模糊。室内色彩与采光方式相谐调,才有可能成为理想的室内环境。构成室内的要素必须同时具有形体、质感、色彩等,色彩是极为重要的一方面,它会使人产生各种情感,比如说红色是热情奔放,蓝色是忧郁安静，黑色是神秘凝重。

酒吧设计是用个人的观点去接近大众的品位，用独到的见解来感染大众的审美，它追求个性的发挥，期待群体的认可，崇尚独立的风格，渴望周围的欣赏。它以设计的手段来表达思维的活跃，它用理性的技术来阐述感性的情绪。酒吧的空间设计是另类或者说边缘倾向的空间设计，做出成功的设计作品必须具有多方面的知识与专业和才能，它更强调了设计者个人的水准。

可以说个性的风格设计是酒吧设计的灵魂，酒吧的设计风格应该个性鲜明，一个理想的酒吧环境需要在空间设计中创造出特定氛围，无论在布局还是用色上，都需要大胆而有个性的设计，推敲每一处细节，做到尽善尽美。

七、空间类型

酒吧空间设计是艺术与商业的完美结合，设计师的任务是使空间设计最大限度地实现其商业目的。

开敞空间强调与周围环境交流，心理效果表现为开朗、活泼、接纳。开敞空间经常作为过渡空间，有一定的流动性和趣味性，是开放心理在环境中的反映。

封闭空间具有很强的领域感、私密性，在不影响特定的封闭机能下，为了打破封闭的沉闷感，经常采用灯窗来扩大空间感和增加空间的层次。

动态空间引导大众从动的角度看周围事物，把人带到一个由时空相结合的第四空间，比如光怪陆离的光影、生动的背景音乐。

在设计酒吧空间时，设计者要分析和解决复杂的空间矛盾，从而有条理地组织空间。总体来说，酒吧的空间设计应该生动、丰富，给人以轻松、雅致的感觉。让来这里休闲的人群真正感受到自由的气息，那么设计师就必须在装饰设计上下足功夫。

八、灯光设计

酒吧中的灯光设计理论上讲要求单纯、明确，这是指文字简练，构图清晰。现在的酒吧灯光设计呈现更广泛和复杂的表现形式，千篇一律的设计已经不能满足时代的要求，因此灯光创意和创新是酒吧设计中最重要的。

没有创意就谈不上创新，创意需要形式来表现，创新需要内容来填充，在酒吧灯光的设计中，形式与内容的结合仍然是最基本的法则。

酒吧设计的创意空间要与酒吧所在地的地方风格，酒吧本身所承载的文化特色及酒吧装修设计的主题密切结合，并赋予它时代气息。有创意的设计无论是从形式上还是内容上总有它的独到之处，其"意"不是轻易可得，需在生活中挖掘并通过大量积累、总结才能完成。

酒吧灯光设计的创新需要抓住酒吧的主要特点，并灵活地利用酒吧设计的相关因素。人们对酒吧灯光的设计并不是单纯只考虑灯管怎样排，底板上什么色，带不带扫描，而是要注意整体造型的新颖、合理。其中包括构图上要主题突出且分配恰当；霓虹灯光源亮度、光色、光影对比的协调，位置的分布合理，直射、透射、漫射的层次和方向及强弱；炫光的安排、控制方式及方向、速度与酒吧周围环境的融合；注意灯的安装规范和方便，容易维修，造价合理，安全性高，符合有关标准、政策、法规等综合因素。

进行酒吧灯光设计时，创意与创新必须通过一定方法来具体表现，而设计的图形就是最直接表达的基本方法，酒吧灯光图形创意可借助于视觉思维和视觉传达，融合物理学、心理学、生理学、社会学、语言学、美学和哲学等多种学科的综合知识。

酒吧灯光设计不是单一独立存在的个体，而是融合美学、光学等学科的综合运用，需要设计师在进行空间设计时不断琢磨。

九、拼接墙

酒吧装修中设计出时尚的感觉是不可或缺的，灯光灿烂、耀眼夺目的同时也要考虑到客户的视觉感受。酒吧装修中安装 BSV 液晶拼接墙正是考虑到顾客可以通过 BSV 液晶拼接墙实现美轮美奂的视觉享受。如今酒吧客人对代表品牌形象、体现升级功能的视频设备要求越来越高。而传统的平板电视和投影除了在价格上具有优势以外，液晶拼接产品也存在一定的不足，比如平板电视有尺寸限制，而投影由于亮度的原因在灯光强烈的环境下画面效果又会受到影响等。

十、风格定位

酒吧是都市最流行、火爆的休闲娱乐场所，深受年轻人的欢喜。人们甚至喜欢用些名人字画或者食物图片去设计装修风格，这种方法既省钱又美观，曾一度被推崇。

酒吧装修风格、装修材料与市场有着紧密联系，确定装修风格之前必须定位好酒吧！装修前最好做一下市场调查，确定酒吧定位是迎合大众群体的需求，还是定位为高档消费或者个性酒吧。

1. 大众酒吧

这类酒吧装修不能太过于豪华，如果太豪华会让人们望而却步。也就是说，这样的酒吧装修风格要符合大众人群的品位，在装修设计时展现给人的应该是简洁、美观、线条清晰典雅的感觉，应该让客人在其中没有压抑感，要有一种家的温馨。

2. 高档酒吧

如果定位是高档次的消费人群，就应该在酒吧装修设计上追求一种高雅、时尚、美观的设计理念。可以借鉴酒吧历史深远的英式、北欧风格，它们走的是一种豪华、大气、时尚的路线。高档次的酒吧装修风格应该追求豪华、大气的要点进行设计。

3. 混搭酒吧

其实，酒吧装修风格没有明显的界线，很多混搭后的效果也是不错的，酒吧装修流行的趋势通常是以一个风格为基础，再加入自己的喜好。特色与个性在酒吧设计中有很多相似性，都表示与众不同的风格。酒吧装修设计时要以人为本，这样装饰出的风格才能更好地凸显出酒吧的主题。

第四节 酒吧的人员与岗位

由于各饭店、宾馆中的餐饮规模不同和标准不同，酒吧的组织结构可根据实际需要而制定或改变。有些四星级或五星级大饭店，一般设立酒水部（Beverage Dept），管辖范围包括舞厅、咖啡厅和大堂酒吧等。在国外酒吧经理通常也兼管咖啡厅，本书以酒店内设酒吧的人员与岗位配置为例。

一、酒吧的人员

酒吧的人员构成通常由饭店中酒吧的数量决定。在一般情况下，每个服务酒吧配备调酒师和实习生 4~5 人，主酒吧配备领班、调酒师、实习生 5~6 人。酒廊可根据座位数来配备人员，通常 10~15 个座位配 1 人。以上配备为两班制需要人数，一班制时人数可减少。

例如，某饭店共有各类酒吧 5 个，其人员配备如下：

酒吧经理 1 人；

酒吧副经理 1 人；

酒吧领班 2~3 人；

调酒师 15~16 人；

实习生 4 人。

人员配备可根据营业情况不同而作相应的调整。

二、酒吧员工的岗位职责

酒吧员工同样有多个职位，如总经理、副经理、主管、服务员等职位。他们的岗位职责各有侧重，职责范围也有较大区别。

1. 酒吧经理职责范围

酒吧经理职责范围主要包括：①保证各酒吧处于良好的工作状态和营业状态。②正常供应各类酒水，制订销售计划。③编排员工工作时间表，合理安排员工休假。④根据需要调动、安排员工工作。⑤督促下属员工努力工作，鼓励员工积极学习业务知识，求取上进。⑥制订培训计划，安排培训内容，培训员工。⑦根据员工工作表现做好评估工作，提升优秀员工，并且执行各项规章和纪律。⑧检查各酒吧每日工作情况。⑨控制酒水成本，防止浪费，减少损耗，严防失窃。⑩处理客人投诉或其他部门的投诉，调解员工纠纷。⑪按需要预备各种宴会酒水。⑫制定酒吧各类用具清单，定期检查补充。⑬检查食品仓库酒水存货情况，填写酒水采购申请表。⑭熟悉各类酒水的服务程序和酒水价格。⑮制定各项鸡尾酒的配方及各类酒水的销售标准。⑯定出各类酒吧的酒杯及玻璃器皿清单，定期检查补充。⑰负责解决员工的各种实际问题，如制服、调班、加班就餐、业余活动等。⑱沟通上下级之间的联系。向下传达上级的决策，向上反映员工情况。⑲完成每月工作报告。向饮食部经理汇报工作情况。⑳监督完成每月酒水盘点工作。㉑审核、签批所需物品领货单、工程维修单、酒吧调拨。

2. 酒吧副经理职责范围

酒吧副经理职责范围主要包括：①保证酒吧处于良好的工作状态。②协助酒吧经理制订销售计划。③编排员工工作时间表，合理安排员工假期。④根据需要调动、安排员工工作。⑤督导下属员工努力工作。⑥负责各种酒水销售服务，熟悉各类服务程序和酒水价格。⑦协助经理制订培训计划，培训员工。⑧协助制定鸡尾酒以及各类酒水的销售分量标准。⑨检查酒吧日常工作情况。⑩控制酒水成本，防止浪费，减少损耗，严防失窃。⑪根据员工表现做好评估工作，执行各项纪律。⑫处理客人投诉和其他部门投诉，调解员工纠纷。⑬负责各种宴会的酒水预备工作。⑭协助酒吧经理制定各类用具清单，并定期检查补充。⑮检查食品仓库酒水存货情况。⑯检查员工考勤，安排人力。⑰负责解决员工的各种实际问题，例如调班、加班、业余活动等。⑱监督酒吧员工完成每月盘点工作。⑲协助酒吧经理完成每月工作报告。⑳沟通上下级之间的联系。㉑酒吧经理缺席时，代表酒吧经理行使其各项职责。

3. 酒吧领班职责范围

酒吧领班职责范围主要包括：①保证酒吧处于良好的工作状态。②正常供应各类酒水，做好销售记录。③督导下属员工努力工作。④负责各种酒水服务，熟悉各类酒水的服务程序和酒水价格。⑤根据配方鉴定混合饮料的味道，熟悉其分量，能够指导下属员工。⑥协助经理制定鸡尾酒的配方以及各类酒水的分量标准。⑦根据销售需要保持酒吧的酒水存货。⑧负责各类宴会的酒水预备和各项准备工作。⑨管理及检查酒水销售时的开单、结账工作。⑩控制酒水损免，减少浪费，防止失窃。⑪根据客人需要重新配制酒水。⑫指导下属员工做好各种准备工作。⑬检查每日工作情况，如酒水存量、员工意外事故、新员工报到等。⑭检查员工报到情况，安排人力，防止岗位缺人。⑮分派下属员工工作。⑯检查食品仓库酒水存货状况。⑰向上级提供合理建议。⑱处理客人投诉、调解员工纠纷。⑲培训下属员工，根据员工表现做出鉴定。⑳自己处理不了的事情及时转报上级。

　　4. 酒吧调酒师职责范围

　　酒吧调酒师职责范围主要包括：①根据销售状况每月从食品仓库领取所需酒水。②按每日营业需要从仓库领取酒杯、银器、棉织品、水果等。③清洗酒杯及各种用具、擦亮酒杯、清理冰箱。④清洁酒吧各种家具，拖抹地板。

第五节　酒吧设施规格与常用设备

　　酒吧设施设备是酒吧固定资产的重要组成部分，对酒吧的正常营业起着举足轻重的作用，是酒吧成本控制的一个方面。所以，作为酒吧管理人员，必须对各种酒吧设施和酒吧设备了如指掌，特别要掌握酒吧设备的正确使用方法，全面发挥它们的功效。减少酒吧设备的使用故障和损坏，为酒吧的正常经营提供保障。

一、吧台设置规格

1. 吧台种类

　　吧台就其样式来说可以是各种各样的，目前来说有三种基本形式的吧台设计，其中最为常见的是两端封闭的直线形吧台。这种吧台可伸入室内，也可以凹入房间的一端，这种吧台的优点是酒吧服务员不会将他的背朝向客人，可以对室内的客人保持有效的控制，对客人也是一种尊重。直线吧台的长度没有固定的尺寸，一般认为，一个服务员能有效控制的最长吧台是 10 英尺，如果吧台太长，服务人员就要增加。当然，服务人员也可共用某些设备和供应物。在空闲时间，则可由一名服务员来同时照料整个吧台。

　　第二种是马蹄形吧台，或者称为 U 形吧台，吧台伸入室内，一般安排三个或更多的操作点抵住墙壁，在 U 形吧台中间，可以设置一个岛形储藏柜用来存放用品和冰箱。

　　第三种是环形吧台或中空的方形吧台。这种吧台的中间有一个"小岛"供陈列酒类和储存物品用。这种吧台的好处是能够充分展示酒类，也能为客人提供较大的空间。但也有缺点，它使服务难度增大。在空闲时若只有一个服务人员，则他必须照料四个区域，这样就会有一些服务区域不能在有效的控制之中。

2. 吧台设计原则

其他还可为半圆、椭圆、波浪形等，但无论其形状如何，为操作方便及视觉的美观，在设计时应注意以下几点：

（1）酒吧由前吧、操作台（中心吧）及后吧三部分组成。

（2）吧台高度按照标准应为 107~117 厘米，但这种高度标准并非绝对的，应随调酒师的平均身高而定，所以，正确的计算方法应为：

吧台高度 = 调酒师平均身高 × 0.618

吧台宽度按标准为 41~46 厘米，另外，应向外延长一部分，即顾客坐在吧台前时放置手臂的地方，约 20 厘米。吧台台面厚度通常为 4~5 厘米，外沿常以厚皮塑料包裹装饰。

（3）前吧下方的操作台，高度一般为 76 厘米，但也并非一成不变，应据调酒师身高而定。一般其高度应在调酒师手腕处，这样比较省力，其宽度约为 46 厘米。操作台应以不锈钢制造，以便于清洗、消毒。操作台通常包括下列设备：三格洗涤槽（具有初洗、刷洗、消毒功能）或自动洗杯机、水池、贮冰槽、酒瓶架、杯架，以及饮料或啤酒配出器等。

（4）后吧高度通常为 175 厘米以上，但顶部不可高于调酒师伸手可及处。下层一般为 110 厘米左右，或与吧台（前吧）等高。后吧实际上起着贮藏、陈列的作用，后吧上层的橱柜通常陈列酒具、酒杯及各种酒瓶，一般多为配制的各种烈酒，下层橱柜存放红葡萄酒以及其他酒吧用品，安装在下层的冷藏柜则作冷藏白葡萄酒、啤酒以及各种水果原料之用。通常情况下后吧台还应有制冰机。

（5）前吧至后吧的距离，即服务员的工作走道，一般为 1 米左右，且不可有其他设备向走道突出。顶部应装有吸塑板或橡胶板棚，以保护酒吧服务员安全。走道的地面应铺设塑料或木头条架，或铺设橡胶垫板，以减少服务员长时间站立产生的疲劳。服务酒吧中服务员走道应相应增宽，有的可达 3 米左右，较宽余的走道便于有时堆放各种酒类、饮料、原料等。

二、厨房设置规格

现代酒吧很多都向客人提供小食品或简便食品、水果拼盘等，这样既满足客人需求，又可增加酒吧销售额。因此，酒吧就应设计有厨房及一定的设置设施。酒吧的厨房应布置为统间式，即将切配、烹调、洗涤、点心制作都安排在一个统间内，这样就有空间紧凑、联系方便、自然通风好的特点。

由于酒吧所提供的大多是易食、易做的点心、快餐或其他食品，所以其厨房面积可以小一些，设备、设施也相对简单。一般情况下，其基本设施设备应包括：①换气扇，在有条件的情况下应安装两种换气扇，一种是安得低一点的进气扇，另一种是安得高一点的排气扇，排气扇必须比进气扇风力大，需具有可擦洗过滤器；②炉灶及烤箱、炸锅、电饭锅、加热保温配餐台等；③冰箱、低温冷藏柜等；④洗涤、消毒设施及设备。

三、桌椅设置规格

酒吧内桌椅的规格与形状是随着地点、经营形式、建筑风格而变化的。在选择桌椅前，同样应考虑目标市场的顾客。如果目标客人为追求高雅享受的客人，则桌椅应为做工及质地都精致的高档木制品；如果目标客人是在坚硬的地板上忙碌了一天的业务人员，则现代化桌椅，如宽大而舒适的椅子或沙发会创造出一种放松舒适的气氛；如果想让顾客彻夜狂欢，那么舒适的睡椅或长沙发最为理想；如果经营者欲使顾客流动率加大，最好使用坚硬的塑料椅和塑料桌面。

除注意桌椅种类之外，还应注意桌椅的高度及斜度，要想鼓励顾客交谈和增加舒适的气氛，桌椅的高度必须搭配合适。

酒吧由于经营风格等的不同，其桌椅的尺寸也无统一规格。下面是一些酒吧桌椅的常用数据：

桌子的高度一般在 75 厘米左右，座椅的高度则应在 45 厘米左右。

各种常用桌面：独脚小圆桌直径一般为 50 厘米，一般圆桌台根据大小分别为 80 厘米、90 厘米、100 厘米、120 厘米及 130 厘米等。

长形桌尺寸一般为 110 厘米×60 厘米或 110 厘米×65 厘米。

四、酒吧及吧台常用设备

1. 酒吧常用设备

酒吧常用设备指酒吧经营所需的为保持食物原有形态经常使用的有形物品总称，酒吧常用设备包括展示冰箱、卧式冰柜、葡萄酒冷藏柜、咖啡机、制冰机、碎冰机、清洗机、各种酒水机以及果汁机等。

（1）展示冰箱（Refregeriter）。展示冰箱是酒吧中用于冷藏碳酸饮料、啤酒、水果的设备。它的大小、宽度、高度可根据酒吧的具体要求进行定做。展示冰箱为单门设计且正面多以玻璃等透明材料制成。冰箱的内置温度通常可调节，以便适应酒水储藏要求，在储藏时温度一般调节在 5℃~10℃，冰箱内部可分为若干层，以便存放更多种类的酒水，冰箱在工作时不仅要注意温度，还要时刻保持冰箱内的卫生以及四周照明灯的正常工作，能够吸引客人注意。

（2）卧式冰柜（Freezer）。卧式冰柜是用于存放各种需冰镇的饮品的冰柜，长 150~180 厘米，宽 60~80 厘米，高 80~100 厘米不等，也可根据酒吧的具体要求进行定做。卧式冰柜上面可摆放其他设备，如咖啡机、榨汁机等。酒吧中常用的卧式冰柜多为内侧双开门三层储物设计，在门的旁边有一控温面板和通风口。控温面板上有调温旋钮，可根据冰柜内存放饮品进行控温，通风口外有一空气过滤罩，用来阻隔灰尘，每月需清洗一次。设计酒吧时应在卧式冰柜下预设下水管，用于冰柜内积水滴流。选购时应注意：卧式冰柜分风冷却和管冷却两种，酒吧应选择风冷却。

（3）葡萄酒冷藏柜（Wine Cooler）。由于冷藏白葡萄酒、玫瑰红葡萄酒、汽酒、香槟酒的特殊要求，故需要将它们放入葡萄酒冷藏柜中恒温冷藏。此类冰柜温度也可调节，储藏温度根据酒种类不同，通常被定在 5℃~12℃。

（4）咖啡机（Coffee Machine）。用于研磨咖啡、加热牛奶、提供开水以及制作一些人们常见的意式特浓咖啡、卡布奇诺，等等。咖啡机有许多型号，在用量不大的酒吧可选用人工加水的小型咖啡机，反之，则需较大型的咖啡机，由于是自动供水所以要预留上水管，这两种咖啡机均是使用咖啡豆进行研磨。在星级酒店为客人提供早餐的餐厅中，常备有较大型的咖啡炉，以满足客人短时间内咖啡的大量需求，但它是用咖啡粉末来进行冲泡的。上述两类咖啡机、咖啡炉，可根据自身需求酌情选购。

（5）咖啡保温炉（Coffee Warmer）。将研磨煮好的咖啡装入与咖啡保温炉配套的咖啡保温壶中，放置于炉上，通常的保温炉有加热、保温两个温度调节挡，选定温度通好电源即可。此保温炉适用于大型酒吧或酒店，以应付大型团队为主，虽然可保温，但咖啡的质量会随时间的推移而下降，保温的咖啡最多保留 8 小时。除此之外它还适合将红茶等进行保温。

（6）制冰机（Ice Cube Machine）。专用于制作冰块的机器，是酒吧中必不可少的重要设备。与其说它重要不如将它形容成鸡尾酒的"心脏"更为贴切，因为 99% 以上的鸡尾酒在制作过程中甚至包括制作完成之后，"冰块"都是重要原料。制冰机所制作出的冰块形状也有很多种，有方形、长方形、圆形、扁方形、M 形等。仅就酒吧而言，方形的冰块更理想一些，因为它溶化的速度较慢，这样一来对酒的味道的影响不会太过于明显。另外在设计内部结构时应预留上、下水管。

（7）碎冰机（Crushed Ice Machine）。碎冰机是随着人们对饮品口感要求的不断提高发明的，有的碎冰机是直接制作出细小的冰粒，还有的碎冰机是将冰块研磨成冰沫状，就像人们常见的"雪"一样，在酒吧中人们常见的碎冰饮料有奶昔、冰沫玛格丽特等，同样是碎冰，第二种碎冰机更爱人们喜欢。如果在未配备碎冰机的酒吧，临时需少量碎冰时，可将整冰放入硬质器皿中捣碎或放入搅拌器中打碎，但效果均不佳。

（8）扎啤机（Draught Beer Machine）。扎啤机又称生啤机。它由二氧化碳气瓶、啤酒桶、接口、输酒管、制冷器、出酒口组成。输酒管一头连接啤酒桶，另一头接通二氧化碳气瓶，由开关控制气压大小，工作时输出气压保持在 25 个大气压（有气压表），当气压不足时需及时更换。由于输酒管与制冷器也相通，所以输出来的直接就是凉冻的生啤酒，无论啤酒桶储备时是否冷藏。它通常的保质期是 30 天左右，整套生啤机的设备每半个月需由专业人员彻底清洗消毒一次。

（9）清洗机（Washing Machine）。清洗机用于清洗各种杯具，包括玻璃杯、瓷杯等，清洗机有高压喷水器，最多的清洗机有 12 个喷水器，它们从 360 度不同方向对杯具进行喷洗，除此之外还有高温气管，它用来配合消毒液对杯具进行彻底消毒，高档一些的清洗器可直接放入消毒药品，从喷水器即会喷出混有消毒液的高温水。整个清洗工作完成后，它由一个输水口排水，以避免污水残留，故安装清洗机时也应连接上、下水管。

（10）果肉榨汁机（Juicer）。此设备多为小型台式机，与家用榨汁机相差无几。它可将西瓜、苹果、梨、草莓、黄瓜、苦瓜、胡萝卜等各种蔬菜、水果制成汁。榨汁前应先将果皮削去，确保榨汁机可以正常运转，确保果汁口味纯正。

（11）橙子榨汁机（Squeezer）。专门用于榨橙、橘、柠檬类水果的榨汁机。也有将果肉榨汁机和橙子榨汁机两种榨汁机合二为一的榨汁机，但由于功率不够，在榨橙类水果时圆锥形钻头容易抱死，只适合家庭或用量少的酒吧使用，在用量大或高星级酒店中应同时选择两种榨汁机。

（12）电动搅拌机（Blender）。电动搅拌机为不锈钢制品，由底座、器身（桶身）、电线插头和桶盖组成，用于制作鸡尾酒和奶昔，桶身内设有 3~5 个钢制的螺旋扇面，可将原料迅速混合，机器设有低、中、高三个转速按钮。还有一种专门制作奶昔的奶昔机（Blender Milk Shaker），与电动搅拌机构造相仿。

（13）冰杯机（Frozen Glass Machine）。酒吧里的净饮、鸡尾酒、冷冻饮料、冰激凌、啤酒等都需要用冰杯服务。冰杯机的温度应控制在 4℃~6℃，当杯离开冰杯机时即有一层雾霜。冰杯机里有很多层杯架。

（14）碳酸饮料机（Carbonated Machine）。机器由冷凝器等组成，且集中了多种不同饮料的输导管，下接饮料和二氧化碳气瓶，上接饮料出口。按饮料的浓度，与二氧化碳气体依照比例混合而成，当按不同的按钮时会打出不同的饮料，与市面上的可乐机原理一样。

（15）微波炉。与家用微波炉外形、构造一样，用于加热饮料和制作爆米花等。因酒吧内只用加热功能，故选购时不用选择带有过多功能的高档微波炉，如有烧烤、解冻等功能的微波炉。

除上述设备以外还有收款机、热水器等。

2. 吧台其他常用设备

吧台其他常用设备成本相对较低，但却是吧台使用中不可或缺的设备，例如冰槽、酒瓶陈放槽、洗手槽、洗杯槽等各种功能槽以及相关的常用易耗产品。

（1）冰槽。冰槽是用不锈钢制成的盛装冰块的容器。一般它分为两个槽，分别用于盛装碎冰和冰块。

（2）酒瓶陈放槽。酒瓶陈放槽用来贮放需冰镇的酒，如葡萄酒等。

（3）瓶架。瓶架用来陈放常用酒瓶。一般为烈性酒，如威士忌、白兰地、金酒、伏特加等。吧台操作要求将常用酒放在便于操作的位置。其他酒陈放在吧柜里。

（4）碳酸饮喷头。含碳酸饮料的酒水在酒吧都有配出装置，即喷头。常见喷头可以接饮 6 种不同的碳酸饮料，原理同市面上的可乐机。不同的是喷头上集中了 6 种不同的饮料出口管，当按不同按键时就能打开、喷出不同的饮料。

（5）搅拌器。在电动机轴上，装上带一定形状的搅拌叶。当打开电源开关时，由于电动机的轴旋转，从而使搅拌器随之旋转，酒吧用搅拌器来混合奶、鸡蛋等。

（6）洗手槽。洗手槽专门用于调酒师洗手。

（7）洗杯槽。洗杯槽一般为三格或四格杯槽，放置在两个服务区中心或最便于调酒师操作的地方。三格的用途是清洗、冲洗、消毒清洗。

（8）沥水槽。三格水槽两边都设有便于洗过的杯控干水的沥水槽，玻璃杯倒扣在沥水槽上，让杯里的水顺槽沟流回池内。

（9）杯刷。杯刷一般放置在有洗涤剂的清洗槽中（第一格槽）。调酒师将杯扣放在杯刷上，向下压杯的底部，并旋转杯身。如用电动刷杯器，只需将杯倒扣后按住杯底，按一下电钮即可，这样能洗净杯的里外。经刷洗过的杯子，放到冲洗槽中冲洗，然后放到消毒槽中消毒，最后放到沥水槽上控干。

（10）垃圾箱。用来盛放各种废弃物。垃圾箱内放有垃圾袋，要经常清扫，至少每天一次。

（11）空瓶贮放架。用来装空的啤酒瓶和饮料瓶，然后将空瓶扔到垃圾箱中；其他空的酒瓶必须收集后到贮藏室换领新酒。有时空瓶架可直接将空瓶运到贮藏室存放。

（12）贮藏设备。贮藏设备是酒吧不可缺少的设施。按要求一般设在后吧区域。包含有酒瓶陈列柜台，主要是陈放一些烈性名贵酒，既能陈放又能展示，以此来增加酒吧的气氛，吸引客人消费。另外，还有冷藏柜用于冷藏酒品和饮料及食品，如碳酸水、葡萄酒、香槟酒、水果、鸡蛋、奶及其他易变质食品等。同时还需要有贮藏柜，大多数用品如火柴、毛巾、餐巾、装饰签、吸管等需要在贮藏柜中存放。

五、调酒用具及酒吧载杯

1. 调酒用具

调酒用具，顾名思义，即为调酒时所需要用的道具，包括基酒和调酒容器等。下面主要介绍调酒所要使用的器具。

（1）量杯（Jigger）。量杯是调制鸡尾酒和其他混合饮料时，用来量取各种液体的标准容量杯。它有两种式样：

第一种是两头呈漏斗形的不锈钢量杯，一头大，另一头小。最常用的量杯组合型号有：15毫升和30毫升，45毫升和60毫升。量杯的选用与服务饮料的用杯容量有关。使用不锈钢量杯时，应把酒倒满至量杯的边沿。

第二种是体高且平底而厚的玻璃量杯，上有标准刻度。

用玻璃量杯量酒时，应将酒倒至刻度线处。每次须把量杯内的酒倒尽，然后把量杯倒扣在漏板上，使量杯中剩下的酒沥干，这样不会使不同种类酒的味道混到一起。

如果量杯盛过黏性饮料，如牛奶、果汁等，应冲洗干净后再用来量取其他饮料。

（2）酒嘴（Pourer）。酒嘴安装在酒瓶口上，用来控制倒出的酒量。在酒吧中，每个打开的烈性酒都要安装酒嘴，酒嘴由不锈钢或塑料制成。分为慢速、中速、快速三种型号。塑料酒嘴不宜带颜色，使用不锈钢酒嘴时要把软木塞塞进瓶颈中。

（3）调酒杯（Mixing Glass）。调酒杯是一种厚玻璃器皿，用来盛冰块及各种饮料成分。典型的调酒杯容量为16~17盎司。酒杯每用一次必须冲洗，保持清洁。

（4）调酒壶（Hand Shaker）。调酒壶通常是由不锈钢制成的。常见的有普通型调酒壶和波士顿调酒壶。

将饮料和冰块放入调酒壶后进行摇混。不锈钢调酒壶形状要符合标准，目前常见的普通型调酒壶有250毫升、350毫升和530毫升三种型号。

（5）滤水器（Strainer）。过滤器能使冰块和水果等酱状物不至于倒进饮用杯中，另外，还可用尼龙纱网、不锈钢网筛来制作。

（6）酒吧匙（Bar Spoon）。酒吧匙为不锈钢制品，匙浅、柄长并带有螺旋状，用来搅拌饮品用。

（7）冰勺（Ice Scoop）。冰勺由不锈钢或塑料制成，用来从冰桶中舀出各种不同的冰块。

（8）冰夹。冰夹是用来夹取冰块的不锈钢工具。

（9）碾棒（Muddling Stick）。碾棒是一种木制工具，一头是平的，用来碾碎固状物或捣成糊状；另一头是圆的，用来碾碎冰块。

（10）水果挤压器（Fruit Squeezer）。水果挤压器是用来挤榨柠檬或酸橙等水果汁的手动挤压器。

（11）漏斗（Funnel）。漏斗是用来把酒和饮料从大容器，如酒桶、瓶，倒入方便适用的小容器（如酒瓶）中的一种常用的转移工具。

（12）冰桶（Ice Bucket）。冰桶是用来盛放冰块的，有不锈钢和玻璃制成的两种，型号大小不同。

（13）宾治盆（Punch）。宾治盆是用玻璃制成的，用来调制量大的混合饮料容器，容量大小不等。宾治盆有时还配有宾治杯和勺。

（14）砧板（Cutting Board）。酒吧常用砧板为方形塑料或木制两种。

（15）酒吧刀（Bar Knife）。酒吧刀一般是不锈钢刀。易生锈的刀不仅会破坏水果颜色，还会把锈迹留在水果上。酒吧常使用小型或中型的不锈钢刀，刀口必须锋利，这不仅是为了装饰、整洁和工作的迅速，而且也是安全的需要。

（16）装饰叉（Relish Fork）。装饰叉是长约25.4厘米（10英寸）、有两个叉齿的不锈钢制品，用它来把洋葱和橄榄放进瓶口比较窄的瓶中。

（17）削皮刀（Zester）。削皮刀是专门为装饰饮料而用来削柠檬皮等的特殊用刀。削柠檬时只取皮，而不取皮下的白色部分。

（18）榨汁器（Squeezel）。榨汁器是专门用来压榨含果汁丰富的柠檬、橘、橙等水果的工具。

（19）启瓶罐器（Bottle Opener）。启瓶罐器一般为不锈钢制品，不易生锈，又容易擦干净。

（20）开塞钻（Corkscrew）。用来开启葡萄酒酒瓶上的软木塞，中心是空的，并且有足够的螺旋能完全将木塞启出，其整体用不锈钢制成。开启葡萄酒瓶所用的是一种特殊设计的开塞钻，包括螺旋、切掉密封瓶口锡箔的刀和使木塞容易旋出的杆，形状类似折刀。

（21）服务托盘（Service Trays）。服务托盘是圆形的，酒吧服务托盘盘面应是防滑的，以防酒杯滑动。

（22）账单托盘（Tip Trays）。账单托盘在酒吧被习惯称为小费盘，是用来呈递账单、找还零钱和验收信用卡的，服务员也可用它收取客人留下的小费。

（23）鸡尾酒垫（Cocltail Naplin）。鸡尾酒垫垫在饮料杯下面供客人用。

（24）吸管（Straw）。吸管用于长饮杯饮料。

（25）装饰签（Tooth Picks）。用于串上樱桃点缀酒品。

2. 酒吧标准载杯

酒吧用杯非常讲究，不仅要求型号，即容量大小，与饮料标准一致，对材质和形状也有很高的要求。酒吧常用酒杯大多是由玻璃和水晶玻璃制作的。在家庭酒吧中还有用水晶制成的，不管材质如何，首先要求无杂色，无刻花、印花，杯体厚重，无色透明，酒杯相碰能发出金属般清脆的声音。

任何材质的用杯都要求光泽晶莹透亮，高质量酒杯不仅能显出豪华和高贵，而且能增加客人饮酒的欲望。

另外，酒杯在形状上有非常严格的要求，不同的酒用不同形状的杯来展示酒品的风格和情调。不同饮品用杯大小容量不同，这是由酒品的分量、特征及装饰要求来决定的。合理选择酒杯的质地、容量及形状，不仅能展现出典雅和美观，而且能增加饮酒的氛围。一般酒吧必须准备的杯子及其容量规格如下：

（1）老式酒杯（Old Fashion Glass），亦称为岩石杯或古典杯。

（2）鸡尾酒杯（Cocktail Glass）。

（3）高脚玻璃杯（Goblet）。

（4）克林杯（Collins Glass）。

（5）酸酒杯（Sour Glass）。

（6）雪梨杯（Sherry Glass）。

（7）香槟杯（Champagne Glass）。

（8）有柄圆筒杯（Jug）。

（9）小杯（Shot Glass）。

（10）平底杯（Tumbler）。

（11）宾治酒缸（Punch Bowl）。

（12）白兰地酒杯（Brandy Glass）。

（13）利口杯（Liqueur Glass）。

（14）葡萄酒杯（Wine Glass）。

（15）卡伦杯（Collins Glass）280毫升。

（16）烈饮杯（Shot Glass）28毫升。

（17）古典杯（Old-Fashioned Glass）200毫升。

（18）啤酒杯（Beer Mug）450毫升。

（19）高脚啤酒杯（Beer Polsner）330毫升。

（20）爱尔兰咖啡杯（Irish Coffee Cup）240毫升。

（21）彩虹杯（Pousse Coffee）56毫升、84毫升。

（22）红葡萄酒杯（Red Wine Glass）300毫升、330毫升、360毫升。

（23）白葡萄酒杯（White Wine Glass）250毫升、330毫升。

（24）雪梨杯（Sherry Glass）56毫升。

（25）郁金香型香槟杯（Tuilp Champagne）250毫升。

（26）白兰地杯（Brandy Snifter）170毫升、340毫升。

（27）鸡尾酒杯（Cocktail）110毫升。

（28）酸杯（Sour）140毫升。

（29）调酒杯（Miximg Cup）450毫升。

思考题：

1. 如果你打算创业开设一家酒吧，你需要关注哪些细节？

2. 请结合本章所学知识，拟定一个关于酒吧的商业策划方案。

3. 如果你是酒吧的经营者，需要聘用哪些岗位人员？

4. 如何结合客源市场，打造具有独特个性的酒吧？

第四章　酒水单设计与定价

本章导读：理解酒水单在销售中的重要作用，并掌握酒水单设计的必备原则；学会设计酒水单的基本内容，掌握酒水单设计中的关键细节；了解酒水定价的基本构成，并掌握酒水合理定价和调价的技巧。

第一节　酒水单的作用及设计原则

酒单就是酒吧中的菜单，先入为主，酒单的定制和设计对酒吧来说也是至关重要的。

一、酒水单的作用

酒水单是指酒吧为客人提供酒水类型与酒水价格的价目表。酒水单在酒吧经营中起着重要的营销作用，它是酒吧经营计划的核心。酒水单是酒吧经营计划的具体内容。

1. 酒水单是酒吧经营计划的核心内容

每一个酒吧的经营环节包括酒水单设计、原料采购、原料验收、原料储藏、原料领发、服务和结账收款等内容。这些流程都紧紧依赖于酒吧经营计划中的中心目标。酒吧经营计划的目标决定了酒水单的内容，从而决定了酒水采购等每一个经营环节。因此，酒水单支配了所有经营环节，影响酒吧经营管理的服务质量。

在传统模式下，由于竞争对手较少，管理者总是先着手基础设施建设，先建造房屋、购置设备、配备人员，然后才匆匆地设计酒水单，准备开业。随着酒吧经营场所的越来越多，经营者认识到好的酒水单设计是酒吧服务的第一环节，是酒吧的经营定位，否则缺乏合理定位必然导致经营不善。

2. 酒水单是酒吧经营计划的实施基础

酒水单是酒吧经营计划的具体实施，是酒吧服务与营销活动的依据，并以多种形式支配和影响着酒吧的服务质量。

首先，酒水单决定酒水品种的类型。从销量方面看，酒水单中平价酒水推销和销售量大，采购是重点，较贵的高价酒水仅需小批量采购。同时，酒水单也对不同品种的饮品有相应的储存要求，如啤酒及葡萄酒的储存温度相对于烈性酒来说就要低。酒水单中啤酒、葡萄酒与烈性酒所占比例的不同决定了其储存方式的不同。

其次，酒水单决定酒吧厨房的设备、用品的规格及数量的购置。是否提供食品，决定厨房设备的设置；不同的饮品，也需要设置不同的杯具。

再次，酒水单的内容和形式决定酒吧需要配备的调酒师和服务人员的服务素质。如鸡尾酒的服务，需要招聘有调制能力的服务人员，以使其工作与酒吧的总体经营设计相协调。

最后，酒水单反映了酒吧经营计划中的目标利润。酒水单根据市场竞争状况及客人的接受能力设计各式的饮品及其价格，不同饮品的利润率也有所不同，即不同成本率及利润率的饮品在酒水单中应有一定比例。这一比例分布及酒水单饮品价格的制定是否合理，直接影响到酒吧的盈利能力。所以，确定各饮品的成本及酒水单中不同饮品的品种和数量比例，是酒吧成本控制的重要环节。也就是说，酒吧的成本控制是从酒水单开始的。

3. 酒水单是酒吧经营的特色及水平

一份理想的酒水单，是根据酒吧的经营方针，经过认真分析目标客人及市场的需求设计的。所以，酒水单都有各自的特色，酒水单上饮品的品种、价格和质量可以体现酒吧产品的特色和水准。许多酒水单饮品通过彩色设计，对酒水进行功能描述，并附以精美图片，体现酒吧经营的水准与档次。

4. 酒水单是酒吧的营销宣传

酒水单是酒吧的主要广告宣传，一份装潢精美的酒水单可以提高经营档次，能够强化酒吧的特色，让消费者对所出售的饮品留有良好的印象。

二、酒水单制定依据

酒水单的制定要综合考虑多种因素，比如目标群体的收入水平所属的阶层，酒水单上反映的产品能否有效供应，特别是调酒师是否拥有调制相关鸡尾酒产品的能力，同时根据不同季节合理调整产品内容，在制定酒水价格时应根据成本和毛利率来确定。

1. 目标群体的需求及承受能力

任何酒吧，无论其规模、类型和等级如何，都不可能具备同时满足所有消费者需求的能力和条件，酒吧必须选择一群或数群具有相似消费特点的客人作为目标市场，以便更好、更有效地满足这些特定客群的需求，并达到有效吸引客群、提高盈利能力。如有的酒吧以吸引高消费的客人为主；有的酒吧以接待工薪阶层、大众消费为主；有的酒吧以娱乐为主，吸引寻求发泄、刺激的客人；有的酒吧以休息为主；有的酒吧办成俱乐部形式，明确其目标客人；度假式酒吧的目标客人是度假旅游者，车站、码头、机场酒吧的目标客人是过往客人，市中心酒吧的目标客人为本市及当地的客人。不同客群的消费特征是不同的，这是制定酒水单的基本依据。

尽管酒吧选定的目标市场都由具有相似消费特点的客人组成，但其中不同的客人往往有着不同的心理消费需求，如有的客人关心饮品的口感，有的可能关心价格，有的关心酒吧的环境，有的人看重所享受的服务，有的则是关注消费的便利性等。总之，只有在及时、详细地调查了解和深入分析目标市场各种特点和需求的基础上，酒吧才能有目的地在饮品品种、规格水准、价格、调制方式等方面进行计划和调整，从而设计出为客人所乐于接受和享用的酒水单内容。

2. 原料的供应情况

凡列入酒水单的饮品、水果拼盘、佐酒小吃，酒吧必须保证供应，这是一条相当重要但极易被忽视的餐饮经营原则。某些酒吧的酒水单虽然丰富多彩、包罗万象，但在客人需要时却常常是这也没有，那也没有，导致客人失望和不满，并对酒吧经营管理方面的可信度产生怀疑，直接影响到酒吧的信誉度。这通常是原料供应不足所致，所以在设计酒水单时就必须充分掌握各种原料的供应情况。

3. 调酒师的技术水平及酒吧设施

调酒师的技术水平及酒吧设施在相当程度上也限制了酒水单的种类和规格，不考虑这些因素而盲目设计酒水单，即使再好也无异于"空中楼阁"。如果酒吧没有适当的厨房排油烟设施，却强行在酒水单中列出油炸类食品，当客人需要去制作时，会使酒吧油烟四处弥漫，从而影响客人消费及服务工作的正常进行；如果调酒师在水果拼盘方面技术较差，而在酒水单上列出大量时髦的造型水果拼盘，只会在客人面前暴露酒吧的缺点并引起客人的不满。

另外，酒水单上各类品种之间的数量比例应该合理，易于提供的纯饮类与混合配制饮品应搭配合理。

4. 季节性因素

酒水单制作也应考虑不同季节客人对饮品的不同要求，如冬季客人都消费热饮，酒水单品种则应作相应调整，大量供应如热咖啡、热奶、热茶等，甚至为客人温酒；夏季则应以冷饮为主，供应冰咖啡、冰奶、冰茶、冰果汁等，这样才能符合客人的消费需求，使酒吧有效地销售其产品。

5. 成本与价格考虑

饮品作为一种商品是为销售而配制的，所以其销售应考虑该饮品的成本与价格。成本与价格太高，客人不易接受，该饮品就缺乏市场；如压低价格，则影响利润，甚至可能亏损。因此在制定酒水单时，必须考虑成本与价格因素。从成本的角度来说，虽然在销售时已确定了标准的成本率，但并不是每一种饮品都符合标准成本率。在制定酒水单时，既要注意一张酒水单中高低成本的饮品成分搭配，也要注意一张酒水单中饮品的价格的搭配，以便制定有利于竞争和市场推销的价格，并保证在整体上达到目标毛利率。

6. 销售记录及销售史

酒水单的制作不能一成不变，应随客人的消费需求及酒吧销售情况的变化而改变，即动态地制作酒水单。如果目标客人对混合饮料的消费量大，就应扩大此类饮料的种类；如果对咖啡的销售量大就可以将单一的咖啡品种扩大为咖啡系列；对客人很少消费的，或根本不消费而又对贮存条件要求较高的品种从酒水单上删除。

第二节　酒水单的基本样式和内容

酒水单的样式基本上包括桌单、手单及悬挂式，设计的形状可以多种多样；酒单的内容主要由名称、数量、价格及描述四部分组成。

一、酒水单的样式

酒水单设计要与酒吧的经营水准、气氛相适应，酒水单的样式可选择多种形式。酒水单的形式一般分为桌单、手单及悬挂式酒水单三种；样式可以分为长方形、圆形、心形、椭圆形等。

桌单是将有画面、文字等的酒水单折成三角形或立体形，立于桌面，每桌固定一份，方便客人自由阅览，这种酒水单多用于以娱乐为主及吧台小、品种少的酒吧。

手单较为普及，手单中大多选用活页式酒水单，活页式酒水单便于更换。如果调整品种、价格、撤换活页等，根据季节不同可以更换不同品种的活页，定活结合，给人以方便、灵活的感觉。手单常用于经营品种多、吧台大的酒吧。

悬挂式酒水单一般在门口或是酒吧墙上吊挂或张贴，用颜色鲜艳的彩色线条、花边进行装饰，既美化环境，又能有效宣传。

酒水单不仅是酒吧与客人沟通的工具，还有营销宣传的效果。有些酒吧还开展文化性营销，强化自身内涵，配上一些优美婉约的小诗或特殊的祝福语。同时，可强化酒吧的经营理念；另外，酒水单上也要印有酒吧的简介、地址、电话号码、服务内容、营业时间、业务联系人等，以增加客人对酒吧的了解，发挥广告的宣传作用。

二、酒水单设计应注意的事项

酒水单设计是否雅致是非常重要的，过于简单或过于花哨的酒水单，体现不出一些酒水的身份，也无法体现酒吧的档次，因此酒水单的设计应注意以下事项：

1. 规格和字体

酒水单封面与里层图案均要精美，且必须适合酒吧的经营风格，封面通常印有酒吧的名称和标志。酒水单尺寸的大小要与酒吧销售饮料品种的多少相对应。

酒水单上各类品种一般用中英文对照，以阿拉伯数字排列编号和标明价格。字体印刷端正，使客人在酒吧的光线下容易看清。酒单销售种类的标题字体与其他服务注意事项字体要有所区别，既美观又突出。

2. 用纸选择

一般来说，酒水单的印制要从耐久性和美观性方面考虑，应使用重磅的铜版纸或特种纸。纸张要求厚并具有防水、防污的特点。纸张的颜色有纯白、柔和素淡、浓艳重彩之分，通过不同色纸的使用，使酒水单增添不同色彩。此外，纸张可以用不同的方法折叠成不同形状，除了可切割成最常见的正方形或长方形外，还可以特别设计成各种特殊的形状，让酒水单设计更富有趣味性和艺术性。

3. 色彩运用

色彩设计，需要根据成本和经营者所希望产生的效果来决定用色的多少。颜色种类越多，印刷的成本就越高；单色酒水单成本最低，所以不宜用过多的颜色，通常用四色就能得到色谱中所有的颜色。

酒水单设计中如使用两色，最简便的办法是将类别标题印成彩色，如红色、蓝色、棕色、绿色或金色，具体商品名称用黑色印刷。

4. 排列

一般是将受客人欢迎的商品或酒吧计划重点推销的酒品放在前几项或后几项，即酒水单的首尾位置及某种类的首尾位置。

酒水单的品名、数量、价格等如果需要随时更换时，不能随意涂去原来的项目或价格换成新的项目或价格。如随意涂改，一方面会破坏酒水单的整体美，另一方面会给客人造成错觉，影响酒吧的信誉。所以，如果更换，必须将酒水单整体更换，或从一开始的设计上就针对可能会更换的项目采用活页。

5. 名称

酒水单上的商品名称必须通俗、易懂，冷僻、怪异的字尽量不要用。命名时可按饮品的原材料、配料、饮品、调制出来的形态命名，也可以按饮品的口感冠以幽默的名称，还可针对客人搜奇猎异的心理，抓住饮品的特色加以夸张等。

6. 数量

对于商品的数量应给客人一个明确的说明，是一盎司还是一杯及多大的容量，客人对不明确信息的品种总是抱着怀疑及拒绝消费的心理，不如大大方方地告诉客人，让客人在消费中比较，并提出意见及建议。

7. 价格

客人如果不知道价格，便会无从选择。在餐厅中标着"时价"的菜品，客人很少点用，道理是一样的。所以，在酒水单中，各类品种必须明确标价，让客人做到心中有数，自由选择。

8. 描述

对某些新推出或新引进的饮品应给客人以明确的描述，客人了解其配料、口味、做法及饮用方法，对一些特色饮品可配彩照，以增加真实感。

第三节　酒水单的定价

酒水产品的定价是以价值为基础的。其价值主要包括物化劳动、活劳动、剩余价值劳动，酒水产品的价格构成是价值转化的表现形式，是由固定成本、变动成本和毛利等构成。

一、酒水单的定价程序

酒水单的定价是酒水单设计的重要环节。酒水单上每种经营项目的价格是否适当，往往影响酒吧的销售状况，影响酒吧的竞争力和竞争地位。因此，在定价时要遵照价格反映产品的价值、适应市场供求规律、综合考虑酒吧内外因素及灵活机动的原则，合理地定价。

1. 判断市场的需求与竞争状况

酒水产品定价前，先要做好市场调查，决定酒水的口味选择、高低端产品的需求量、了解客人对产品价格的态度与市场竞争的状况，一般可以把酒吧分为三个档次，即高端市场、中端市场、低端市场；同时还要分析不同市场上竞争对手的产品价格，然后选择定价策略。定价策略一般分为三种：①按市场价格定价，保持均衡的价格，既保证了一定的利润，又不因高价而拒退客人，但缺点是没有考虑竞争对手的价格；②高于竞争对手价格，即关注竞争对手的价格，提高酒水与酒吧服务的价值，用服务的增值来提高收入，而非价格，缺点是可能导致收入减少；③按低于竞争对手的价格，这可以树立物美价廉的产品声誉，但长期这样不利于品牌树立，同时也会分流走一部分高端客户。

2.确定定价的目标

酒水产品的定价要保持产品价格和市场需求的有效适应，使价格既能为酒吧客人所接受，又能保证酒吧经营者的经营利润。定价目标主要有市场份额导向目标、成本导向目标等，使用何种目标与市场状况、市场竞争、酒吧状况、人员素质等因素有关，应结合这些因素来考虑定价的目标。

3.选择定价的方法

选择定价的方法是酒水产品价格制定的基础。定价的目标不同，选择的定价方法也不同。一般定价方法有以成本为中心、以利润为中心、以竞争为中心三种。不同类型的酒吧要结合自己所选择的定价目标来选择具体的定价方法。

二、酒水单的定价原则

商业活动最主要的目的是盈利。因此，酒水单的定价一定要合理。如果酒水单定价不合理，产品销售不出去，就不会有收入，也就不会产生利润。只有酒水单合理地定价，并将产品销售出去，才能实现资金的回笼进而盈利。不过，如果酒水单的定价不足以抵消产品的成本，那么即使酒吧客流量很大也不会赚钱，这样下去，酒吧的财务状况只会日渐糟糕。因此，在给酒水单定价时，首先要了解什么是成本，成本怎样分类。只有了解了全部成本，酒水单的定价策略才能科学。

成本分类方法很多。可以按照它的表现形式分类，也可以按照它的目的和用途分类。

1.按成本的表现形式分类

按成本表现形式分类是指根据成本随销售量变化而增加或减少的情况进行分类。按照这种方法，成本可以划分为固定成本、可变成本和混合成本。

（1）固定成本。固定成本是保持不变的成本，它不随销售量的增加或减少而发生变化。例如，租金就是固定成本。不管这个月酒吧客流量是10万人，还是只有1万人，酒吧都要支付同样数目的租金。其他的固定成本包括利息费、折旧费、保险费、不动产税或者个人财产税等，这些成本被称作不可控制成本。因为从酒吧管理者的角度来看，他们无法控制这一类费用。租金价格的确定、折旧费的计算方法、购买保险的数额及诸如此类的问题通常都由酒吧的产权所有者决定。当然，虽然从管理者角度来看这些都是不可控制的费用，但是对于酒吧的产权所有者来说却是可以控制的。

（2）可变成本和混合成本。可变成本，是随着销售量的增加而增加，随着销售量的减少而减少的成本。例如，食品成本就是可变成本。当有顾客消费时，管理人员就要按需求购买食品原料进行加工。如果没有顾客消费，酒吧就没有必要购买多余的原料备用。同样，饮料成本、其他供应品、雇员的工作餐以及雇员的福利等都是可变成本。

还有一些成本，它们当中一部分是固定的，另一部分是可变的，这样的成本被称作混合成本。人工成本就是混合成本。例如，酒吧接到一个为两位客人承办小型私密性聚会的订单，管理人员不可能只安排一名人员来完成菜肴制作、餐桌摆放、上菜、清洗和结账等所有的工作。虽然只有两位客人，至少也得安排一名厨师、一名服务员。因此，无论一个活动的规模有多小，总会涉及一个固定量的人工。属于混合成本的包括人工成本、能源成本和维修成本等。

2. 按成本的目的和用途分类

另一种成本分类方式是根据其目的和用途来进行划分。因此，尽管食品成本和饮料成本同属于可变成本，但按此类方式划分时却归属于不同类型。这样的划分方式可以使管理人员知道钱都花在了什么地方，是用来购买食品、支付劳动力工资，还是支付租金或是有其他的用途。根据用途和目的，成本可以划分为食品成本、饮料成本、人工成本、管理费用和利润。

（1）食品成本。食品成本包括用于购买食品原料的所有费用。食品成本是最主要的成本之一，它占销售额的 20%~40%。对这部分成本如果加以很好的管理和控制，它将给酒吧带来很好的效益。当然，这并不是说酒吧应该通过购买廉价食品原料来降低食品成本。使用便宜的产品最后只能给顾客提供质量较差的菜肴，有良知的酒吧不应该通过给劣质产品制定高昂价格的方法来赚取利润。

（2）饮料成本。饮料成本是指购买的全部烈性酒、啤酒和葡萄酒的费用总和。在酒吧服务行业，饮料这个概念并不是通常所说的饮料，它仅限于酒精类饮料，软饮料、苏打水、咖啡、茶、果汁、牛奶都被划分为食品而不是饮料。只有含酒精的饮料才被记入这一类别中。将食品成本和饮料成本区分看待的另一个原因是基于二者价格构成的不同。通常，饮料的加价或利润要远远高于食品的加价或利润，饮料的成本只是其标价的 15%~25%。所以，把食品成本和饮料成本混在一起将破坏整个成本结构。

（3）人工成本。在酒吧行业，人工成本是另一项主要成本，它通常占销售额的 30%。人工成本包括支付给管理人员、厨师、厨房其他员工以及服务员的费用。简而言之，工资名册上的任何人都应包括在内。人工成本不只包括薪金和工资，它还包括雇员的福利，如假期、病假、健康福利、医疗保健、伤残福利以及雇员的工作餐和制服费用，除此以外，人工成本还包括培训费用。在提供店外服务时，有些酒吧将运输人员以及涉及运输工作的人工也算入人工成本范围，这一做法实际上很有必要，因为它们也是人工成本的一部分。

（4）管理费用。除了食品成本、饮料成本和人工成本之外，管理费用也是一种成本。它是除了食品成本、饮料成本、人工成本之外的一切成本的总和。当然，一些特定的项目，如为特定活动租赁的设备的费用，将直接计入客户的账单，它们并不是管理费用。租金、水费、煤气费、电费和税收等都是酒吧管理成本的一部分。

（5）利润。另一种成本是利润。为什么把利润看作一种成本？众所周知，酒吧的最终目标是赚取利润。酒吧不能被动地等待有利润剩余。在投资之前，酒吧就要了解利润所在之处。也就是说，当不确定自己的利润所在何处时，酒吧为什么要投资呢？因此，许多管理人员将利润作为成本并将其归入到成本计算中，这样他们才能预算出酒吧究竟会有多少盈利。

3. 隐性成本

最后一类成本是隐性成本。隐性成本是经营活动中的合理成本，但是在很多情况下，管理人员没有把它们当作一种额外成本对待。隐性成本的存在有多种多样的原因。首先，可能是在酒水单计划阶段就没有将隐性成本纳入考虑。这对酒吧服务行业来说是个很严重的问题。酒吧行业是一个劳动密集型行业，边际利润微薄，市场波动幅度大，把隐性成本考虑在内至关重要。隐性成本可以定义为增加可变成本或出乎意料减少销售收入、导致利润下降的任何活动。换句话说，它包括原料的破损、没有预料到的食品价格及其他商品价格的季节性涨价。例如，某年雨水较多，蔬菜、水果的价格就可能上涨几倍，如果某酒吧的酒水单主要依赖于该原料，这种情况就可能会大大减少酒吧的利润，甚至在短期内出现亏损。而对于这种状况，管理人员是无力控制的。当然，如果没有发生意外，隐性成本一般都不是真实成本。所以，有些管理人员把隐性成本叫作突发事件成本或意外成本。为了使收支均衡点的计算尽可能精确，管理人员在制定价格策略时应该将一定百分比的隐性成本考虑进去。

三、酒水单的定价方法

酒吧定价合理，既能保证成本，又能获得预期收益，还必须让顾客满意。现在的顾客越来越挑剔，他们对这个行业越来越了解。很多酒吧把自己的产品放到网上，使价格对比和商品对比变得异常容易。

所有酒吧在经营时，尽量将损失减至最低，只有这样酒吧才能获得最大利润。在制定价格时，通常有三个主要的影响因素：批量销售、竞争对手的价格和酒吧声誉。

制定批量销售价格来获利是最常见的方法。批量销售可以形成规模经济，酒吧可以通过数量的定价方法给客户提供一些优惠。在制定价格中运用批量销售这个竞争策略是使酒吧长时期地创造利润的一种方法。

有的酒吧在制定价格时会参考竞争对手的价格。价格的制定若仅仅是为了竞争，那不是什么明智的做法，但商业的竞争本质和新酒吧的不断涌现使这种定价方法被很多酒吧所采用。

声誉定价法是针对高端市场的定价方法。这种定价法强调的是质量和专有性。这种类型的酒吧在大城市或价格昂贵的度假胜地较为常见。人口统计特征决定了人们可支配收入的数量，进而决定了价格水平。人口统计特征包括人口、家庭收入、年龄和职业等。另外，服务水平对定价也产生重要的影响。一些服务类型属于劳动密集型，因此成本也相应增加。越是奢华高档的服务就越能说明这样一个事实：只要其价值被认同，实际上就可以给酒水单任意定价。高档的酒吧一般地处大都市，因为它们需要有足够的具有消费能力的顾客群来支持其所定的价格。

1. 收支均衡点分析

酒吧把所有的财务信息划分为销售额、可变成本和固定成本三个部分后就可以很容易地计算收支均衡点，下面是计算收支均衡点的一个简单公式：

$$盈亏平衡点 = \frac{固定成本总额}{(单位产品价格 - 单位变动成本)}$$

或

盈亏平衡点 = 固定成本总额/(1 - 可变成本百分比)

分母"1 - 可变成本百分比"又称为边际贡献百分比。边际贡献是销售量与可变成本的差。例如，某个酒吧的人均消费为 20 元，可变成本是 10 元，那么边际贡献就是 10 元（20 元 - 10 元）。如果一个主题聚会的人均消费是 50 元，与制作和销售有关的可变成本是 30 元，那么边际贡献就是 20 元（50 元 - 30 元）。之所以叫边际贡献比是因为销售额"贡献"出了这 10 元和 20 元来抵消可变成本和其他费用，因此，"1 - 可变成本百分比"也叫边际贡献百分比。在主题聚会这个例子中，边际贡献百分比的计算公式如下：

边际贡献率 = (边际贡献/销售收入) × 100%

同样，聚会的边际贡献百分比是：

边际贡献率 = (单位边际贡献/消费总额) × 100%

因此，计算均衡点的公式通常可以表达为：

整体边际贡献率 = ∑ (每种产品的边际贡献率 × 该产品销售收入占全部销售收入的比重)

即收支均衡分析是一种用于确定酒吧需要销售多少产品才不至于亏本的既快又好的方法。酒吧只有在超过收支均衡点后才能创造利润，但是，达到收支均衡点之后所获得的销售额并非 100% 的为利润。利润是成本与达到收支均衡点之后所得销售额的差。

定价时需要注意价格一定不能低于可变成本，定价时边际贡献不仅要能抵消固定成本，而且在减去其他开销之后的盈余要超过收支均衡点，否则就会出现亏本销售和成本销售。亏本销售是指产品以低于成本的价格出售；成本销售是指产品的定价等于成本。

在调整价格时一定要十分谨慎，涨价会引致客人的不满。改变酒水单价格最好在印制新酒水单时进行。注意不要用改正带或涂改液改动酒水单的价格，这种做法既引人注目又显得不专业，需要改变价格时可重新印制新的酒水单。酒吧在顾客心目中保持专业化和正规化非常重要。提高价格时必须找到既可以提高价格又不会降低价值的方法。

由于销售收入和成本结构决定了利润水平，所以管理人员必须知道怎样定价才能既能保持一个合理的销量水平，又能抵消所有成本获得预期的利润。

2. 酒水单工程

酒水单的定价方法多种多样。给酒水单定价是一项非常耗时的工作，管理人员必须从长计议。在价格制定之前实施一种叫作"酒水单工程"的活动非常实用和必要。"酒水单工程"是评估目前和未来的酒水单定价、酒水单设计和酒水单内容的一种手段，其目的是为了使利润达到最大化。酒水单工程主要考察三项内容：顾客需求、酒水单组合分析以及每道菜为酒水单带来的边际贡献。

实施酒水单工程很重要，因为一旦酒水单价格确定后就不宜也不易再改动。BCG 矩阵经常被用于酒水单工程。这种资产组合矩阵是 20 世纪 70 年代早期美国波士顿咨询集团公司研究出来的，常以两行两列矩阵的方式来表示一个酒吧的战略业务单元。酒吧可以使用这种 BCG 矩阵来计划自己的业务活动。在这个由两行两列组成的矩阵中，水平轴线代表市场份额，垂直轴线代表市场的预期增长。BCG 矩阵表示了四个业务群。在酒水单这个例子中，它代表的是四种销售活动类型：

图 4-1 BCG 矩阵

"现金牛"产品（低增长、高市场份额），属于这一类型的菜品可以带来大量的现金收入，但未来增长前景有限。"明星"产品（高增长、高市场份额），属于这一类型的菜品是新式产品，能为酒吧带来收入，是酒吧最畅销的菜品。"问题"产品（高增长、低市场份额），这类菜品的利润较高，但顾客不会很多。不过，一旦有顾客选择，酒吧就可以获得可观的利润。"瘦狗"产品（低增长、低市场份额），这类菜品带来不了多少现金收入，但也不需要投入多少现金。购买这类菜品的顾客不多，它只是为了满足某些特定顾客的需要，不会给酒吧带来大量利润。

BCG 的研究指出，那些牺牲短期利润赢得市场份额的酒吧能获得大的长期利润（现金牛），所以管理人员对"牛"应最大限度地挤"奶"，把新奶牛投资限制在最低维持水平，并把奶牛所创造的大量现金投资于"明星"产品。对明星的大量投资应支付高额股息（红利），随着市场的成熟和增长的减缓，明星应该最终发展成为现金牛。"问题"产品是最难解决的方面，有些应该卖掉或放弃，有些应该转为"明星"产品。"问题"产品是有风险的，所以管理人员应只保留有限的几个投资类型。至于"瘦狗"，谈不上什么战略问题，只要有机会就应该尽早把它们卖掉或进行清算，没有可值得酒吧保留或进一步投资的必要。酒吧可以把出售"瘦狗"产品所得的款项来购买或资助"问题"产品。

3. 正规定价方法

正规的定价方法有多种，它们都是相关联的，下面介绍五种主要的正规定价方法：

（1）成本百分比法。按食品成本百分比来定价，这种方法既简单又精确。在这种方法中，管理人员首先确定一个预期加价率，然后用产品的成本金额除以预期加价率就得出了该产品的价格。如某个产品的成本是 2.5 元，预期加价率是 33%，那么售价就应该是 2.5/0.33，由此得出这个产品的价格大约是 7.56 元。由于这种定价方法快速、简易，所以比其他方法更多地被采用。

（2）加价法。加价法又称定价系数法或乘数法。这是一种与食品成本百分比密切相关的定价方法。酒吧首先确定一个预期的食品成本百分比，然后把这个百分比分成 100 份得出一个系数。例如，某酒吧希望食品成本百分比为 30%，那么系数就是 3.33（1÷30%）。这种方法很常用，可能是确定酒水单价格最简便的一种计算方法。酒吧只要用食品原料成本乘以定价系数就可以计算出销售价格。例如，某道菜的成本是 3 元，加价系数是 3.33，那么它的定价就应该是 9.99 元（3 元×3.33 = 9.99 元）。

（3）主要成本法或食品人工合并成本法。酒吧服务行业属于劳动力密集型产业，在给产品定价时一定要考虑人工成本，尤其是在给盛大聚会报价时更应如此，因为这类酒吧活动往往涉及很多耗时的装饰性和展示性工作。使用食品和人工合并成本法可以使酒吧计入每个菜品或酒吧活动所涉及的人工成本。例如，某个菜肴需要35%的食品成本和30%的人工成本，那么食品和人工合并成本就是65%。如果食品成本是4.5元，人工总成本为5.5元，那么把两项成本合并起来再除以合并成本百分比，即可得出该菜肴的售价（4.5元＋5.5元）/0.65＝15.38元。这种方法非常适合那些想把食品成本和人工成本都包含在售价中的酒吧。

（4）实际成本法。这是一种非常实际的定价方法，它确保酒吧在定价过程中包含预期的利润率。酒吧在运用实际成本法定价时首先要确定食品成本、人工总成本、可变成本、固定成本以及预期利润率，然后再计算菜肴的定价。例如，食品成本是8元，人工总成本是6.5元，预期利润率为10%，那么产品售价是：

售价＝食品成本＋人工成本＋经营成本＋预期利润率

8.00＋6.50＋3.50＝18.00（元）（合并成本）

18.00÷（1－10%）＝18.00÷90%＝20.00（元）（售价）

实际成本法使酒吧在定价时计入了利润。把利润看作是一种经营成本不失为一种稳妥的经营技巧。

（5）一揽子定价法。它是指酒吧采用上述四种方法中的任意一种给菜肴定价，但在给客户报价时不报任何单项菜品的价格，而是只报一个总价，这个总价除包含菜品价格外，还包含设备租用费、安装费和布置费等。有些客户不愿被那些琐细的价格劳力烦心，他们只想要一个总的报价。因此，对于这类客户来说，一揽子定价是再好不过的。

总之，定价的方法很多，有正规的，也有非正规的。以上五种正规方法是目前很多酒吧广泛使用的定价方法。无论采用哪种定价方法，有一点是很重要的，那就是：价格不仅要能抵消成本，还要给酒吧创造利润。定价一定要谨慎，如果价格定低了，酒吧就实现不了预期利润，再想调整价格，付出的代价就会很大。

4.非正规定价方法

给酒水单定价还有以下几种非常规的方法：

（1）竞争定价法。就是酒吧搜集其竞争对手的酒水单，对比定价。这种方法通常被那些刚进入市场的单体酒吧所采用。这种方法看起来尽管是种简单易行的方法，但简单地仿照竞争对手的定价方法实际上是很不可取的。酒吧在定价时留心竞争对手的价格无可厚非，但绝不能让竞争对手的价格支配自己的定价。一些酒吧的经营者试图效仿本行业中领头酒吧的定价水平，但在效仿的时候需注意行业领头酒吧往往拥有新兴酒吧无法比拟的一些优势，它们一般拥有更强的购买力和更雄厚的客户基础，能够负担得起所定的价格。因此，在不了解详情的前提下，仿效的定价并不一定适合自己的酒吧。一些酒吧试图按照行业领头酒吧的价格出售其产品，一定要注意其他同行平均成本的客观事实。

（2）根据市场经济状况而定。如果市场繁荣，顾客愿意消费经营者自然不会放过机会多赚一些。如果经济发展乏力，顾客的需求也不高，经营者则应削减价格销售。不过，酒吧定价还是要遵循价格一定要合理的原则，如果不合理，就算经济繁荣，顾客也会感到他们被欺骗了，没有受到公平对待，因而对酒吧产生不信任感。如果此时恰好有竞争对手借机以低价进入市场，那么这些客户自然就会被抢走。建立顾客的忠诚度是酒吧长期生存和成功的基础，酒吧要让客人们感到他们所支付的价格与他们享用的是相匹配的、非常合理的。

5. 定价注意事项

不管是采用正规定价法还是非正规定价法，酒吧在制定价格时有两点需要注意：

（1）约数。这一点尤其适用于通过公式计算出数字来的正规定价方法。这些计算出来的数字通常都不是整数，如 12.27 元、8.13 元。通常的约数取整方法是采用 0.25 的增量，如 12.27 元可以取整为 12.50 元或 12.25 元。具体数字取决于酒吧对客户消费能力的估计。也有酒吧采用 0.75 元的增量。近年来，一些酒吧为求简单，直接用整数定价，这样一方面可以表现酒吧干脆果断的经营形象，另一方面也是想体现酒吧不与顾客在价格上计较。

（2）酒水单价格的字体大小。酒水单价格的字体大小或多或少会对客人的心理产生一定的影响。例如，一盘开胃菜的价格是 5.95 元，如果用很大的字号印刷，客人就会感到比小号印刷的 5.95 元贵一些。这并不是价格本身造成的，也不是数字造成的，只是两者的字体大小不同的缘故。因此，常常会发现一些酒水单的菜名和介绍性文字的字体比价格的字体要大得多。

四、酒水单的价格调整

酒水价格的调整要随市场供求关系的变化而改变，酒水价格的制定和使用不是固定不变的，做好价格方面的调整，才能有效适应市场需求和经营环境，达到良好的经济效益。酒水价格调整来源于两个方面：一方面是市场供求关系，需求决定供给，供给刺激需求。当市场供求关系变化时，利用价格杠杆为酒吧经营造成优势。另一方面是产品的费用，产品的费用来源于原材料成本、人工成本、变动的水电成本。当成本上涨时为了弥补酒吧经营中成本费用上涨的损失，获得合理的利润，就要对产品的价格进行调整。

1. 酒水单价格调整的程序

酒水单价格的调整是一项细致和复杂的工作。一般有三个程序：

（1）调价时机的选择。价格的调整，要分析市场供给关系和酒吧的经营成本和费用，在市场涨价的普遍预期下，及时做出调价决定。价格调整的时机不能过早，过早会引发一部分价格敏感的客人流失，影响酒吧的客源；价格调整也不能过迟，过迟会使酒吧经营的收入减少。

（2）产品的类别与幅度。酒吧经营的酒水内容繁多，酒吧经营要分析调价的产品类别和调价幅度，价格的调整要与酒吧的经营能力相匹配；有的酒水产品受客户喜爱程度较高，有的受客户喜爱程度低，因此，调整产品的价格还应和具体的产品类别挂钩，有的可以上调，有的可以适当下浮，甚至可以用销售较好的产品搭配一些较差的产品。

（3）调价后的措施。调价后在酒水单上要根据产品价格进行重新安排。调价产品的类别和幅度可根据供求与成本，对于调价后客人对产品的喜爱程度发生的变化、收益的变化，都要做好分析。

2. 酒水单价格调整的方法

酒水产品价格的调整一般有两种方法：

（1）新增毛利率法。这种方法适合酒水产品的价格因技术投入成本增加或顾客编好性强而需进行调整。其调价的公式如下：

新调价格 = 成本/1 - (原毛利率 + 新增毛利率)

（2）成本变动法。这种方法主要来源于因酒水成本上涨引发的产品价格调整。采用成本变动法调整酒水产品价格要注意保持价格的相对稳定性，调整酒水产品价格要有一定的阶段性。其调价的公式如下：

新调价格 = (原有成本 + 新增成本)/1 - 销售毛利率

思考题：

1. 结合实际，你见过的酒水单，你认为哪些地方需要改进？

2. 结合自身专业，初步设计符合你的风格的酒水单。

3. 你认为酒水应该如何核定成本？如何设计销售价格并保证盈利？

第五章　酒吧营销管理

本章导读：了解市场营销的基本概念，掌握市场细分的方法，掌握营销定价的模式，了解促销的方式；学会制定酒吧营销策划方案。

第一节　酒吧营销基础知识

企业的一切营销活动都是围绕"营销四P"进行，即产品、价格、渠道、促销。通过将四者结合、协调发展，从而提高企业的市场份额，达到最终获利的目的。酒吧可以通过提高自己的可控销量，来实现获利的目的。

一、酒吧市场营销的概念

市场营销是关于交换过程的研究和管理，酒吧市场营销是任何酒吧成功发展的关键。

酒吧市场营销包括选定酒吧目标市场、刺激或改变市场对酒吧产品、服务的需求而做的一切工作。市场营销的总过程包括以下步骤：制定销售计划、认清产业发展趋势、明确顾客需求、开发产品、制定价格、开展广告宣传、进行促销活动、销售（包括直接销售和间接销售）和对所有工作的评估和衡量。

对于酒吧来说，市场营销的主要目标是了解顾客在餐饮、烹饪、娱乐、生活方式上的发展趋势以及其他可能影响顾客需求的因素，并根据顾客的这些需求开发出相应的产品和服务，再配以合适的定价策略和衡量工具，以上整个过程就称为营销周期。及时根据顾客需求而对产品做出相应调整的灵活策略是饮食服务业中酒吧服务业这个细分市场得以发展的主要原因。

产品和服务的营销是一种发展趋势。产品和服务应通过提高其质量而不仅仅是营销来建立名声。酒吧和其他企业一样，维持现有的顾客要比去寻找新顾客的回报率高得多。酒吧试图通过各种各样的衡量手段和过程来判断自己还需要做些什么来提高顾客深层次的满意程度，不过分承诺但却能提供优质产品和服务的酒吧才具有生命力。

市场营销概念的重点是关注市场需求，并提供优于竞争对手的价值，市场营销的基础知识和原理是酒吧管理人员日常工作中不可或缺的一部分，下面进行详细介绍。

1. 需要、欲望和需求

需要是由于缺乏而产生的，它包括对食物的生理需要，对归属感的社会需要以及对自我实现的个人需要。例如，顾客因饥饿就会产生对食物的需要。长期以来，许多社会学家都对"需要"这一概念进行了研究，其中最著名的是马斯洛的需要层次论，它把人的需要分为五个层次：生理需要、安全需要、归属感和情感需要、尊重和地位需要、自我实现需要，这五个层次又可进一步分为物质需要、社会需要和个人需要。

（1）需要的层次划分。

1）物质需要。物质需要包括生理需要（第一层次）——基本的生存需要，如饥饿、口渴；安全需要（第二层次）——身体安全、小心谨慎等，不过这一需要在力求解决饥渴需要的过程中可能被忽视。

2）社会需要。社会需要包括第三层次和第四层次。第三层次是归属感和情感需要，即努力让关系亲密的家人认可并成为对他们来说重要的一员，其中也包括自己认为关系亲密的其他人。第四层次是尊重和地位需要，即通过努力实现自我价值，包括对权利、名誉和声望的渴求。

3）个人需要。这是所有需要的最高一个层次。个人需要即自我实现需要（第五层次），它指渴望知道、理解、系统化和构建一个价值体系。

（2）欲望。欲望是受文化和个性影响所形成的需要的表现形式。例如，顾客感到饥饿时，他们有吃东西的需要，但他们也会表现出希望享用各种饮料或酒水的欲望。

（3）需求。当潜在顾客具备了购买力来满足需要和欲望时就产生了需求。例如，当顾客感到饥饿和口渴、想要吃个汉堡或享用一顿有三道菜的晚餐时，他们若没有相应的消费能力，那么需求同样不存在。

2. 产品

酒吧向顾客提供的也是产品，但相对于传统制造业来说，这些产品要稍微复杂一些。实际上，酒吧提供的是两种产品，一种是有形产品，即所销售的酒水；另一种则是服务，即向顾客提供酒水的方式。

从营销的角度来看，酒吧向顾客销售的并不是酒水或提供酒水的服务，真正出售的是给顾客带来满足感的利益。对于不同的目标市场和细分市场来说，酒吧感知和获得的利益是不同的。酒吧只有深入理解这一点才能有效地培训销售队伍、推动酒吧的发展、占领更大的市场。

3. 目标市场

任何商业活动都会受到资源上的限制，而且资源并不是可以无限扩展的。一个酒吧不可能吸引所有的顾客，因此，酒吧一定要确定自己的主要市场，即能够成功吸引并创造利润的市场。当一个市场被明确定位为酒吧获得利润的潜在来源，并为占领这个市场做出营销努力时，这一市场即成为酒吧目标市场。确定目标市场的目的是为了使酒吧的收益最大化。营销活动需要资金，而酒吧的资金又是有限的，所以应把资金投入到对酒吧产品或服务有需求的目标客户身上。

在有些情况下，尽管某一市场存在需求，但酒吧却不能涉足，因为这类市场无论从短期来看，还是长期来看，都需要酒吧付出很大的努力，而且付出很可能远远超过收益，得不偿失。例如，某个极其富有的客户群看起来似乎是一个非常有利可图的市场，但是这些客户通常知道自己需要什么，而且对产品或服务有相当高的标准。如果酒吧只具备一些基础设施，能够满足一般的酒吧活动要求，但是没有能力承办非常盛大的宴会，那么在这种情况下，承接盛大的宴会是在冒风险，客户极可能在酒吧活动进行过程中或之后非常不满意，使酒吧形象受损甚至还会传播负面消息，使酒吧的营销努力付诸东流。

还有一种情况，即有些客户信誉度非常差，经常延期付款或不完全支付，或不断要求额外的折扣。显然，酒吧不愿意针对这种顾客进行营销。为了避免由于不当的营销造成将来出现拒绝顾客的尴尬情况，酒吧一定要把自己的营销努力瞄准特定的业务市场，即目标市场。

酒吧进行目标市场营销需要采取下列三大步骤：

第一步，明确细分市场，了解和勾勒出特定市场顾客群的需要和喜好。

第二步，瞄准市场，选择一个或多个细分市场进入。

第三步，市场定位，针对每个目标市场，制定不同的营销策略，强调产品或服务的不同特色。

4. 市场细分

目标市场是由有不同需要、欲望和需求的市场组成，这些不同的市场叫作细分市场。每个细分市场在对产品和服务的使用上都有其自身的特点和喜好。因此，把目标市场看作一系列更小的细分市场的集合可以增加酒吧的灵活性，使其能够根据不同市场的特点在产品和服务上提供个性化的服务。

细分市场的方法有很多，例如：①按人口统计特征划分，如老年人市场、年轻夫妇市场等；②按地理区域划分，如国际市场、国内市场等；③按生活方式划分，如体育爱好者市场、文化爱好者市场等；④按使用状况划分，如频繁光临者市场等；⑤按性别划分，如男性社交俱乐部、女权主义组织等；⑥按社会阶层划分，如精英人物、社交界人士、政府官员和中产阶级等。

除了以上介绍的按普通方法细分的市场外，每个酒吧还可根据自己的市场定位和发展方向用不同的标准划分方法。

（1）心理细分。心理细分就是根据购买者的社会阶层、生活方式、个性特点或偏好，将购买者划分成不同的群体，属于不同群体的人可能表现出差异极大的心理特征。

1）生活方式。拥有不同生活方式的人倾向于使用不同水平和质量的产品和服务。那些追求高质量、高价格的顾客群并不关心购买产品享受服务最终支付的实际金额；如果这些顾客群是酒吧目标市场，那么酒吧所要考虑的问题就是如何以一种极为专业的方式来提供世界级的顶尖服务。还有一类顾客，虽然具有很高的消费水平，但平时却很简朴，不习惯大手大脚地花钱，或者不知道应该享受什么水平的服务。那么，作为酒吧，就应该根据潜在顾客的生活方式进行详细分类，只有这样，才能够预测他们的需求，更好地处理一般的、特殊的种种要求。

2）个性。有一类顾客被称为必须"轻拿轻放"的人，他们极为挑剔并且对一切都过分讲究，对细枝末节挑剔是他们个性的一部分。与这类顾客形成鲜明对比的是，不论你提供的产品或服务是好是坏，有些顾客总能容忍并能愉快地接受。这类顾客个性比较温和容忍，虽然并不是完全不提什么要求，但一般都彬彬有礼，替酒吧和员工着想。因此，酒吧还应按顾客的个性特点来分类目标市场和细分市场。

3）价值观。与以"个性"为基础进行市场细分的情况相似，"价值观"也可以作为对潜在目标市场进行细分的一种方式。对于酒吧来说，对顾客价值观的判断也只是它在提供产品和服务时的一个参考标准。其目的是为了使产品和服务个性化，满足不同细分市场的要求。以"价值观"为基础的市场细分将使酒吧认识特定市场的价值取向，了解它们最看重的东西。

（2）行为细分。行为细分是指酒吧以活动性质、利益、用户的社会地位、使用频率以及忠实程度为标准对目标市场进行分类。

1）酒吧活动的性质。这一细分市场是指根据顾客举办酒吧活动的性质来分类。顾客经常光顾酒吧，它可能是一项特殊活动，也可能只是普通的活动。

2）利益。酒吧可以根据自身拥有的基础设施和资源向顾客提供不同的产品和服务，有的或许只限于餐饮和相关的服务，有的则可以提供不同的产品和服务组合。例如，酒吧如果能够为顾客提供一些集设施和服务于一体的一揽子服务组合，那么肯定会给酒吧提供不少商机。它一方面降低价格，节省了顾客的开支；另一方面由于处处为顾客着想，所以顾客肯定会称赞，他们会非常欣赏这种可以满足所有需求的"一站式购物"方式。

（3）用户状况细分。这种细分方法是指根据顾客对酒吧产品或服务的使用或即将使用的情况来确定顾客群，下面是酒吧常见的对顾客的一些分类方法。面对不同的细分市场，酒吧要注意运用不同的方式来吸引顾客。

1）隔离客户。酒吧在这一细分市场中基本没有机会做成生意，简单地说，这一市场从不会对酒吧的产品或服务产生需求。酒吧在作市场营销时应预先认识到这一点，尽可能减少在这一细分市场上的营销努力。

2）潜在客户。这部分用户属于"隔离客户"范围，但他们是酒吧要争取的对象，酒吧试图通过营销努力，把他们转化为自己的销售对象。从本质上说，这部分用户可以称为"期望用户"。

3）常规客户。这部分用户在过去曾使用过酒吧的产品和服务。酒吧要想高效运作，就应该拥有这类顾客的完整数据资料，并根据他们光顾的频率来进行进一步的细分。

（4）使用频率细分。细分市场还可以根据顾客使用产品和服务的频率来进行划分。从本质上看，这一市场可以被看作是"常规客户"细分市场的次级细分市场。根据使用频率，市场可以细分为以下几种：

1）高频率消费客户。顾名思义，这些顾客是酒吧产品和服务的最经常（但并非就是最好的）购买者。这些顾客总体上对产品和服务非常满意，认为酒吧能满足他们的需求，对他们很有吸引力。他们所寻求的是一种长期关系，因此酒吧应该尽自己最大的能力尊重和满足他们的要求。另外，这些顾客也是酒吧营销花费最少的人。他们经常与酒吧打交道，酒吧只要做少量的后续跟踪服务和沟通工作就足以让他们保持忠诚度，而且他们还对酒吧在公众中的品牌形象起到非常好的宣传作用。这类顾客通常也会原谅酒吧所犯的一些小错误，但是酒吧绝不能因此而忽视这些错误，相反，酒吧应该继续努力，确保这些顾客能够开心愉快。

2）低频率消费客户。这类顾客的少量购买并不能完全归咎于酒吧，很可能是他们参与酒吧活动的机会很少。拓展这一细分市场的路径之一是做一些背景调研，或者在合适的时候询问他们还会光顾别的哪家酒吧，他们在产品和服务方面还有什么其他的要求等。如果调研工作做得比较到位，而且对顾客比较友好，许多顾客都会发表自己的看法，提出一些建议，甚至可能对你所表现出的周全体贴心存感激，结果是当他们下一次有需求时会光顾你的酒吧。一般来说，对这类顾客提出的建议，只要是可操作的、可行的且有效的，酒吧就应该采纳，同时礼貌地把酒吧采纳的情况反馈给他们。这一做法表面上看是一种礼貌行为，实际上则是一种较为隐蔽的营销手段。

3）潜在客户。这类顾客只使用过一两次酒吧的产品和服务。在对这一细分市场采取营销行动之前，最好先仔细分析酒吧在哪些方面做得比较好，哪些方面还有待改进。通过研究和分析，可能会发现顾客的失望之处，发现顾客不再光临的一些原因，也可能会发现酒吧运作中的一些严重问题。酒吧可以借此认真思考和改进，避免将来再犯类似的错误。

在"潜在客户"的分类中，有些是真正的一次性顾客，例如某个过客临时在酒吧消费一次，从酒吧顾客意见卡上的反馈建议可以明显分析出来。由于他们意识到自己只是一次性消费者，所以一般都会以友善的态度来评论所消费的产品和服务。另外，这类顾客的反馈意见或许还会让酒吧发现一个从未注意过的新的细分市场。

对"潜在客户"这一细分市场可以采取周期性的后续跟踪方法，并通过不断提醒曾经的愉快经历来招揽更多的生意。这样的提醒可以不断强化他们对酒吧的记忆。

（5）忠诚度细分。另一种划分目标细分市场的方法和上面刚讨论过的方法类似，它通过评估并分类顾客的忠诚度来确定细分市场，运用这种方法划分的细分市场可能与以上讨论过的细分市场有部分重叠。

1）绝对忠诚者。这类顾客在使用酒吧的产品和服务时到了这样一种程度：好像酒吧就是他们自己的一样。有些顾客根本不用办理那些常规的，有时甚至有些麻烦的预订手续，平时对赊账消费一向控制很严的酒吧给某些顾客提供了高额的信用消费，很明显，这个细分市场上的顾客不仅仅是酒吧的常客，而且是对酒吧最忠诚的顾客。他们完全就是酒吧的代言人。

2）不完全忠诚者。酒吧还有一类顾客，他们在享受酒吧的某种服务时非常忠诚，而在有些情况下却去另外一些酒吧消费，出现这种情况可能是酒吧没有同样的设备，或者虽然拥有同样的设备，但顾客却不知道。无论是哪一种情况，都有必要了解顾客选择酒吧的原因。这些"不完全忠诚者"从另一角度也反映了一种现象，即在某一个特定类型的业务中，酒吧在市场上是否能占主导地位。

3）游离忠诚者。这类顾客几乎是最难长期留住的顾客。他们习惯于尝试不同酒吧的产品和服务来防止单一化。他们一般希望能够"尝试"市场上所有的选择之后再作最后的决定。留住这类顾客的唯一方法就是根据他们的需要和要求使酒吧的产品和服务个性化，在市场上树立良好的品牌形象。如果酒吧能够做到这一点，那么酒吧的营销部门就应该认真地进行调查、确认工作，很好地挖掘这一细分市场。

4）富有弹性需求者。毫无疑问，这是酒吧最难留住的顾客类型。这类顾客通常掌握很丰富的信息，在大多数情况下，他们选择价格最合适、交易最合理的酒吧。正如名字所表示的那样，他们从不忠诚于任何一家酒吧或品牌，他们只对"交易"和"成本效益"忠诚。无论哪家酒吧能够提供"性价比最合理"的产品和服务，他们都会锁定。整个目标市场上的价格战在很大程度上就是由于有大量这样的顾客存在而挑起来的。留住这类顾客的唯一办法就是将酒吧的成本结构保持在一个低水平线上，使利润幅度更具竞争力。当然，这从根本上说是一个管理决策问题，酒吧需要根据自己的经营宗旨来决定是否有必要为了取得成功而进行一场价格大战。

（6）特殊顾客群体细分。与以上讨论的细分市场不同，这一细分市场既不是根据心理特征，也不是根据行为特征来划分，而是按照客源来进行分类。

除了心理的、行为的和特殊的群体细分市场外，酒吧还可以根据自己的标准来划分细分市场，这主要取决于自己的实际情况和价值取向。酒吧所定义的细分市场应该互相之间尽可能地独立，避免重叠。按照市场营销的普遍思路，酒吧应该立足于自己的主要目标市场来现实地定义自己的产品和服务，把主要精力放在那些最适合自己、竞争最小、花费力气最少的细分市场上。总之，与其一味地追求不太宽松和不太有利可图的那部分市场，还不如致力于可以产生良好效益的细分市场。

二、营销组合

营销组合是指对各种营销因素进行优化组合，以满足特定消费者的需求。应用最为广泛的营销组合模型是由 E.J.麦卡锡在他的经典著作《基础营销》中提出的"4P"营销组合，即产品（Product）、价格（Price）、地点（Place）和促销（Promotion）。

1. 产品组合

酒吧所提供的产品必须建立在顾客需求的基础之上，如果他们根本不需要酒吧提供的产品或服务，凭什么非要购买呢？酒吧应该从顾客需求的角度出发设计产品或服务。

（1）什么是产品。产品可以是有形物品，也可以是人、地点、资产、组织和信息，甚至创意。概括来讲，产品是指对某些人有价值并且可以在市场上购买的东西。它可以是自由买卖的，也可能受到政府或某个机构的调控，具体情形主要取决于产品的供给情况以及进入市场的可行性。

（2）产品层次。根据可提供给顾客的利益种类和大小不同，产品可划分为以下几个层次。

1）核心利益。产品的核心利益是产品开发的首要目的，即用以满足顾客的需要。对酒吧来说，它的核心利益就是在一定的场所、为一定数量的顾客提供酒水和服务。

2）基础产品。基础产品是指基础的设施，核心利益需要通过基础产品才能提供给顾客。对酒吧来说，它的基础产品就是可以举行酒吧活动的地点，通常为吧台或座位，餐饮产品的提供方式取决于酒吧活动的类型。

3）预期产品。预期产品伴随着基础产品而存在，是顾客对产品合理的期望。另外，为顾客提供的酒水应当温度适宜且对人体是安全的。这些都是顾客对产品相当合理的期望。

4）附加产品。产品的增值可以通过增加产品的舒适度、便利性以及豪华感来实现。对酒吧来说，附加产品则可能是额外的便利舒适设施或用具等。

5）潜力产品。只要市场有需求，产品的实际潜力就无法做出明确的界定。

（3）产品类型。按照耐久性和有形性，产品可分为以下三类：非耐用品、耐用品、服务。

（4）服务的特性。服务有四个典型特性：无形性、不可分性、不固定性、不可储存性。

1）无形性。服务在实际购买发生之前是无法被看到、品尝到、感知到、听到或嗅到的。这就是消费者在购买行为发生之前对服务的认识。只有在购买行为发生后，顾客才能对以前的认识与实际交付的服务之间的差距进行评价，即"差距分析"。

2）不可分性。服务无法与服务的提供者分开，服务包含了提供产品的过程。在酒吧，那些受过一定培训的员工就被要求参与这一交付过程，他们是传递服务的"媒介"。很难把服务和媒介即员工明确地区分开来。

3）不固定性。服务无法与服务的提供者分开，因此服务的质量自然而然要取决于它的提供者是谁，以及它是在何时、何地、以何种方式提供服务的。这种不固定性也是提供服务的个体是否接受过良好培训的一种表现形式。

4）不可储存性。服务不能在某个安全的地方储存起来以备将来出售或用于其他目的，也不能点滴积累。不可储存性从本质上意味着如果酒吧不能在顾客需要时出售出去，那么是无法在其他时间来补救的。它就像时间一样，一去而不复返。

尽管服务有上述四个特性，还是可以找到降低其负面影响的方法。对于服务的无形性特性，酒吧可以通过带领顾客参观活动场地，向他们展示一些以前活动的图片等方式使顾客对未来将接受的服务有一个清晰的印象。也就是说，酒吧可以努力把服务的无形性转化为表面上的有形可循。因为服务无法与其提供者分开，所以要提升服务水平，就要提升员工的服务水平。如果酒吧能够制定标准化的生产和交付流程，并要求员工训练有素、规范操作，那么服务的不固定性就可以降低。至于服务的不可储存性，酒吧可以通过制定有效而精确的预算来使供给和需求达到平衡，从而尽量减少不必要的浪费。

　　酒吧既提供物质产品又提供服务，事实上，它兼具有形耐用产品和无形服务两种特征。一般来说，酒吧可以划分为以下几种服务组合：纯有形产品，如酒水和设备；有形产品和附加服务，主要指提供服务人员；混合型，一般以店内活动为主；以服务为主，并伴以一些简单酒水和少量服务，重点放在服务而非食物上；纯服务，指酒吧本身只提供服务人员，酒水从别的酒吧买进。

　　1）酒吧产品组合。对一个酒吧来说，产品多样化是指酒吧能够提供给顾客的不同结构的产品数目。如酒吧能否同时提供店内和店外的服务？酒吧在满足顾客特殊要求、为顾客提供个性化产品和服务方面有多大的灵活性？酒吧是否还提供诸如拍照之类的其他附加服务？在顾客数量和供酒水数量方面，酒吧最大和最小限额是多少？产品多样化就是由以上这些问题决定的。

　　2）质量。这是各行各业所面临的恒久不变的问题。一方面，有些顾客极其重视质量，价格对他们而言不算什么；另一方面，有些顾客又极其看重价格因素，只要活动可以举行，质量如何无所谓。那么，酒吧应重点关注哪方面呢？兼顾各种类型的顾客，还是只想作为一个只为某个特殊目标市场服务的酒吧而被顾客确定和认识呢（这个市场本身还有多个细分市场）？

　　3）设计。制造业的产品常以其独立的设计而为顾客所识别。作为酒吧，将如何设计自己的产品呢？这个问题的焦点又回到酒吧的核心产品和个性化产品与服务上来。这其中包括根据酒吧活动的主题而设计的特别酒水单。事实上，酒吧最好设计不同定价的组合菜单以供顾客选择。另外，也可以对原产品进行重新设计，添加一些附加服务，如提供训练有素、着装统一、规范的服务人员等。在服务人员的着装方面，也可以提供几种方案供顾客选择。其他的附加产品如提供摄影和灯光服务等。

　　"设计"针对的主要是顾客看得见的东西。如果酒吧活动是在店内举办，那么设计问题还包括室内装饰和布局。

　　4）特色。酒吧的产品或服务所致力于的、可以给最终用户增添利益的任何方面都可称为特色。这些特色为顾客带来更多的便利、安全、高效和多样化。当销售人员进行推销时，一般都是将重点放在向顾客介绍产品的特色上。但这往往不是顾客所感兴趣的东西。潜在顾客只对产品产生的最终利益而不是特色本身感兴趣。因此，推销应针对这一实际情况，设计有效的对策。

　　增加特色与提高质量是完全不同的概念，增添实用的新特色是建立酒吧形象、树立行业领袖地位最有效的方法之一，这也自然使推销人员更加积极地向顾客宣传酒吧，甚至可能会吸引那些由于原来店内设施存在缺陷而不来光顾的客户。例如，经过重新设计装修、安装了防噪音空调系统的包间就可以成为一个新特色，或许这恰恰就是这些顾客所希望的。总之，一切累积的、添加的和改进的产品特色都能够成为酒吧的竞争优势。比如说，为了延长食物的保质期，你购进了某种设备，能够将各种散装和包装酒水保存在各自理想的温度下，这样，你就拥有了比竞争对手到更远的地区举办店外酒吧活动的竞争优势。

5）品牌。品牌名称意味着认知度。品牌实质上就相当于名字，它使人们能够识别该公司或产品，并对公司的产品性能或服务质量有一定程度的预期。酒吧在市场上享有什么样的名声，能否被大众所正面宣传并被有效推荐？这些问题的答案就在于酒吧在市场上建立了什么样的名声和地位。

6）包装。从字面上看，包装是"加工"的概念，是把可出售的产品用引人注目的方式包装起来。包装本身有两个基本目的：一是用相对安全的包装材料保护产品；二是增加产品的吸引力。另外，产品的外包装还能用来为产品做广告。餐饮服务也可以"包装"。餐饮产品的包装，采用的不是包装纸或硬纸板，而是在举办活动时需要使用的一些供应物品，酒吧可以通过这样的产品"包装"扩大和延伸品牌名称和形象，向每一个看到的人宣传自己的品牌名称。如印有商标的餐巾和纸巾、印着酒吧标识的运输工具等。

7）规格。规格是指产品的实际大小和数量。在产品和服务紧密相连的酒吧服务业中，规格是指酒吧的接待能力以及这种接待能力在处理酒吧活动时的灵活性。接待能力取决于餐厅的大小和布局这两个基本的可变要素。

8）服务。酒吧提供的是一种特殊的产品，它有多种多样的服务组合。

9）担保和退款。对于酒吧来说，通常在营销中还应包含有关担保和退款的规定。那么，对于酒吧来说，是否也应采取同样的政策呢？不过，似乎从没见过酒吧打过"退款政策"的广告。为什么呢？因为酒吧提供的产品和服务是即时消费的。不过，也有一些具体情况需要认真处理。

当酒吧为顾客提供服务时，尤其是第一次，顾客一般都会仔细观察整个酒吧活动的过程。他会把自己的预期和实际情况进行比较，寻找出之间的差距。顾客这样做可能是有意识的（他亲自观察的结果），也可能是无意识的（宴会结束时，他从客人那里听来的或自己的大体感觉）。举办酒吧活动时，顾客都想取悦于自己的客人，酒吧应该清醒地认识到这一点。如果客人表现出一些不满，顾客就会不太高兴，会和酒吧进行交涉。

通常，不满意的顾客都会向他人诉说自己的不满，这将对酒吧未来的生意造成不好的影响。因此，尽管在早先的预订合同中没有提到产生争端的解决办法，但一般都是以酒吧打折或对某些项目免单来解决。对于小金额的争端，一般来说，酒吧都不会与顾客发生争执，直接打折或免单。另外，如果是酒吧或服务人员的过错，也应立刻打折或免单。

当然也有些顾客比较刁蛮，知道如何找借口要求打折或免单。对此，酒吧内部应该有明确规定，赋予经理一定的打折或免单权。

2. 定价组合

定价组合属于心理定价策略中的一种，利用相互关联、相互补充的产品，采取不同的定价策略，以迎合消费者的某些心理。根据消费者弹性需求，酒吧可以根据商品的购买次数和价值来设定价格，从而获得最大利润。

（1）基本概念。顾客以某一价格获得酒吧的产品和服务，对顾客来说这个价格就是他们的费用，这个费用包括直接费用和间接费用。酒吧如果在目标市场上的营销工作做得更好，那么潜在顾客就没有必要花费额外的费用。

下面是酒吧在制定定价策略前需要了解的一些基本概念：

1）顾客成本。为寻求酒吧的服务，顾客所支出的直接和间接花费的总和被称作顾客成本。

2）标价。酒吧对自己所能提供的产品和服务应该明码标价，在明码标价的基础上酒吧可实行优惠政策或打折，明码标价广告提供打折或优惠的幅度，尤其是在当酒吧开展一揽子促销活动试图占领尽可能多的目标市场时更能起到一定的作用。例如，当酒吧准备以有吸引力的价格优惠拓展生日派对这一细分市场时，就有必要提到相关产品和服务的"标价"，只有这样，顾客才能有个参照物，了解酒吧的优惠或打折幅度。

3）折扣。折扣总是伴随着"标价"，它是顾客实实在在得到的额外价值。从顾客的观点看，节约下来的钱就如同自己又赚了钱，可以用于其他方面，因此也减少了他们与酒吧合作的机会成本。通常来说，顾客都希望折扣越大越好，但过大的折扣又会使他们对产品的质量产生怀疑。长期的折扣也会导致顾客对标价真实性的疑虑。

4）折让。折让是指交易结束之后的一种折扣。当顾客对某一收费项目表示不满、发生争论或对已提供的服务有所抱怨时，酒吧免掉收费单上或大或小的一笔金额，这部分金额就是酒吧对顾客的折让。总的来说，应尽量避免这一做法，因为它只是用来抚慰顾客消极情绪的。

5）支付期。酒吧的收入有可能在提供服务后的几天甚至几周后才被支付。服务结束与收到款项之间的这段时间就叫作"支付期"。

6）信用消费（赊账）。为了获得竞争优势，酒吧有时向部分顾客提供信用消费。这些顾客中有些是长期客户，他们习惯于延迟结账，有些人则把这种信用消费看作是一种优惠；更为重要的是，对酒吧的一些"绝对忠诚顾客"在经过一段时间的磨合后，酒吧的确应该信任他们，给他们提供信用消费。

（2）定价策略。销售组合中的定价因素很独特，它是唯一能直接影响酒吧收入以及利润的因素。价格的制定涉及会计学和经济学的知识，但是单靠它们酒吧仍然很难制定出最佳的价格。虽然营销组合中每一个因素都是独立的，但是只有通过它们之间的相互作用才能取得营销策略的成功。

产品质量和服务质量是定价中的重要因素。确切地说，顾客所感受到的产品和服务质量才是重要的影响因素。即使服务是世界上最好的，但是如果不能满足顾客的真正需求，那么顾客仍然会感觉服务不够好，没有达到他们期望的质量。这就可能导致客对产品质量的认知与实际所提供的产品质量之间产生差距。因此，基于质量的定价通常被认为是一种价格与质量的对等交换，即质量高的产品的定价一般应高于质量不太高的或质量没有达到预期水准的产品。

首先是产品质量，无论是实际质量还是顾客感知的质量，在定价策略中都非常重要。其次，品牌知名度也是重要的影响因素，知名度较低的品牌价格也相应较低。最后，定价还要考虑销售的地点。

在给产品和服务定价时有六个简单的步骤：确定定价目标，确定需求，估算成本，分析竞争对手的成本、价格、提供的产品和服务，选择一种定价方法，进行最终定价。

1）定价目标。酒吧在制定价格时需要考虑许多内部和外部因素。第一步就是确定定价目标。

● 生存定价。在某些情况下，酒吧必须考虑其短期生存，因此为了在市场上生存下去，它可能会把价格定得异乎寻常的低。

● 利润最大化定价。古典经济学强烈认为，酒吧在定价时要从利润最大化这一角度出发来考虑自己的决策。如果酒吧有条件这么做，那么它的定价决策当然相对简单容易得多。然而，市场的复杂性和酒吧的内在成本使得这一方法在现实生活中很难实现。例如，除非酒吧确切地知道能增加销售量的降价幅度，否则它们是无法预测降价肯定可以使利润达到最大化的。

● 市场份额最大化定价。对于新的酒吧来说，除了创造知名度外，放在首要位置的应该是占据市场份额。要做到这一点，就要求酒吧在相当长一段时间内，采取薄利多销的政策。当然，这必须是在面对极其激烈的竞争以及市场不太活跃的条件下进行的。

● 市场渗透定价。当一个市场对价格非常敏感时，低价就会刺激市场增大。随着市场经验的增加，酒吧的生产成本将逐渐降低，利润会逐渐增加。这种情况下，低价策略可以起到削弱实际的和潜在的市场竞争的作用。

2）确定需求。需求是不容易确定的，甚至是近似值也要根据多种经济模型通过极其复杂的数学计算才能得出。有不少模型可以根据市场现有的供给和预测的需求来预测市场对价格的敏感程度。酒吧应根据以往的趋势和现有的市场竞争情况来确定预算方法，以便准确或大致预测出市场对自己的产品和服务的需求量。

3）估算成本。为了估算出成本，酒吧首先必须了解以下几种成本类型。

● 固定成本。固定成本是因酒吧自身的存在而产生的成本，它不随生意的多少而发生变化。典型的例子如财产税和保险。

● 变动成本。变动成本是指随着生意的多少而发生一定变化的成本。典型的例子如临时工的人工成本。

● 总成本。总成本是酒吧中所有固定成本和变动成本的算术总和。

● 平均成本。一段时间内，酒吧的总成本除以已出售产品的数量的商被称为平均成本。酒吧的平均成本可以看作是举办每次酒吧活动的成本或每次活动中每位客人的成本。

● 经验曲线（学习曲线）。经验曲线是一个经济学概念。它认为酒吧出售的单位产品成本注定会随着时间的推移而降低。也就是说，经过一段时间后，酒吧的管理人员在工作中（内部的和外部的）获得了经验，了解了酒吧的运营情况，这些将导致他们能够做出有效的降低成本的决策。当然，经验曲线并不是无限的，因此它通常表现为酒吧平均成本的累积曲线。

4）竞争分析。

● 竞争对手。研究竞争对手的方法之一是利用他们往往喜欢沿用前一次相同策略的这一惯性。分析竞争对手和他们的行为能帮助酒吧了解他们的策略、目标、优势和弱点及反应模式。依照自己在市场上的竞争力，酒吧有必要建立一个相应的竞争情报系统。有人或许会认为了解竞争对手的情况并不有助于酒吧的经营。的确，在不太活跃的商业环境和经济运行中，这种假定可能是正确的。然而，在现在这个充满激烈竞争对手的经营状况可以为你的经营提供一个参考标准，你只有密切关注竞争对手在做什么才能跟得上市场的发展趋势。你可以进行一个简单的 SWOT 分析，也可以通过征集员工的意见进行 SWOT 分析并且密切关注他们的竞争对手，然而，他们可能忽略了竞争环境和竞争对手同等重要。例如，从总体上看，经济态势是增长的还是下滑的？政治环境如何？

研究竞争对手的另一个渠道是观察和分析其对地区商业发展趋势所作的反应，这样就可以有针对性地制定自己的经营策略。

竞争分析的主要目标是：发现自己的竞争对手已占领有利润的目标市场；发现一些竞争对手的独特竞争优势；发现自身营销策略的缺陷。

这样的分析工作应该以季度为单位按时进行。

当然，在采取上述行动之前，首先要明确竞争对手。那些尤其是同类目标市场上进行销售活动的酒吧的竞争对手。竞争对手基本上有两种：直接竞争对手和间接竞争对手。

直接竞争对手是与你提供的产品或服务相同或相似的酒吧，所以必定会为了同一块市场蛋糕或同一批潜在顾客产生激烈竞争。典型的例子为同一区域或地段的其他酒吧。

间接竞争对手是那些并不提供相同的产品或服务，但由于他们的存在会导致市场对自己产品或服务需求下降。尽管他们与你没有相同的商业模式，但他们同样会影响你的目标市场。也就是说，自身可能拥有最好的产品和服务，并有信心战胜直接竞争对手，但是在面对间接竞争对手时，形势就有所不同而且相当困难，因为自身不可能为了与其进行有效的竞争而在短时间内拿出相似的产品或服务。总而言之，酒吧既应该密切关注直接竞争对手，也要对间接竞争对手保持高度的警惕。

酒吧的竞争分析还应该包括对竞争对手收入的大概评估。如果可能，应尽可能精确。如前所述，这也应该是一种季度性的评估。同时，酒吧应该尽可能确定竞争对手的目标细分市场是什么。一旦获得了相关信息，就应调动酒吧自身的营销和销售力量，在每一个目标细分市场上有效地争夺市场份额和公平份额。

公平份额收益是以目标市场总收益除以包括本酒吧在内的竞争酒吧的数量来计算的。每个酒吧获得的收益由它自身的生产能力决定。生产能力是指一个酒吧能够承担的交易总量。

例如，假设目标市场蕴藏着 30 万元的总收益额，你的最大生产能力是接待 100 名顾客，竞争对手 A 和 B 的生产（接待）能力分别为 50 名和 150 名顾客，那么用总收益 30 万元除以总生产能力（100 + 50 + 150 = 300）即可计算出公平份额指数，即 100。那么，包括你在内的几个酒吧的公平份额即可通过用公平份额指数乘以每个酒吧的生产能力计算出来。例如，你的酒吧的公平份额是：生产能力（100）×公平份额指数（100）= 1 万元。另一种更有意义的表示公平份额的方法是通过计算公平份额百分比，即用公平份额除以目标市场总收益再除以 100。在上述例子中，酒吧自身的公平份额百分比为 33.33%。

● 市场份额。一个酒吧的市场份额是指它的实际交易量或总收入与整个目标市场总收入的比例。市场份额的大小是衡量和比较竞争对手业绩的标准之一。

市场份额可以通过以下三种方法研究：酒吧所产生的实际收益；在整个目标市场上所占的百分数或比重；与酒吧公平份额的比率。

第一种方法只考虑酒吧的收益，比较简单。显然，在有竞争对手的情况下，这种方法不能够有效地反映出酒吧的真实状况，因为它既没有考虑酒吧的生产能力也没有考虑酒吧的公平份额。一个酒吧可能有很强的生产能力，交易量也不少，但两者之间不一定成正比。换句话说，它的交易量或许小于公平份额。如果用第一种方法来衡量，这样的酒吧会表现为一个很大的市场份额数字，但实际上，在有竞争对手的情况下，这个数字意义不大，而且不准确。有些公司虽然规模较小，从收入总量上看不如你的酒吧，但是它们却很可能获得比你多的利润，而且超过在市场上的公平份额。

第二种方法是考虑在整个目标市场上所占的百分比或比重。相对于第一种方法，这种办法可以较好地判断酒吧在市场上的表现，但它仍然忽视了酒吧的生产能力和公平份额这两个因素。这一方法同样会出现第一种方法所带来的问题，即一个酒吧可能仅仅是靠规模和生产能力占领大块目标市场。

仍以上述例子为例，假定酒吧、竞争对手 A 和竞争对手 B 的收入分别是 12 万元、7.5 万元和 10.5 万元。根据第二种方法，可以计算出酒吧本身、竞争对手 A 和竞争对手 B 的市场份额分别是 40%、25%和 35%。从这个数字可以看出，酒吧本身和竞争对手 A 在市场份额方面的表现要好于公平份额，意味着 A 和自有酒吧将赚取更多的利润。但是，这三家酒吧中最大的酒吧 B 的市场份额却小于其公平份额。

第三种方法关注的是前两种方法没有涉及的方面，它提供了酒吧表现与公平份额之间的比率或百分比。这个比率或百分比可以通过以下两种方法来计算：

市场份额收益÷公平份额收益；

市场份额百分比÷公平份额百分比。

哪一种方法能够更为准确地反映出酒吧的整体状况呢？这三种方法中的每一种方法都有自己的优势，每一种都很重要。酒吧的管理人员只有综合运用这三种方法，才能了解酒吧的全面经营状况，即酒吧的交易总量、交易量与市场存在的交易总量之间的比例，交易量与酒吧生产能力之间的比例。

一般来说，如果酒吧的业绩持续超过市场的公平份额，那么就是该酒吧通过增加生产能力来提高市场份额的时候了。这一趋势同时也表明该酒吧在市场上是很受欢迎的。

需要指出的是，如果同一目标市场中竞争对手的数量保持不变，同时各自的生产能力也保持不变，那么公平份额指数也将保持不变。只有当一家或多家酒吧改变自己的生产能力时，公平份额指数才会发生变化。

以上分析方法同样适用于各个目标细分市场，它有助于酒吧准确地把握自己在市场上的优势和劣势。

5）定价方法。

● 加价定价法。加价定价法又称成本加成定价法，这种方法建立在产品成本的基础上，即先确立成本，然后在成本上加一个利润来制定价格。通常情况下，这种方法对买方（假设卖方并没有索取过高的利润）和卖方（不管利润如何，卖方都收回了成本）都较为公平合理。

● 目标收益率定价法。在总投资的基础上达到特定的利润是这种定价方法的目标，比如说，所定价格应获取投资总额 20%的利润。这种方法有很重要的现实意义，它认为，与其追求最大利润，不如设定一个令投资者满意的目标利润。它用公式表示如下：

目标收益率价格＝单位成本＋目标收益率×投资额/单次销售量

● 认知价值定价法。认知价值定价法又称需求定价法，这种定价方法与惯常的商业运作规则一致，即需求越大，定价越高，反之，则相反。如果卖方在特定时期或旺季时市场需求量很大，那么，它就会在合理的范围内从有需求的顾客身上索取最大利润。相反，在淡季，卖方则会对产品打很高的折扣或降低产品的价格。

● 竞争定价法。竞争定价法又称随行就市定价法，这种方法会参照事先做好的竞争分析，但会更具体地考虑同行竞争对手对同类产品或服务所制定的价格。根据酒吧的声誉以及营销和定价策略，酒吧可以在定价方面成为行业的领导者，也可以成为行业追随者。另外，有些酒吧还会制定非常低的价格，目的是把竞争对手从市场驱逐出去。

除了上面提到的几种定价方法外，在其他领域尤其是经济领域还有更多的定价方法。比如说，均衡定价法和需求弹性定价法，但它们均不在本书的讨论范围之内。

6）最终价格。虽然上述的任何一种方法都可以决定最终价格，但是，酒吧在确定最终定价时还应当把以后可能发生的折扣和折让等因素考虑在内。

● 折扣和折让。正如上文所述，折扣是酒吧为了招徕生意，在购买行为发生之前向顾客提供的优惠。折让其实也是一种折扣形式，只不过它出现在购买行为发生之后，主要用于解决争端或弥补产品或者服务方面的不足。折扣可以是对单笔交易提供的一定数量的现金优惠，也可以是对批量购买提供的一定数量的现金优惠。

● 现金折扣。现金折扣是对立即付款的顾客实行的价格优惠。

● 数量折扣。数量折扣是对大批量购买的顾客实行的一种价格优惠。酒吧在实行数量折扣时，对每个顾客都要一视同仁，同时折扣数额不能超越因批量销售而节约的成本。数量折扣可以以单笔交易量为单位来计算，也可以以一定时间内的累计数量为单位来计算。

● 增加销售额。销售额的增加并不等同于市场份额的扩大（目标市场份额的扩大或许会超过销售额的增长），但是，增加销售额仍然是很多酒吧的目标。不过，需要注意的是，销售额的增长不仅仅只有扩大销售量这一条途径，以更高的价格卖出同等数量的产品，甚至更少，同样可以达到目的。但是，正如在上文中提到的，若想提高价位，必须确保产品的性价比能让市场接受，不能脱离市场而过高定价。

3. 地点

地点是指把产品和服务提供给顾客的具体场所，它不仅要方便于酒吧制作产品和提供服务，而且还要方便于顾客。正是由于这一点，所以有条件的酒吧一定要增加自己在提供店外酒吧服务方面的灵活性和适应能力，扩大服务的地理区域，增加对顾客的吸引力。酒吧的地理覆盖能力是影响酒吧和潜在顾客之间商业活动的一个重要制约因素。

在同一城市有多家店面，或者在不同城市间（不管远近）有联网店面的酒吧就可以克服因地理覆盖能力而带来的局限和束缚。在合理的地理范围内，网络系统内的分店可以共同分担总成本，并且相互提供后勤支持。

4. 促销

为了维持和增加市场份额，酒吧应该不断地进行一些促销活动。促销工作中最重要的是沟通，因此酒吧首先要向顾客传递正确的信息。那么，正确的信息确定下来后，如何向顾客传递呢？应该选择什么媒介呢？在确定了传递"什么"以及"如何"传递信息后，下一步就是制定行动计划，即"什么时候"去传递。当然，解决这些问题的关键是预算。酒吧或许有足够的时间来解决"什么"、"如何"以及"什么时候"这些问题，但若"没有足够资金"，也无法将计划付诸实施。因此，在每一个环节都必须充分考虑到预算问题。如果早期就把资金花光了，等到后期和持续性的促销时已无钱可花，那将是一件非常令人尴尬和遗憾的事。

促销的方式多种多样，其中包括广告、公共关系和直销等，至于具体采取哪种方式，应根据酒吧和市场的具体情况而定。

5. 媒介和材料

把信息传递给目标人群的最好方法是什么？大致来说有四种：印刷品广告；直接邮寄；电话营销；电子营销。

决定选用哪种材料或媒介来促销并非易事。要想接触到最广泛的受众，仅用一种媒介很难达到效果。

印刷品广告必须简明扼要、条理清楚。应该有酒吧标识、图片、电话、传真、电子邮件和网址等联系方式。印刷品广告必须能够吸引和保持人们的注意力。印刷品广告是一种很好的广告方法，它具有持续时间长的特点，但是价格也不菲。为解决这个问题，你不妨试试与行业报纸杂志联系，看看他们是否愿意和你做个交易。你给他们举办的酒吧活动提供一些特殊的优惠，作为回报，他们给你的广告提供折扣或免费让你在他们的杂志上打广告。

第二种方法是直接邮寄。印刷品广告的内容有时会受到篇幅限制，而直接邮寄可以传递你想传送的任何信息。当然，信息同样要做到简明扼要。虽然从某种程度上说，直接邮寄可以传送任何信息，但是仍然要考虑印刷和邮资费用。直接邮寄需要准备一个邮寄名单，邮寄名单必须做到是最新的，而且地址必须准确无误。邮寄名单可以从产业协会或其他地方买到。由于直接邮寄的花费并不昂贵，因此在向名单上所有人寄信前，你不妨作些试投，测试一下反应程度。

印刷品广告和直接邮寄都是被动的方法。印刷品广告登出后只有在潜在顾客看到时才有可能起作用；直接邮寄也要在潜在顾客打开阅读时才能起作用。

电子营销是近年来比较流行的一种方法，但很可能成为极具吸引力并被广泛采用的方法之一。电子营销可以节约很多开支。印刷品广告还是需要做一些的，但更多地可以采用给潜在顾客发送电子邮件的方法。电子营销可以直接发电子邮件，也可以在电子邮件中提供相关信息的链接。当然，仍然可以采用直接邮寄，但电子邮件可以节约下不少印刷和邮寄费用。尽管电子营销不能取代电话营销的语音互动联系，但至少电子邮件可以起到提醒作用。电子邮件唯一的缺点是垃圾邮件问题。

由于现在很多互联网运营商为用户提供辨别垃圾邮件服务，所以，当你使用电子营销方式给一个群组发送相同邮件时，必须要确定所发送信息不被当作垃圾邮件处理。

以上探讨了信息传送的各种方法，下面再看一下传送信息使用的材料。传送信息使用什么材料？是明信片、广告单、小册子、信件还是网站？综合一下又会怎么样？

通常，作为一种注意力吸引物或者一种提醒物，明信片一般在开始和接近结束时使用。明信片的制作和邮寄都不太贵，但不足之处是篇幅有限。广告单和小册子的好处是两面都可以印东西。酒吧还可以把广告单和小册子设计成部分可以折叠的样子，在上面直接写上地址邮寄，这样便节省下了信封和邮资。仔细计算一下，效果明显提高了。明信片或广告单还要注意颜色的使用，要能吸引人的注意力。同样，信纸也必须使用高质量的纸张。如果你有一份很好的名单而且名单上的人成为潜在顾客的概率很高，你还可以考虑多花点钱，做一个印有酒吧标识的文件夹，把所有关于产品和服务的信息放在里面。邮寄这些文件夹工作量不小。可以请专门的邮寄公司来做这项工作，酒吧需把所有材料交给它，然后由他们进行整理装袋，并按时邮寄。有些印刷公司也会兼营这项业务，而且价格合理。

尽管有人认为网站不属于材料，但越来越多的机构还是使用网站来促销产品和服务。你可以通过网站把酒吧的产品、服务以及特色介绍给潜在顾客。每当需要更新相关信息时，你只需把它们放进网站，然后给潜在顾客发送一封电子邮件通知更新即可。目前，市场上已经有许多软件可以自动完成通知和更新。另外，酒吧还可以把过去和现在承办过的酒吧活动的情况和照片放在网站上，这样顾客可以清楚地了解活动的具体情况，做出适当的选择。

网上营销不仅节约钱，而且节约时间。另外，由于不再使用纸张印刷，电子营销也被称为绿色营销。

众所周知，明信片、广告单、小册子和文件夹都需要印刷，而目前的印刷费用还是很高的，所以应该想方设法降低印刷费用。降低印刷费用的方法很多，首先可以采用招标办法。至少找出 3 家竞标者，比较各自的报价，然后评估竞价。并非最便宜的报价就是最好的。要注意交货周期和纸张质量。另外，印刷商很懂行吗？他们能在指定的时间寄出材料吗？如果你的设计不是太复杂，印刷费用应该便宜一些。你可以提供一张照相原版，印刷商只需负责复印和装订就行了，这样印刷费用就自然降低了。印刷过程和装订类型也影响价格。例如，螺旋装订和无线装订在价格上就存在不小的差别。

招标工作结束、印刷工作开始后，要注意保持与印刷商的沟通。如果你送去的是照相原版，说明你已经完成编辑和校正。如果没有，印刷商会送给你一份清样。这个环节很重要，你只能做一些小的改动，否则印刷费用就会增加。改动时，要使用标准的校正符号，这样印刷商才能准确地知道你需要怎样更改和更改什么。

三、营销周期

在了解了一些基本术语和专业词汇后，下面来讨论营销周期。营销周期首先从认识顾客需求开始；其次是创造一种产品或服务去满足这种需求；再次是激发和保持顾客的兴趣；最后是绩效评估。

下面就营销周期在酒吧服务业中的运行情况作详细阐述。不过，在此需要强调的是，营销不只是某个人或某个部门的工作，在一个机构中，每一个个体或部门都会在某些地方以某种形式成为营销周期的参与者。只有整个机构中的个人和部门共同努力才能促使营销工作取得成功，实现既定的目标。

1. 认识顾客的需求

顾客的需求由人口统计特征和社会的发展趋势而决定。对这些趋势的正确认识和适当把握可以扩大酒吧的营销机会。目前，促进酒吧服务业发展和增长的一些重要趋势包括：可支配收入的增加并呈向上增长趋势；人口的青年化趋势；零售酒水价格的普遍提高。

以上这些发展趋势影响和促进了人们对酒水产品的需求，从而最终创造了对酒吧的需求趋势。

2. 创造产品或服务

对顾客需求的认识为创造新的酒吧产品或服务提供了机会。酒吧通过客户调查、小组讨论及活动评估表，再结合国内和地方的发展趋势将会创造出不同的产品和服务组合。不过，在对顾客的需求做出回应之前，酒吧必须首先考虑这样一个问题：新产品或新服务是否将产生足够的销售量来抵消支持性材料和广告性材料的购买并创造利润？是否能够抵消用于新产品和新服务的研究开发以及试验等的时间和人工成本并创造利润？

一些酒吧在没有认真计算时间和资源的投资回报率之前往往会对一个很有吸引力的产品创意做出一些冲动性的回应和投资。这对那些时间和资金都有限的小型酒吧来说，其代价将是极其高昂的。

3. 激发和维持顾客的兴趣

这一环节通常被认为是营销的主体，或是营销这一概念的另一种体现形式。不过，需要指出的是，它只是营销过程的一部分而不是全部。

顾客对于酒吧的兴趣可以通过广告和店内促销的方式来进行开发。由于服务的顾客类型跨度很广，所以酒吧需要运用多种促销工具。在饭店和会议设施内可以通过张贴海报的形式来宣传新产品或新服务。给顾客直接邮寄宣传册或业务通信来宣传特色产品和促销产品也是一种有效的营销手段。另外，应用网络技术，如互动式网站和电子邮件，也是联络新老顾客的极好方法。

4. 绩效评估

营销不仅包括销售，它还包括许多其他因素，如调研、行动战略、广告、宣传、促销以及衡量营销方案成效的方法和手段。营销主要解决的是顾客需要什么，而不是酒吧要销售什么。所以，营销涉及市场分析、计划和控制多个方面。它将重点放在长期趋势上，放在如何将问题和机遇转化为新产品、新市场和制定长期增长战略上。营销也与利润计划有关，如对各个不同细分市场的业务进行恰当地组合。

总而言之，营销关注的是对趋势的研究和对成功的销售技巧和工作的开发。成功的销售依靠的是有效的营销战略，而营销战略的发展只有靠关注市场变量——主要是环境（不可控制的或外部的变量）——和酒吧内部的（营销组合）可控制的变量。

酒吧活动的成功与否是由顾客的反应来衡量的。参加过酒吧承办的酒吧活动的顾客所表现出来的兴趣是成功的一个标志。另一个成功的标志是，一些单位形成客户忠诚，把以后的酒吧活动都交给该酒吧承办。财务上的成功可以直接通过对促销活动之后一段时间的销售额来衡量。

5. 衡量顾客的满意程度

一个酒吧的成功与否还取决于管理层衡量其获利能力和顾客满意程度的能力。获利能力是衡量酒吧业务经营是否成功的标准，顾客的反馈则是衡量其质量水平的精确标准。然而，对于由不同客人参加的酒吧活动来说，顾客的满意程度是很难评估的。

预订酒吧活动的顾客应该是信息反馈的主要来源。我们知道，满意程度是指人们通过比较产品的实际效用（或结果）与自己的预期期望而得出的满足感或失望感。酒吧正是试图通过衡量顾客的满意程度来了解之间的差距并把结果运用于管理服务的质量，下面介绍几种常用的衡量方法：

（1）"刺探情报"法。这是一种完全合法的获取竞争对手情报的方法。它指的是酒吧从那些参加过其他酒吧举办的酒吧活动的人那里搜集信息并加以研究整理的行为。当然，这也可以通过派遣一些值得信任的"间谍"来完成。换句话说，即安排某个熟人——朋友、亲戚，甚至是酒吧的雇员——去参加竞争对手承办的各种酒吧活动。通过这种方法，酒吧可以了解竞争对手正在采取什么方法来提高产品和服务的质量。

（2）内部"间谍"法（或称"魔鬼顾客"法）。这是一种在酒吧内部进行的行为，过程非常简单，它指的是酒吧雇用一位本酒吧员工不认识的人来使用酒吧提供的产品和服务，安排这样一个人来参加本酒吧承办的酒吧活动应该不成问题。在活动结束后，让他详细地阐述自己的评价和意见，指出喜欢和不喜欢的地方。管理人员应该鼓励他坦率而精确地提出批评意见。在这一过程结束后，酒吧应根据反馈意见制定出合理的改进和行动计划，否则，这一行为将毫无意义。

（3）顾客参与法。从顾客和员工那里获取反馈和建议是酒吧最为惯常使用的方法，也是历史最为悠久的一种传统做法。顾客和员工对这一做法的重视程度是和酒吧及其管理层对这一系统的重视程度成正比的。只有当顾客和员工的反馈和建议被合理地采纳，他们本身也看到和感受到了由此带来的变化后，形成衡量满意的标准。

（4）危机处理法。作为一家酒吧，必须拥有一套应对和处理顾客不满和投诉的规定和政策。所有与顾客有直接接触的员工都应接受相关的培训，并掌握有关如何与生气或愤怒的顾客打交道以及妥善解决问题的技巧。我们在上文曾提到过折扣和折让，其中折让就是一种处理顾客不满或投诉的技巧。一般来说，出现折让肯定是产生了一些问题或争端。

作为酒吧，在制定有关应对和处理顾客不满或投诉的规定时，要注意以下几点：首先，处理方法本身要起到能够吸取教训并减少未来错误发生率的作用；其次，要明白在酒吧服务这个充满变数的行业里，不管你如何小心谨慎，错误都是在所难免的。因此，处理不满和投诉的规定或方法要切合实际，其中的关键是如何解决顾客所面临的问题，确保他们能高兴而来，满意而归。

不过，有些时候，酒吧确实无法满足顾客真正的需求，但是也应该尽力缓和紧张的局面，力图化解冲突。例如，某位客人在宴会上遗失了一件昂贵的饰品，她非常生气，向酒吧的相关人员表达了不满和投诉的意见。面对这一情况，酒吧不应一推了之，而应该尽量安慰客人，表示将尽一切可能寻找和归还饰品。在这种情况下，虽然客人并没有得到自己想要的结果，但她至少会认为酒吧的态度是诚恳的，能够急顾客所急，想顾客所想。

第二节　酒吧营销计划

酒吧想要赢得市场很大一部分要靠营销策划，但营销策划的实现也依靠营销计划，良好的营销计划是营销策划成功的基础。因此，酒吧营销计划的制定作为日常例行性的工作进行考核是十分必要的。

一、营销计划的概念

什么是计划？计划就是在现在决定将来要干什么。它既包含对预期前景的判断，同时还包含实现这一前景的必要步骤，它是酒吧把资源和目标及机会进行合理配置的过程。

所有酒吧或公司都会制定一些计划。年度预算是一种计划；来年的广告项目（媒体、主题、每月开销）是一种计划；新的资金投入和金融借贷也是一种计划。酒吧每年都要策划一个适用于未来五年的战略计划。战略计划每年都要进行更新，其中一部分的更新缘于营销计划的变动。

营销计划也是每年制定一次，但是其时间跨度仅至未来一年。营销计划还包括定期的进展程度回顾，通常按季度进行。

营销计划和战略计划按年度制定的原因是为了适应当前飞速发展的市场变化，同时又着重未来的长远发展。虽然通常来说，所有酒吧都是遵从会计学中的"持续经营"原则来经营的，但对酒吧来说，它的典型战略计划周期通常为五年。

营销计划促使酒吧的管理人员具有前瞻性和更好地利用酒吧的资源，它一方面明确了责任，另一方面又协调和集中了各方面的力量来共同为实现酒吧的销售目标而努力。营销计划还有助于衡量营销和销售的业绩与效果。营销计划不仅使酒吧意识到自己所面临的问题和障碍，同时还可以识别出在某些细分市场增加市场份额的机会，并且在先前忽略的市场开拓新领域。总之，营销计划可以为现在和未来提供信息的来源，确保促销和广告不至于因误导而造成浪费。

与解决问题以及做出决定的过程相似，营销就是确立一系列的目的和目标，然后制定一个计划来满足目标群体的需求。营销计划就是把这些想法归结成一个条理清晰的方式来实现预期的结果。酒吧（店内或店外）的营销计划和会展机构的营销计划非常类似，都是由以下五个部分组成：确立目的和目标；调查目标市场；分析竞争和环境；发展4P（价格、地点、产品和促销）；评估和衡量结果。

二、注意事项

酒吧在制定营销计划时，必须时刻牢记以下几个方面：

（1）营销计划必须落实到书面上。书面的营销计划是现在和未来工作的有效参考。对现在来说，它可以衡量工作的进展程度，即从开始到现在到底前进了多少；对未来来说，它有助于把实际业绩与计划预期进行比较，以便调整和完善营销的目标。营销计划的目的和目标通常是最容易确定的。通过对营销组合的讨论，酒吧可以挑选出一些东西作为营销计划的目标。

（2）确保目标的执行力。在目标市场和细分市场被确定后，酒吧还需制定相应的细分市场的目标。这一过程可能冗长而烦琐，但却物有所值，很有意义。

（3）营销计划必须简明易懂。对于目标要达到的具体形式和表现水平要给予清楚的陈述，不能模棱两可。对于有疑问的地方，应尽早提供清楚的解释和说明，并随即把这些解释和说明也落实到书面上。

（4）目标可达性。不要好高骛远，制定高不可攀的目标，否则，目标将失去存在的意义。要本着务实的精神，确保制定的目标是切实可行的。要做到这一点，方法之一就是在对未来进行预测时要坚持以市场发展趋势和其他的统计工具为基础。

（5）目标应具有可衡量性。如果连离预期目标还有多远都无法衡量的话，那么这样的目标还有什么用呢？

（6）目标应具备时效性。也就是说，要有时间限制或范围，在规定的时间范围内，目标必须实现。这样的话，目标就可以被划分为若干个时间单位，具备了某种可衡量性，酒吧因此可以对营销计划进行定期的衡量和评估。

（7）目标要注意量化。例如，在某一时间范围内，销售量或销售收入应达到多少。

（8）目标要有价值。如果开发新细分市场的目标会造成现有市场亏损，那么这个目标就毫无意义。

（9）目标要考虑市场份额，要让酒吧能够把目标瞄准那些能给酒吧带来利润的大市场，换句话说，这也意味着酒吧应关注现有市场的较大份额，而不应盲目地从全新（很可能利润微薄）的细分市场中抢占生意。

三、营销计划的典型格式

一个典型的营销计划应包含以下几项内容：实施纲要和内容目录；目前的市场状况；机会与问题分析；营销目标；营销战略；行动方案；利润和亏损预测；控制。

四、评估营销计划

评估营销计划是否有效，需要一个有效的评估方法。营销计划及其营销目标必须具备可衡量性。营销计划衡量得越仔细，对未来活动的计划也就越容易。除公共关系、销售促销这类活动由于需要较长时间才能看到效果而一时难以衡量其成本效益之外，对于常规的行动计划和具体的促销活动一定要建立一个评估监测体系。

评估营销计划的方法通常包括但不仅限于以下几种：对每个细分市场的数据和表现进行记录；对数据进行比较，尤其是对像广告和促销这样具体的营销活动在实施前后的数据进行比较；调查和分析邮政编码数据，确定哪种媒体是当地最有效的广告载体；追踪销售人员寻找潜在顾客和完成销售量的情况，并与目标进行比较；跟踪记录每个销售人员的销售率；评估内部的商品推广活动；记录直接邮寄和电话访问的反馈情况，了解每个销售人员的表现；运用专业的反馈技巧，例如使用特殊的电话号码或接受过培训的人员向特定的顾客了解反馈意见。这些技巧有助于跟踪了解印刷品广告和广播型广告的效果。

营销计划中不可缺少的部分就是控制和周期性评估，否则，整个计划就毫无意义可言。另外，不能够达到底线水平的营销计划应该进行重新审查，必要时应予以更换。

第三节 酒吧品牌营销战略

品牌是指用名称、术语、标记符号、设计或是它们的组合运用，来识别某项产品或服务，并使之与竞争对手的产品或服务区别开来的商业名称及其标志。它包括品牌名称和品牌标志两个部分。品牌标志是指品牌中可以被认出、易于记忆但不能用言语称呼的部分，通常由图案、符号或特殊颜色等构成。品牌的实质代表着卖者交付给买者的产品特征、利益和服务的一贯性承诺。可以说，品牌就是质量的保证，知名品牌代表着市场和消费者的广泛认可，品牌最持久的特性是价值、文化和个性。实行品牌营销管理就是要为酒吧在各自的目标群体中间营造一种强大的感情上的吸引力，创造一种对酒吧友善和一种按捺不住要去消费的冲动。

一、酒吧品牌化定位

酒吧品牌化主要是指构筑酒吧品牌总体理念。酒吧品牌理念将酒吧整体综合形象概括地表现出来，呈现在消费者面前，使消费者对酒吧总体风格产生清晰、明确的印象，由此，引导消费者在酒吧消费中对酒吧环境与服务深度感知和参与，从而对酒吧产生识别需求和情感需求，增加停留时间、消费程度和忠诚度。如表 5-1 所示。

表 5-1 消费者类型与需求方式比较

消费者需求类型	满足需求的方式
1. 功能性需求	创造产品和价值
2. 识别（象征）需求	创造品牌价值
3. 情感需求	创造品牌价值

在日益激烈的竞争环境下，酒吧要使自身产品得到消费者的广泛认同，增加顾客光顾的频率，同时又能有效避免同行的恶性竞争，就必须为酒吧自身进行恰当的形象定位。

酒吧品牌形象的制约因素分别是经济发展水平、文化背景、区位条件、市场定位。

经济发展水平是酒吧形象定位的基础，任何酒吧的经营都要以当地经济收入的整体水平作为参考，消费者收入水平的高低决定酒吧设计是为高端形象、中端形象还是低端形象。

文化背景是指当地主体人群长期的文化积淀，是价值取向、思维模式、心理结构的总和。通常一个城市的文化会淋漓尽致地体现在酒吧文化中，例如北京是全国文化艺术的交流中心，酒吧的形象呈现多元化特征，北京三里屯酒吧聚集各国年轻人，形象定位为异域文化风情；什刹海酒吧形象定位为闹中取静，强调文化韵味；北京四环外大山子艺术区酒吧以艺术和美食而著名。

区位条件主要是指酒吧的可进行性，指消费者与酒吧之间的空间距离，酒吧地段较远会增加消费者的时间成本，使得路途较远的酒吧失去了部分市场。因此，区位条件不佳的酒吧，更需要利用独特的品牌定位来吸引顾客。

酒吧定位也必然依据这几个条件进行，最终科学有效地细分市场，得到市场相关消费群体认可，而产品特色定位在某种程度上至关重要，它较为深刻影响酒吧形象定位。

二、酒吧品牌 CIS 识别系统构建

酒吧品牌系统战略由三大要素组成，即理念识别系统（MI）、视觉识别系统（VI）和行为识别系统（BI）。

1. 理念识别系统（MI）

理念识别系统（MI）属于思想文化意识层面，经营要由内向外扩散，经由这种内蕴动力的执行，达成对酒吧认知识别的目的，塑造出酒吧独具特色的品牌形象，在设计层面上的内容包括：①酒吧文化，以价值观念、经营管理哲学为核心的思维方式和行为规范的总和，包括酒吧文化的目标、信息、理想、作风、风格、职业意识、礼仪与行为规范；②经营理念；③经营信条；④经营精神；⑤座右铭；⑥店歌；⑦店旗；⑧总经理致辞等。

2. 视觉识别系统（VI）

视觉识别系统是从视觉的角度对品牌进行包装，具体有代表品牌形象的 LO-GO、宣传海报、展板、宣传片、宣传册等。视觉识别系统设计应围绕品牌的主题定位进行，将品牌内涵的视觉化形象以造型、颜色、字体变形等手法表现出来。科学研究表明，人们在接受外界信息时，眼睛接收的信息占全部信息的85%，酒吧必须通过某种方式，把抽象的理念予以形象化、视觉化，即把抽象的理念化为图形、声音，制作成标识，让顾客看过之后能过目不忘，产生意念沟通的效果。

酒吧视觉识别的主要内容包括：①酒吧标志。如酒吧徽章、酒吧标志性外形，图案及色彩。酒吧标志设计必须能组合成代表自身的特有形象。②酒吧装饰。酒吧装饰要与酒吧设计的文化内涵相一致，最大程度展现自身特色和风格。③广告展示。酒吧户外广告、标识的设计、布置应做到系统化、统一化。④制服。酒吧每一个服务于游客的员工的制服要统一，与酒吧风格契合。

3. 行为识别系统（BI）

行为识别设计是在理念识别的指导下进行的动态识别模式，它力图做到使与酒吧形象有关的一切行为都与理念识别保持高度一致。

酒吧行为识别因素可分为对内对外两个方面。酒吧对内方面包括：①管理层教育。②员工教育、服务态度、电话礼貌、迎接技巧、服务水平、精神状态。③生活福利。④工作环境。⑤生产设备。⑥维修保养。⑦环境保护。⑧研究发展。对外方面包括：①市场调查。②产品开发。③公共关系。④促销活动。⑤销售与流通。⑥代理商与金融及资金市场对策。⑦社会公益性与文化性活动。

三、酒吧品牌传播策略

随着消费者消费意识的增强，对消费者屡屡见效的销售手段会出现边际效应递减。再加上资讯泛滥，传播成本增加，传播效果下降，那种"广告一响，黄金万两"的好事逐渐成为历史，品牌理性凸显出来。因此，仅仅使用传统的 4P 理论是不够的，针对市场供应产品趋于雷同，唐·E.舒尔茨教授提出新的 4C 理论，即把消费者的需求（Consumer wants and needs）放在首位，放在市场活动的起点，这样围绕着消费者，对消费者的接受成本（Cost）、购买的便利性（Convenience）、沟通（Communication）进行重点关注。基于这个理论，整合营销传播（Integrated Marketing Communication）应运而生。它以消费者为核心，重组企业行为和市场行为，综合协调地使用各种传播方式，如广告、促销、公关、新闻、直销 CI、包装、产品开发，进行一元化的整合重组，以统一的目标和统一的传播形象，传递一致的信息，实现与消费者的双向沟通，迅速建立起企业在消费者心目中的形象，建立企业与消费者长期的密切关系，更有效地达到产品传播和产品营销的双重目的。因此，在酒吧营销宣传推广中，应选择成本低、效益大的体验传播方式，媒介的选择既要考虑传播效率，取得最佳效果，又要有效控制传播成本，获得最佳的投入效益。在制定促销计划时，要重视周密的市场调查工作，调查媒体的有效传播受众，调查促销的传播效果，在不同阶段采用不同的体验营销模式。

1. 主题营销活动

通过节庆产品的设计，在短时间内将高质量的体验产品围绕某一主题组织起来，集中大量传媒进行传播报道，迅速提升酒吧的知名度和美誉度，营造浓厚的体验氛围。例如圣诞营销活动、DIY 自助调酒活动、世界杯竞猜营销活动等。

2. 公共关系

通过举办一些有影响力的活动和游览来建立与公众的良好关系，从而提高酒吧知名度与信誉，包括公益活动、招待活动、新闻发布活动等，这种活动是更为实际和有效的。具体可考虑组织以下活动：调酒选拔赛、公益爱心募捐助演等。另外也可以与其他酒吧合作，举办酒吧协会年度庆典等。

3. 广告策划

广告策划最为常见的宣传形式主要包括电视、广播、报纸、杂志四种，可以各取所长，针对目标市场来进行取舍，必要时可实行其他一些辅助手段。在酒吧形象推广的导入阶段，广告目标以告知为主，以触发消费者的体验需求；在成长阶段，广告目标变为劝导型，极力宣传对消费者有意义的重要卖点，说服消费者入店消费，同时抵御竞争者的竞争；在成熟阶段，广告目标为提醒型，促使消费者产生实际体验行为，并刺激老顾客产生重复体验消费的欲望。

4. 销售促进

在特定的时间与空间内，通过采取一系列的促销措施和手段，对市场进行刺激与激励，以实现立即消费。给顾客赠送纪念品、宣传品、画册、实物礼品，提供折扣优惠、抽奖等各种方式。酒吧批量折扣、佣金折扣、特许经销等，与各中介机构合作，比如通过与美团网、114咨询台等合作，招徕顾客到酒吧消费，使他们了解产品，并联合进行市场推广。

思考题：

1. 你如何理解"销售"和"营销"的异同？你认为营销对酒吧的经营重要吗？请阐述自己的理由。

2. 请结合所学习的知识，编制一份酒吧营销策划方案。

第六章　酒吧服务

本章导读：了解酒吧服务的概念与特点，酒吧服务的内容分类；掌握酒吧的服务程序标准化，并理解酒吧服务标准化的意义与价值；掌握酒吧服务中的关键技巧；了解宴会中如何进行酒水服务。

第一节　酒吧服务概述

酒吧是消费者放松、休闲的场所，酒吧的意义和价值来源于服务，优质的服务能大大提高顾客的认知度，并最终产生忠诚感。

一、酒吧服务的概念和特点

酒吧服务是指在酒吧经营区域，服务人员在与顾客接触时，在满足顾客需求的互动过程中产生的结果。酒吧服务有三个特点：

第一，酒吧服务是满足顾客需求的结果。酒吧服务的目的，就是满足顾客的要求；顾客是否满意是评价服务目的能否实现的根本标准。

第二，酒吧服务是互动活动的结果。酒吧服务人员在与顾客接触过程中，最终让这种互动活动达到协调一致，酒吧服务的期望目标才能得以实现。

第三，酒吧服务是接触得到的结果。酒吧服务不仅仅是满足顾客的需求，而且是让顾客体验一种享受的过程，这种无形产品区别于有形的产品。

酒吧服务包含标准化服务、技巧性服务、个性化服务等内容，优质的酒吧服务不仅要了解酒水需求的变化以及酒吧顾客的消费心理，而且要求酒吧服务人员在营销时有全员营销意识，明白"100-1=0"的服务理念，即服务的某个过程、环节没有达到标准要求，就会影响顾客对酒吧服务的整体印象和态度。

优质的酒吧服务简单归为以下 10 点：微笑多一点、问好勤一点、脾气小一点、做事多一点、脑筋活一点、行动快一点、效率高一点、嘴巴甜一点、理由少一点、肚量大一点。

二、酒吧服务内容

酒吧服务内容大致如下：

1. 礼仪礼貌

礼仪表示在大型的、重大的场合，对客人表示重视、尊重的一种仪式，这种重视首先表现在酒吧服务人员的打扮干净、卫生、服装得体，仪表规范；其次在言谈举止上，仪态优雅，动作优美，表情丰富，语言表达条理清晰、声音悦耳。礼貌是指在交际过程中表现对顾客的敬意、得体的行为表达方式。礼貌主要体现在语言的表达上，例如礼貌基本用语十字诀："请、您好、谢谢、对不起、再见"；总之礼仪礼貌可以用服务的三轻来表示，即说话轻、走路轻、做事轻。

2. 服务态度

服务态度，是指服务人员对顾客，也就是服务对象的心理倾向。酒吧服务人员在服务顾客时，选择是以自己为中心，还是以顾客为中心，把服务看作是一种生活手段，还是一种相互真诚的交流方式等；这些不同的理解方式，会带来不同的态度表现，引发不同的服务行为，产生不同的服务效果。正确的服务态度，来源于酒吧服务人员对顾客的真诚，即像对待自己家人一样对待来酒吧的客人，并通过关心、友善提供温馨的服务；积极地维护客人的利益，能站在客人的立场上换位思考。

3. 服务效率

服务效率是指酒吧服务人员向顾客提供某项服务时顾客所接受等待的时间限制。节省时间，掌握服务的节奏，有利于提高服务的效率，在酒吧服务中要提高效率在于"四勤"，即"眼勤、嘴勤、手勤、脚勤"。酒吧顾客所点酒水能否及时到达，调酒师能否在标准的时间为顾客提供调制饮料。这些都会影响酒吧在顾客中的满意形象，有效量化酒吧的程序服务时间，可以使无形服务有形化，更快更好地服务于顾客。

4. 服务技能

服务技能是指在服务顾客时需要用到的技能。服务技能包括业务技能和沟通技能，业务技能即从事酒吧工作所需要的专业技能，比如酒吧迎宾的问候技能、端茶送水的方式、操作酒吧音响、水果拼盘的制作、鸡尾酒的调制等都属于一种服务操作的能力；沟通技能是指服务人员能否与顾客有效沟通的技能。比如，服务人员能否把思想内容准确表达清楚，是否会用巧妙的语言方法来引导顾客的反应，是否善于利用观察和倾听来把握顾客的需求、表达对顾客的尊重等。

有效沟通有六种技巧，即"看、问、听、答、说、演"。"看"指用敏锐的目光获取客人的需求，通过观察顾客的着装打扮、年龄身份、气质心情选择主动沟通的方式；同时眼睛也能传达信息，与顾客沟通时看着顾客的鼻尖表示尊重，看着顾客的嘴表示服从，这些都能获得积极的反馈。"问"指沟通中相互的提问与回答，通过热情的提问，可以让顾客与你沟通，建立正常的沟通关系。在沟通过程中我们可以选择开放式提问，例如"什么"、"怎样"、"如何"等；也可以选择封闭式提问，例如"谁"、"何时"、"在哪里"、"是不是"。"听"是指善于倾听，令讲话的顾客感到满足，并会对你产生好感。"答"就是对顾客的提问、表达等做出回应。既能增加顾客知识，表示服务人员对顾客的重视和尊重，又能展现服务人员的专业技能和服务态度。"说"是指能站在顾客的立场上沟通，说的内容要明确、条理清晰；"演"一是指为顾客演示使用商品的方法，或是为顾客表演各种节目，二是指让顾客亲自品尝或是参与到节目的互动中来。

第二节　酒吧的服务标准化程序

酒吧的服务程序标准化，目的在于建立良好的服务秩序，有效提升酒吧的服务效率，提高酒吧的服务质量和档次，降低偏差事故发生的可能性。

酒吧日常的服务包括三大内容：一是酒吧营业前工作准备；二是酒吧经营运作；三是酒吧营业结束整理。

一、营业前的准备工作

营业前工作准备俗称为"开吧"。主要有酒吧内清洁工作、领货、酒水补充、酒吧摆设和调酒准备等工作。

1. 酒吧内清洁工作

酒吧内的清洁是非常必要的，酒吧的清洁不仅是卫生标准条例的要求，而且避免因为污染造成客户纠纷。总之，清洁的酒吧更容易获得顾客的信任。

（1）酒吧台与工作台的清洁。酒吧台通常是由大理石及硬木制成，当酒水洒在吧台光滑表面就会形成点块状污迹，甚至产生硬结。清洁吧台首先用湿毛巾擦干，再用清洁剂喷涂于吧台表面再用毛巾擦抹，直至污迹完全消失为止。清洁后在吧台喷上蜡光剂保持吧台光滑整洁。工作台是不锈钢材料，表面可直接用清洁剂或肥皂粉擦洗，清洁后用干毛巾擦干即可。

（2）冰箱清洁。冰箱内常由于堆放罐装饮料和食物使底部形成灰尘，网隔层也会由于果汁和食物的滴漏粘上滴状污痕，因此每隔半星期必须对冰箱进行一次清洁。可先用湿布和清洁剂擦洗干净污迹，再用清水抹干净。

（3）地面清洁。酒吧柜台内地面多用大理石或瓷砖铺砌。每日要多次用拖布擦洗地面。

（4）酒瓶与罐装饮料表面清洁。瓶装酒在散卖或调酒时，瓶上残留下的酒液会使酒瓶变得黏滑，特别是餐后甜酒，由于酒中含糖多，残留酒液会在瓶口结成硬颗粒状；瓶装或罐装的汽水啤酒饮料则由于长途运输仓贮而表面积满灰尘，要用湿毛巾每日将瓶装酒及罐装饮料的表面擦干净以符合食品卫生标准。

（5）杯、工具清洁。酒杯与工具的清洁与消毒要按照卫生法规定流程操作，对于没有使用过的酒杯每天也必须重新消毒。

2. 领货工作

酒吧领货主要是领取常用的消耗品，包括以下内容：

（1）领酒水。每天将酒吧所需领用的酒水数量填写酒水领货单，送酒吧经理签字，拿到食品仓库交保管员取酒发货。在领酒水时要清点数量以及核对名称，以免造成误差，领货后要在领货单上收货人一栏签名以便核实查对。

（2）领酒杯和瓷器。酒杯和瓷器容易损坏，领用和补充是日常要做的工作。需要领用酒杯和瓷器时，要按用量规格填写领货单，再拿到管事部仓库交保管员发货，领回酒吧后要先清洗消毒再使用。

（3）领杂类。杂类包括各种表格（酒水供应单、领货单、调拨单等）、笔、记录本等文化用品，棉织品等。一般每星期领用1~2次。领用百货时需填好百货领料单交酒吧经理、饮食部经理和成本会计签字后才能拿到百货仓库交仓管员发货。

3. 补充酒水

将领回来的酒水分类堆好，需要冷藏的如啤酒、果汁等放进冷柜。补充酒水一定要遵循"先进先出"的原则，即先领用的酒水先销售使用，先存放进冷柜中的酒水先卖给客人。以免因酒水存放过期而造成浪费。

4. 酒水记录

每个酒吧为便于进行成本检查以及防止失窃现象，需要设立一本酒水记录簿。酒水记录簿记录了酒吧每日的存货、领用酒水、售出数量、结存的具体数字。每个调酒员取出"酒水记录簿"就可一目了然地知道酒吧各种酒水的数量。值班的调酒员要准确地清点数目，记录在案，以便上级检查。

5. 酒吧摆设

酒吧摆设主要是瓶装酒的摆设和酒杯的摆设。摆设要有几个原则，一是美观大方，有吸引力、方便工作和专业性强，酒吧的气氛和吸引力往往集中在瓶装酒和酒杯的摆设上。摆设要体现酒吧给客人感觉是喝酒享受的地方。瓶装酒要分类摆，开胃酒、烈酒、餐后甜酒分开。二是价钱最贵的与便宜的分开摆，例如干邑白兰地，便宜的几十元钱一瓶，贵重的几千元钱一瓶，两种是不能并排陈列的。

同类酒瓶与瓶之间要有间隙，可放进合适的酒杯以增加气氛，使客人的感觉得到满足和享受。同时"酒吧专用"散卖酒与陈列酒要分开，散卖酒要放在工作台前伸手可及的位置以方便工作。不常用的酒放在酒架的高处，以减少从高处拿取酒的麻烦。酒杯可分悬挂与摆放两种，悬挂的酒杯主要是装饰酒吧气氛，一般不使用，因为拿取不方便，必要时，取下后要擦净再使用；摆放在工作台位置的酒杯要方便操作，加冰块的杯（柯林杯、平底杯）放在靠近冰桶的地方，不加冰块的酒杯放在其他空位，啤酒杯、鸡尾酒杯可放在冰柜冷冻。

二、酒吧营业工作程序

营业中工作程序包括酒水供应与结账程序、酒水调拨程序，调酒操作服务、待客服务等。

1. 酒水供应程序

（1）客人点酒水时，调酒员要耐心细致，对于客人询问酒水品种的质量产地和鸡尾酒的配方内容，调酒员要简单明了地介绍。对于咨询客人调酒员介绍品种时须先询问客人所喜欢的口味，再介绍品种。如果一张台有若干客人，务必对每一位客人点的酒水做出记号，以便正确地将客人点的酒水送上。

（2）调酒员或服务员开单。调酒员或服务员在填写酒水供应单时要重复客人所点的酒水名称、数目，避免出差错。酒水供应单一式三联，填写时要清楚地写上日期、经手人，酒水品种、数量、客人的特征或位置及客人所提的特别要求，填好后交收款员。

（3）收款员拿到供应单后须马上立账单，将第一联供应单与账单钉在一起，第二联盖章后交还调酒员，第三联由调酒员自己保存备查。

（4）调酒员凭经过收款员盖章后的第二联供应单才可配制酒水。若在操作过程中因不小心，调错或翻倒浪费的酒水需填写损耗单，列明项目、规格、数量后送交酒吧经理签字认可，再送成本会计处核实入账，配制好酒水后按服务标准送给客人。

2. 结账程序

客人要求买单时，调酒员或服务员要反应迅速，不能让客人久等。调酒员或服务员需仔细检查一遍酒水单，核对酒水数量品种有无纰漏，核对完后将账单拿给客人，经客人确认后，收取现金，然后交收款员结账，结账后将账单的副本和零钱交给客人。

3. 酒水调拨程序

在酒吧中经常会出现酒水售完空缺的情况，如若客人需要，即需要马上从别的酒吧调拨所需酒水品种。店内调拨发出酒水要填写一式三份的酒水调拨单，上面写明调拨酒水的数量、品种、从什么酒吧拨到什么酒吧，经手人与领取人签字后交酒吧经理签字。第一联送成本会计处，第二联由发酒水的酒吧保存备查，第三联由接受酒水的酒吧留底。

4. 酒杯的清洗与补充

在营业中要及时收集客人使用过的空杯，立即送清洗间清洗消毒。清洗消毒后的酒杯要马上取回酒吧以备用。在操作中，要有专人不停地运送、补充酒杯。

5. 清理台面处理垃圾

调酒员要注意经常清理台面，将酒吧台上客人用过的空杯、吸管、杯垫收下来。一次性使用的吸管、杯垫扔到垃圾桶中，空杯送去清洗，台面要经常用湿毛巾抹，不能留有脏水痕迹。要回收的空瓶放回酒框中，其他的空罐与垃圾要轻放进垃圾桶内，并及时送往垃圾间，以免时间过长产生异味。客人用的烟灰缸要经常更换，换下后要清洗干净，烟灰缸里的烟头超过两个即要及时更换。

6. 其他

营业中除调酒取物品外，调酒员要保持正立姿势，两腿分开站立。不准坐下或靠吧台。营业人员应主动与客人交谈、聊天以增进调酒员与客人间的友谊。要多留心观察装饰品是否用完，将近用完要及时地补充；酒杯是否干净够用，有时杯子洗不干净有污点，及时替换。

三、营业后的工作程序

营业后的工作程序包括清理酒吧、完成每日工作报告、清点酒水、检查火灾隐患、关闭电器开关等。

1. 清理酒吧

营业时间到点后要等客人全部离开后，才能动手收拾酒吧。先把脏的酒杯全部收起送清洗间，必须等清洗消毒后全部取回酒吧才算完成一天的任务，不能到处乱放。垃圾桶要送垃圾间倒空，清洗干净。把所有陈列的酒水小心取下放入柜中，散卖和调酒用过的酒要用湿毛巾把瓶口擦干净再放入柜中。水果装饰物要放回冰箱保存并用保鲜纸封好。凡是开了罐的汽水、啤酒和其他易拉罐饮料（果汁除外）要全部扔掉。酒水收拾好后，酒水存放柜要上锁，防止失窃。酒吧台、工作台、水池要清洗一遍。酒吧台、工作台用湿毛巾擦抹，水池用洗洁精洗净，单据表格夹好后放入柜中。

2. 每日工作报告

每日工作报告包括当日营业额、客人人数、平均消费、特别事件和客人投诉。每日工作报告主要供上级掌握各酒吧的营业详细状况和服务情况。

3. 清点酒水

把当天销售出去的酒水按第二联供应单数目及酒吧现存的酒水确实数字填写到酒水记录簿上。

4. 检查火警隐患

全面清理、清点工作完成后要将整个酒吧检查一遍，检查可能的火灾隐患，特别是掉落在地毯上的烟头。

5. 关闭电器开关

除冰箱外所有的电器开关都要关闭。包括照明、咖啡机、冰柜、电动搅拌机、空调和音箱。

6. 注意关门防盗

最后留意把所有的门窗锁好，再将当日的供应单（第二联）与工作报告、酒水调拨单送到酒吧经理处。通常酒水领料单由酒吧经理签字后可提前放置到食品仓库的领料单文件柜中。

第三节　酒吧服务的技巧

酒吧服务技巧指的是根据客人不同的要求提供个性化的服务。其本质是按照酒吧规范、礼貌要求、工作流程和标准随时随地为客人提供热情服务。

一、斟酒技巧

斟酒技巧包括检查、开瓶、示意、姿势、顺序、分量以及事后服务。

1. 检查

餐厅员工在为客人提供斟酒服务之前，要将酒瓶瓶身、瓶口擦干净，检查一下酒是否过期、变质，是否为客人所需要的酒，酒瓶有否破裂。

2. 开瓶

（1）餐厅员工在开瓶时，要用手将酒瓶持稳，瓶口朝上，用手握遮瓶口表示对客人的礼貌，开启中要避免酒从瓶口喷出溅到客人身上。

（2）开启酒瓶的声音要小，开启后的酒瓶盖不要乱扔，要统一收起来。酒瓶开启后，餐厅员工应用干净布擦拭瓶口。

3. 示意

（1）餐厅员工在为客人斟酒前，应先向客人示意一下酒的商标牌子，让客人确信这就是他所需要的那种酒。

（2）如果在斟酒之前，客人对此有不同的意见，餐厅员工应向客人征询，并礼貌地向客人提供服务。

4. 姿势

斟酒有两种姿势，一种是桌斟，另一种是捧斟。桌斟采用得较多。

（1）桌斟。餐厅员工斟酒时，左手将盘托稳，右手从托盘中取下客人所需要的酒类，将手放在酒瓶中下端的位置，食指略指向瓶口，与拇指约成60度，中指、无名指、小指基本上排在一起。斟酒时站在客人右后侧，既不可紧贴客人，也不可离客人太远。给每一位客人斟酒时都应站在客人的右后侧，而不能图省事，站在同一个地方左右开弓给多个客人同时斟酒。给客人斟酒时，不能将酒瓶正对着客人，或将手臂横越客人。斟酒过程中，瓶口不能碰到客人的杯口，保持1厘米距离为宜，同时也不拿起杯子给客人斟酒。每斟完一杯酒后，将握有瓶子的手顺时针旋转一个角度，与此同时收回酒瓶，这样可以使酒滴留在瓶口，不至于落在桌上，也可显得姿势优雅。给下一位客人继续倒酒时，要用干净布在酒瓶口再擦拭一下，然后再倒。

（2）捧斟。手握酒瓶的基本姿势与桌斟一样，所不同的是，捧斟是一手握酒瓶，一手将酒杯拿在手中，斟酒的动作应在台面以外的地方进行。

5. 顺序

一般的宴会斟酒顺序是从主人右边的第一位客人倒起，然后顺着逆时针方向逐个斟酒，主人的酒放在最后斟。

6. 分量

传统上中餐宴会要将酒斟满，表示全心全意。但随着西方文化的影响，传统的斟酒常识也在发生着变化。

（1）西餐中斟白酒时，一般不超过酒杯的3/4，这样可以使客人在浅尝一口之前能有机会端着酒杯闻赏一下酒的醇香。

（2）斟啤酒时，要顺着杯壁将酒缓缓倒下，避免一下子倒满，使白沫溢出酒杯，啤酒斟酒量宜80%酒、20%泡沫。

（3）斟红酒时，倒至杯的1/3或一半为宜，因为红酒杯一般都比较大，不宜一次斟满。

（4）斟香槟酒时，应分两次斟，第一次先斟上1/3杯，及至泡沫平息后，再将酒斟至2/3或3/4杯。调鸡尾酒时，使酒液入杯占3/4空间即可，以便于客人观赏或方便客人端拿。

（5）斟白兰地酒时，一般只斟到酒杯的1/8，即常说的"1P"。

（6）如果客人要求啤酒与汽水混合饮用，应先斟啤酒，然后再加入汽水。

7. 斟酒之后

酒瓶一般留在客人的席位上，大型宴会则放在酒台或工作台上。餐厅员工应精神饱满地站在客人附近，随时注意客人饮酒情况，等到酒快喝完时，可上前给客人再次斟酒。

二、一般酒水服务技巧

一般酒水服务技巧包括白葡萄酒服务、红葡萄酒服务、茅台酒服务、啤酒服务等。

1. 白葡萄酒的服务

白葡萄酒服务流程包括准备工作、展示、开启、服务、添加等。

（1）准备工作。客人订完酒后，立即去酒吧取酒，一般不应超过5分钟以免客人抱怨。具体操作如下：在冰桶中放入1/3冰块，再放入1/2冰桶的水后，放在冰桶架上，并配一条叠成8公分宽的条状口布；白葡萄酒取回后，放入冰桶中，商标朝上；在客人的水杯右侧摆放白葡萄酒杯，间距1厘米。

（2）白葡萄酒的展示。将准备好的冰桶架、冰桶、酒、口布条、一个小酱油碟一次拿到主人座位的右侧，将小酱油碟放在主人餐具的右侧；左手持口布，右手持葡萄酒，将酒瓶底部放在条状口布的中间部位，再将条状口布两端拉起至酒瓶商标以上部位，并使商标全部露出；右手持用口布包好的酒，用左手四个指尖轻托住酒瓶底部，送至主人面前，请主人看清酒的商标。

（3）白葡萄酒的开启。得到客人允许后，将酒放回冰桶中，左手扶住酒瓶，右手用开酒刀割开铅封，并用一块干净的口布将瓶口擦干净；将酒钻垂直钻入木塞，注意不要旋转酒瓶，待酒钻完全钻入木塞后，轻轻拔出木塞，木塞出瓶时不应有声音；将木塞放入小酱油碟中，放在主人白葡萄酒杯的右侧，间距1~2厘米。

（4）白葡萄酒的服务。服务员右手持用条状布包好的酒瓶，商标朝向客人，从主人右侧倒入主人杯中1/5的白葡萄酒，请主人品评酒质；主人认可后，按照先宾后主、女士优先的原则依次为客人倒酒，倒酒时站在客人的右侧，倒入杯中2/3即可；每倒完一杯酒要轻轻转动一下酒瓶，避免酒滴在桌布上；倒完酒后，把白葡萄酒放回冰桶，且商标向上。

（5）白葡萄酒的添加。随时为客人添加白葡萄酒；当整瓶酒将要倒完时，要询问主人是否再加一瓶，如主人不再加酒，即观察客人，待其喝完酒后，立即将空杯撤掉；如主人同意再加一瓶，服务程序与标准同上。

2. 红葡萄酒的服务

红葡萄酒服务流程包括准备工作、展示、开启、服务、添加等。红葡萄酒没有白葡萄酒冰冻的功能。

（1）准备工作。客人订完酒后，立即去酒吧取酒，不得超过5分钟；准备好红酒篮，将一块干净的口布铺在红酒篮中；将取回的葡萄酒放在酒篮中，商标向上；在客人的水杯右侧摆放红葡萄酒杯，如客人同时订白葡萄酒，酒杯按水杯、红酒杯、白酒杯的顺序摆放，间距1厘米。

（2）红葡萄酒的展示。服务员在展示红葡萄酒时，右手拿起装有红酒的酒篮，走到主人座位的右侧，另拿一小酱油碟放在主人餐具的右侧；服务员右手拿酒篮上端，左手轻托住酒篮的底部，呈45度倾斜，商标向上，请主人看清酒的商标。

（3）红葡萄酒的开启。开启红葡萄酒时，将红酒立于酒篮中，左手扶住酒瓶，右手用开酒刀割开铅封，并用一块干净的口布将瓶口擦净；将酒钻垂直钻入木塞，注意不要旋转酒瓶，待酒钻完全钻入木塞后，轻轻拔出木塞，木塞出瓶时不应有声音；将木塞放入小酱油碟中，放在主人红葡萄酒杯的右侧，间距1~2厘米。

（4）红葡萄酒的服务。服务员将打开的红葡萄酒放回酒篮，商标朝上，同时用右手拿起酒瓶，从主人右侧倒入主人杯中1/5红葡萄酒，请主人品评酒质；主人认可后，按照先宾后主、女士优先的原则依次为客人倒酒，倒酒时站在客人的右侧，倒入杯中3/5即可；每倒完一杯酒要轻轻转动一下酒瓶，避免酒滴在桌布上；倒完酒后，把酒瓶放在主人餐具的右侧，注意不能将瓶口对着客人。

（5）红葡萄酒的添加。随时为客人添加红葡萄酒；当整瓶酒将要倒完时，要询问主人是否再加一瓶，如主人不再加酒，即观察客人，待其喝完酒后，立即将空杯撤掉；如主人同意再加一瓶，服务程序与标准与上同。

3. 茅台酒的服务

茅台酒服务流程包括准备工作、展示、服务、添加等。

（1）准备工作。客人订完酒后，立即去酒吧取酒，不得超过5分钟；准备一块叠成12公分见方的干净口布；准备和客人人数相符的茅台杯，茅台杯须干净无损。

（2）茅台酒的展示。展示茅台酒时。左手掌心放叠成12公分见方的口布，将茅台酒瓶底放在口布上，右手扶住酒瓶上端，并呈45度倾斜，商标向上，为主人展示茅台酒。

（3）茅台酒的服务。征得客人同意后，在客人面前打开茅台酒；服务时，左手持方形口布，右手持茅台酒，按照先宾后主、女士优先的原则从客人右侧为客人倒酒；茅台酒倒至酒杯的4/5即可；倒完一杯时，轻轻转动瓶口，避免酒滴在台布上，再用左手中的口布擦一下瓶口。

（4）茅台酒的添加。随时为客人加酒；随时更换热水，以保持酒的温度；当酒将要倒完时，询问主人是否再加酒，如主人同意加，服务程序和标准同上；如主人不再加酒，服务员应观察客人，待其喝完酒后，将空杯撤掉。

4. 啤酒的服务

啤酒服务流程较为简单，包括准备工作、服务、添加等。

（1）推销及建议。熟练掌握各种啤酒知识，在客人订饮品时，介绍本餐厅提供的各国啤酒及其特点；为客人订单，并到酒吧取啤酒，不得超过5分钟。

（2）啤酒的服务。用托盘拿回啤酒及冰冻酒杯，依据先宾后主、女士优先的原则为客人服务啤酒；提供啤酒服务时，服务员站在客人右侧，左手托托盘，右手将冰冻啤酒杯放在客人的餐盘右上方，拿起客人所订啤酒，身体侧站，面对客人右侧，将啤酒轻轻倒入杯中，倒啤酒时应将啤酒瓶口抵在杯壁一侧上，使啤酒沿杯壁慢慢滑入杯中，以减少酒沫；倒酒时，酒瓶商标应面对客人；啤酒应倒10分满但啤酒不得溢出杯外；如瓶中啤酒未倒完，应把酒瓶商标面对客人，摆放在酒杯右侧，间距2厘米。

（3）啤酒的添加。为客人添加啤酒时应注意：首先，随时为客人添加啤酒；其次，当客人杯中啤酒仅剩1/3时，主动询问客人是否再需要添加一瓶啤酒；最后，及时将倒空的酒瓶撤下台面。

第四节　酒吧店外服务技巧
——以鸡尾酒会为例

部分酒吧可能根据顾客需要提供店外服务，下面主要介绍鸡尾酒招待会中的吧台服务生和酒水服务员工作。

一、吧台服务生工作

吧台服务生工作主要包括以下内容：

1. 准备工作

吧台服务生必须清楚吧台里所有物品的位置，而且物品的放置要易于拿放，只有这样才能行动迅速、工作卓有成效。为了保证吧台服务生清楚物品的位置，最好让他们自己布置吧台。当然，具体操作过程还要视工作环境而定。对于店外的酒宴活动来说，大致有两种基本情形：一种住宅聚会；另一种是在办公楼、礼堂和博物馆等地举行的聚会。对于住宅聚会来说，通常已经有现成的固定吧台，不过大多数这样的吧台都比较小，所以，吧台服务生的工作更要做到井井有条，具体注意事项如下：

（1）检查固定的吧台。打开橱柜挑选出需要的物品，把啤酒、葡萄酒、香槟和苏打水放入冰箱冷藏，然后开始布置吧台。酒精类饮料可以由酒吧提供，但多数情况都是由客人自备。如果是主人提供酒类及调酒用的饮料，那么服务生要问清楚它们所在的位置。一般情况下，主人很少会把各种酒类饮料提供齐全，所以吧台服务生要事先告诉服务员具体可以给客人提供哪些酒水。

（2）确认制冰机是否正常工作。需不需要额外增添冰块？有没有水池和水龙头？如果有制冰机和水池，服务生可以考虑把冰放在水池里，这样制冰机里就可以放几瓶葡萄酒和苏打水。有些固定吧台还设有冰箱。对于小型聚会（通常不超过 15 人）来说，可以把冷饮料放在冰箱里，而不必放在冰柜里。如果没有冰箱或客人较多，那就要检查一下看有没有放置冰柜和水桶的地方。如果有，应该把它们放置在最方便的地方。如果吧台太小放不下水桶，那要通知服务员把玻璃器皿放到水桶所在的位置，不要放在吧台上。

（3）将调制饮品的工作区安排在盛冰的水池旁。要注意检查柜台上有没有足够的地方放置玻璃器具以及酒和调酒用的饮料，有没有调酒的地方。为扩大工作空间，可以把玻璃水瓶和其他可能占用空间的装饰物小心地挪到橱柜或其他安全的地方。对于属于主人的物品要非常小心，若有损坏要负责赔偿。如果为了服务目的需要调整主人的吧台，那么在酒宴活动结束后要及时恢复原样。

（4）玻璃器具要分门别类放置，尽可能靠近调酒的地方。矮脚杯（又被称为旧式两用杯）和高玻璃杯用来装混合饮料和软饮料；高脚杯用于装葡萄酒；香槟杯（或称宽口香槟酒高脚杯）用于装香槟。当然，并不是任何时候都有全套的玻璃杯可供选择。遇到这种情况，服务生应该尽可能地充分利用吧台里现有的器皿。另外，如果使用主人的玻璃器皿，一定要询问清楚他们希望使用什么类型的器具盛装不同的饮料。

（5）要备有小垃圾桶。有时可以用水桶代替，也可以将两个塑料袋重叠起来制作成简易垃圾袋，挂在较低的橱柜门上。如果可能，要尽可能让客人看不见吧台的工作区。如果有门，应随时关上。若没有门，那工作区一定要干净整洁。

（6）工作台上要覆盖毛巾或其他吸水桌布。酒和调酒用的饮料要分别放在布的两端。在私人住宅工作时，通常都没有专门的塑料嘴倾倒口装置，遇到这种情况，服务生一定要耐心细致，尤其是在调制鸡尾酒时更要小心，不要倾酒出来。一般情况下，不要把所有的酒类和调酒用的饮料都放在柜台上，但每样至少要有一件放在工作台附近，其他则放在方便拿取的地方。

（7）将酸橙切成片，并制作一些柠檬片。注意不要切得过多，如果客户需要，可压榨橙汁。然后，在脑海里过一遍清单，看是不是还有其他需要用的东西没有找到，如搅拌匙、开塞器和苦艾酒等。然后吧台服务就可以开始了。

2. 常用酒水及其调制方法

吧台服务生的两项主要职责是调制饮料和让客人感到舒适、自在。当有客人走近时，要面带微笑，态度热情友好地询问他们是否需要一杯鸡尾酒或葡萄酒。不要问他们"能否"为他们提供喝的，因为这本身就是吧台服务生的工作。正确的做法是问"可否"为他们提供"什么"喝的。客人点了饮品后，要以优雅的姿势尽快地调制好。当客人致谢时应回答："这是我的荣幸。"或"请慢用。"而不要说："没关系。"

通常所要求制作的鸡尾酒都比较简单，如杜松子酒和滋补酒、苏格兰威士忌和苏打水、伏特加和橙汁等。除非另有特殊要求，一般都是在只含一种酒的混合饮品中加入 1~1.5 盎司的量。只加冰不加饮料的酒，量应控制在 2~2.5 盎司。酒杯不要装得太满，否则容易溢出来。装白葡萄酒的量是杯子的 1/3，红葡萄酒的量是 1/2，香槟装至距杯边 1.5 英寸处。

3. 吧台服务生的服务

吧台服务生在工作时要积极热情，遇到客人点了自己不知道如何制作的饮品时也不要紧张。可以直接告诉客人你不熟悉该种鸡尾酒的调制方法，如果他们能说明具体调制方法，你将很乐意为他们调制。

如果条件许可，苏打水应该冷藏。苏打水直接倒在玻璃杯中，不用加冰块。用一片楔形酸橙装饰。所有滋补饮品都用一片楔形酸橙装饰。装饰物一般放入饮料中，如果客人要求放在一边，那就把它放在杯子旁边的餐巾纸上。

所有非高脚杯盛装的饮品在放入服务员的托盘时，下面都应该放上餐巾。如果服务员没有这样做，吧台服务生要加以提醒。用高脚杯盛装饮品时，底下一般不放餐巾。但是由于有些客人喜欢用餐巾，所以服务员可以随身携带一些餐巾以备客人索取。不要将餐巾放在高脚杯下，它会使酒杯不稳。当高脚杯放在托盘上时，服务员要用指尖扶住酒杯的底部，以防酒水洒出。如果服务员从吧台端出托盘时没有这样做，服务生要礼貌地加以提醒。

如果是服务员来点酒，而不是客人本人，服务生就不用像对客人那么正式，除非客人离得很近，能听到之间的对话。服务生可以简单地问一下服务员："您需要什么？"当然，当吧台服务生和服务员都很忙的时候，他们一般也是这么做的。服务员只能站在吧台边上点饮料，不要站在正前方，正前方是留给客人用的。如果客人和服务员同时来点东西，吧台服务生要先服务客人。如果有几个客人和服务员同时在点饮料，服务生应为客人服务，并建议服务员去其他吧台。

吧台前没有客人时，吧台服务生不能表现出无所事事的样子。要保持忙碌的状态，看看吧台里有没有什么地方要调整一下，柜台上有没有用过的杯子或盘子需要拿走？如果有，要悄悄地告诉服务员，并礼貌地请他们把这些东西拿走。要不时地环视一下周围的客人，看看有没有客人需要添加酒水。如果有，可以示意服务员过去问问。可以建议服务员随身携带一瓶葡萄酒或水在客人间走动巡视，以备客人之需。吧台服务生如果确实无事可做时，则应面带笑容地站在吧台后面。

偶尔会有客人过来搭话。服务生可以和客人交谈，但一定要有礼貌。除非客人要求，否则不要发表自己的意见，并尽量避开宗教和政治话题。服务生不要和服务员做不必要的交谈。如果吧台服务生和服务员在本应为客人服务的时间却在聊天，客人会认为企业的服务很不专业。

大型聚会有时会在住宅里举行，但更多时候是在社会公共机构（博物馆、教堂、办公大楼）和专门的礼堂举行。在这些场所中，一般都有固定的酒吧，但也会设立很多的临时吧台。临时吧台的形式多样，最常见的是在一张6英尺长的吧台面，上面覆盖着量身定做的桌布。有时两边还会增添一些小圆桌以放置玻璃器皿。另一种是收放自如的折叠式整体吧台。这种吧台通常约4英尺长。还有一种临时吧台是一张6~8英尺长的桌子，上面盖上桌布。这样的吧台一般都摆放着全套的酒吧摆设，有时还会把高脚杯成行摆在上面，内装葡萄酒、香槟或苏打水，客人可以走过来自行拿取。

临时酒吧在搭建时有很大的灵活性，在之后的吧台设置上与固定吧台基本相同。临时吧台空间较大，可以放置两台冰柜。一台冰柜用来装葡萄酒、香槟、啤酒、苏打水和瓶装水，另一台用来装冰块。也可以把已打开盖的葡萄酒和瓶装水放在里面。有些吧台设有两个工作区以供两个吧台服务生同时工作。如果是这样，冰柜可能就不止两个。有的吧台还会需要使用超级冷却器。超级冷却器是一个巨大的圆形无盖冰柜。

宴会经理会根据参加活动的人数来决定打开酒瓶的数量，吧台服务生要严格遵守。谁也不想在活动结束后剩下很多已打开但没有消费的酒。浪费是很昂贵的，而且主人也会非常不满。多余的玻璃器皿和调和器可以存放在吧台下面或边上的桌子上，同时，吧台下还要留出放深桶和垃圾桶的地方。吧台桌面的两端要放上两叠折成扇形的餐巾，如果有条件，再放上一两个烟灰缸。烟灰要注意及时清理。

大型酒宴活动在客人刚刚到达时会非常忙碌，吧台服务生要动脑筋想办法以提高工作效率。比如，可以在客人来临之前，在调酒台上先放上6~8个玻璃杯，并放入冰块。这样，在调制鸡尾酒时就不用再停下来加冰块了。在不忙的时候也可以这样做。如果非常忙，又用完了预先加冰块的酒杯，那么在调制下一杯饮品前，要至少在四个酒杯中加好冰块。服务生要注意酒的供应量，不要在客人或服务员点要葡萄酒或香槟时才去花时间起瓶盖。

吧台上不要留有用过的酒杯和盘子。将深桶重叠放在吧台下。当桶装满后，用干净的布盖上，让服务员拿走放到特定区域。记得提醒服务员在将深桶清空后送回到吧台。

吧台服务生要了解的知识和技能很多，要虚心向有经验的老服务生请教。虽然学习并不能代替实际工作经验，但它仍然是一个好服务生应具备的基本素质。

二、酒水服务员工作

酒宴活动要获得成功，服务员非常重要。服务员是客人到达后接触的第一个人，因而所产生的印象也就非常持久。

宴会开始后，服务员必须将托盘放在臂下或用指尖托起，托盘的正面应该一直面对客人。在走近客人询问对方是否需要酒水时，要沉着自信。服务员必须熟悉当天活动所供应酒水的牌子。如果没有客人要的牌子，可以说："今晚主人提供的是……您看可以吗？"或者"您想点别的什么？"

服务员在拿着饮品返回客人面前时要使用托盘，而不是用手将饮料递给客人。托盘是手的延伸。当在客人中穿梭时，要尽量做好判断，减少返回吧台的次数。如果发现很多客人都在喝白葡萄酒，那就可以随身携带一瓶以方便给客人续酒。记着带上葡萄酒餐巾。服务员要做到眼观八方，注意放在自助餐桌或家具上用过的杯盘。如果用过的餐具没有移走，特别是在客户的家中，就会使原本漂亮的家显得凌乱。如果有客人站着并拿着空盘或空杯子，服务员应拿着托盘走过去询问客人是否需要点什么，如果客人不再需要酒水，要把空盘或空杯收走。

服务员要清楚客用洗手间的位置，这是客人经常问的问题之一，能否迅速做出回答非常重要。供客人使用的洗手间通常不同于员工使用的洗手间。如果不能确定，要及时询问宴会经理。如果发现很多客人都在等待使用同一洗手间而你知道还有别的洗手间可用，那也要迅速地告诉客人。

服务员在上酒水时要注意托盘里的杯子不要太多，以免自己无法控制。如果托盘里放的是高脚杯，则要用手扶住杯子底部，防止倾翻。

服务员需要注意的还有：保持微笑和目光接触；不要粗鲁地打断客人的交谈，等待片刻；不要挡在正在交谈的客人之间；一般不要触碰客人的身体以引起其注意。实在需要，可以轻轻地碰一下客人的肘部；如果需要等候，不要流露出不耐烦的表情。

思考题：

1. 现在市场竞争非常激烈，你认为服务是制胜的重要法宝吗？假设你是酒吧老板，你有什么独特的优质服务让你的酒吧更有竞争力呢？

2. 在招待客人和同学时，你觉得酒吧服务的哪些技巧你能用得上？基于自身经验，酒吧服务技巧还可以增加哪些内容？

第七章　酒吧财务管理

本章导读：了解酒水成本的定义，理解酒水成本的构成；掌握酒水的成本控制一般要从源头开始，包括酒水采购、验收、贮藏、发放等业务环节内容；掌握酒吧成本收益分析、保本分析方法；理解酒吧财务预算中的营业预算和资本预算的基本方法。

第一节　酒吧的成本核算

酒吧的成本构成从不同角度可以分为直接成本与间接成本、可控成本与不可控成本、固定成本与变动成本；酒水的成本核算可以分为纯饮料成本或混合酒饮料成本。

一、酒水成本的定义与构成

酒水成本是指酒水在销售过程中的直接成本。酒水成本从不同的角度可分成不同的种类：

1. 直接成本与间接成本

直接成本是指产品生产中直接耗用，不需要分摊即可加入到产品成本中的那部分成本，包括直接材料、直接人工、直接耗费；间接成本指需要通过分摊才能加入到产品成本中的各种费用，如销售费用、维修费用等。

直接成本与间接成本的划分为酒吧经营提供了一定的依据。有些成本如酒水与配料能直接核算成本；而无形的费用销售、管理招待费用不能直接分摊到每一个产品中去，只能先店内核算后，再分摊到每种产品销售成本中去。

2. 可控成本与不可控成本

可控成本是指在餐饮管理中，通过酒吧经营努力就可以控制的各种成本；不可控成本是酒吧经营无法控制的成本。如酒水原材料、水电费用、低值易耗品费用等，这些开支酒吧通过努力是可以控制的；酒吧设备费用折旧、税费、员工工资，在一定经营时期难以控制，是不可控成本。

3. 固定成本与变动成本

固定成本是指在一定时期和一定经营条件下，不随酒水产品生产与销量变化的那部分成本。在一定时期内和一定经营水平下，劳动工资、折旧费用、管理费用是相对稳定的。变动成本则指在一定时期和一定经营条件下，随产品的生产和销量变化而变化的那部分成本。在酒水成本中，酒水原材料、水电费用、低值易耗品费用等随着产品的销量而发生变化。

二、酒水的成本核算

酒水成本核算从酒水原料加工开始，本质上是酒水的购买价格，因加工方式的不同，其成本核算的具体方式不同。

1. 纯饮料成本

首先求出，$每瓶酒水可倒杯数 = \dfrac{每瓶酒的容量}{杯器容量} - 可控损失杯数$

再求出，$每杯纯饮成本 = \dfrac{每瓶酒成本}{每瓶可倒杯数}$

在确定每杯纯酒的标准成本后，可以把酒水的成本用表 7-1 的形式来固定，方便酒吧了解标准成本数额。

表 7-1　标准成本记录表

标码	酒名	每瓶容量	每瓶成本	每杯成本	每杯容量	每盎成本

2. 鸡尾酒饮料成本

鸡尾酒饮料包括几种成分的酒水，每杯鸡尾酒饮料的成本一般会高于纯饮品的成本，混合的鸡尾酒成本公式如下：

$每杯鸡尾酒成本 = \sum 每盎司配方酒的价格 \times 配方酒盎司数$

在确定每杯鸡尾酒的标准成本后，可以把酒水的成本用表 7-2 的形式来固定，方便酒吧了解标准成本数额。

表 7-2　标准成本记录表

标码	鸡尾酒名称				
	主酒盎司	主酒盎司成本	配酒盎司	配酒盎司成本	每杯鸡尾酒总成本

第二节　酒吧的成本控制

酒水成本是酒吧经营的主要成本，它包含硬饮料成本和软饮料成本以及在鸡尾酒调制过程中所消耗的各种辅料成本。酒水的成本控制一般要从源头开始，包括酒水采购、验收、贮藏、发放等业务环节内容。

一、酒水采购控制

酒水采购的控制是为了保证酒吧有充足而优质的酒水原料，以便于经营，控制酒水的购买数量、规格及价格。

1. 合格的采购人员、销售商的选择

优秀的采购人员能够为酒吧节约 2%~5% 的成本，不合格的采购人员缺乏对营业状况的了解，盲目购入高成本的酒水，会增加成本。合格的酒水采购员不仅应熟悉酒水的品种、商标、产地、级别、年限、生产工艺及存放时间，而且应熟悉酒水市场、销售渠道和酒水价格，最后还要了解酒吧的经营风格。

选择信誉好的销售商，并与销售代理建立良好的关系是十分重要的。优秀的销售代理除出售给酒吧酒水外，还能提供有效的营销建议。此外，大多数批发商不卖零散的酒水，但零散的酒水对酒吧而言有利于降低销售成本，但对供应商来说却很麻烦，只有与供应商建立良好的关系，酒吧才能买到零散的酒水，使成本得到控制。

2. 控制酒水的质量

采购的酒水质量是否合格，都离不开对酒水采购的控制。采购酒水知识的欠缺，尤其是红酒、啤酒，会造成酒水质量下降。从某种程度来说，啤酒和葡萄酒易腐坏，且由于温度、湿度、日光照射、振动等因素会使质量受到不同程度的影响。酒水质量控制包括品种、规格、外观、气味、工艺、价格等，在酒水鉴定上，要求酒水采购员有丰富的经验，这样才能保证酒吧酒水的质量，以便控制酒水的成本。

3. 采购决策的时间和数量

酒水采购要有计划，明确间隔时间与采购数量。酒水采购一般要考虑销售量以及酒吧的贮存空间和市场供应的便利性。例如，酒水中蒸馏酒虽然没有保质期，可以长期储存，但要权衡大批量采购和小批量采购的得失。首先，权衡大批量购买可获价格优惠和占用大量资金的得失；对葡萄酒、啤酒的采购可以采用定期采购法，葡萄酒的储存要求较高，质量不容易保证，储存费用较高；啤酒的质量保质期较短。结合营业状况这样的酒水可以采用以下定期采购法：

标准贮存量（最高贮存量）＝日需要量×定期采购间隔天数＋保险贮存量

订货点贮量＝日需要量×发货天数＋保险贮存量

原料采购量＝标准贮存量－订货点贮量＋原料日需要量×发货天数

4. 酒水的采购程序控制

酒水的采购程序规定了酒水采购工作制作的工作程序，它规定了前台对酒水的采购申请、管理人员批准酒水的采购计划、采购部负责采购酒水、库房决定酒水的验收，这些都是酒吧对酒水采购要确定的控制环节。所有的酒吧都要制定相应的表单，酒水申请员要填写如表 7-3 所示的申购单，一式两联，第一联送给采购员；第二联由酒水管理员保存。采购员要写上表 7-4、表 7-5 的订购单及采购明细表，一式四联，第一联送到酒水供应商；第二联送到酒水管理员；第三联送验收经理；第四联采购员自己保存。

表 7-3　申购单

数量	酒水编号	单位容积	供货方	单价	总价

申购人：　　　　　　　　　　　　　　　　　　批准人：

表 7-4　订购单

订货方：　　　　　　　　　　　订货日期：

供货方：　　　　　　　　　　　收货日期：

数量	容量	酒水编号	单价	总价

表 7-5　采购明细表

酒水名称：

用途：

详细内容：

特殊注明：

二、酒水验收控制

验收是采购的最后环节，也是非常重要的，可以有效地避免产品的质量不符造成的损失，这也是降低成本一个非常重要的手段。货物运来后，要根据收据清点货物，以确定所购酒水是否到齐；还要打开箱子，验明货物，同时也要确保所购酒水年份的准确性；最后将箱子封好，贴上日期，以便很好地控制、利用。酒水验收完毕后，应及时入库，这样可以有效防止酒水原料失窃，防止一些贮藏条件要求较高的酒水原料变质。酒水交货后，要把验收表（见表7-6）送主管签字并送交财务，以便入账管理。为了有效管理酒水，健全酒水管理上的混乱，酒水管理人员与酒水采购员都应签字，以确认酒水如验收表上所列完好。

表7-6 酒水验收日报表

供货商	酒水编号	瓶数	箱数	每瓶容量	每箱费用	每瓶费用	总价
分 类							
果酒	啤酒	蒸馏酒	利口酒	饮料	茶	咖啡	其他

三、酒水的储存控制

储存主要是防止酒水丢失和保证酒水质量，储存管理的好坏也直接决定了酒吧成本的高低。许多酒水的价格较高，良好的储存方法能提高、改善酒本身的价值。买进的酒如若储存不当，可能会导致变质，建立一个规范的储存酒水的酒窖十分重要。

符合要求的酒窖一般应有以下几个基本条件：

1. 宽畅的储存空间

酒窖的贮存空间要与酒吧的规模保持一致，地方大小会影响酒水储存的品种与数量，长贮的酒应与短贮的酒水分别存放，贮存空间要相适应，库房除了能存放酒水外，还要留有一定的活动空间，方便酒水原料进出和挪动。

2. 透气性好

通风透气的好处在于保持酒窖里的空气新鲜，酒精在空气中聚集过多，可能造成空气污浊，甚至会使酒窖发生爆炸的可能性加大。

3. 保持干燥

酒窖要保持一定的湿度，过湿的环境会导致葡萄酒的软木塞发生霉变和腐烂，酒瓶的商标脱落；过干的环境又会引发酒塞干裂，造成酒水挥发、腐坏。

4. 隔绝自然光线

自然光线会引发酒水的变异，加剧酒水的氧化过程，造成酒水变味，酒液浑浊、变色等。酒窖中可以使用节能灯泡，这样有利于控制光线的强度。

5. 避免震动

震动干扰容易造成酒水变异，有许多娇柔的酒水在运输震动中会发生变化，在酒窖中正常放置，有利于恢复原有的风格。

6. 合适的温度

葡萄酒的储存要求尽可能地避免光照，温度要稳定，适宜的储藏温度是 10℃~13℃。白葡萄酒储存温度越低，酒的品质越新鲜，湿度在 55%~65%，并远离发热体。葡萄酒应该静置，经常震动会破坏它们的口味；储藏时葡萄酒的商标应向上，以便识别葡萄酒的种类和品牌，并方便年检时查找，保证其质量。啤酒是唯一越新鲜越好的酒类，购入后不宜久藏，最佳保质期为 3 个月；温度超过 16℃会导致啤酒变质，低于 10℃会使酒液浑浊不清；避免震荡。同时注意货架的牢固、平稳，一旦酒箱打开，酒品应全部从箱中倒出，放置在合适的架子上。为了方便管理，可以把仓储数字化，目录、订货单、卡片要包括所有信息，如品名、尺寸、年份等。最后就是注意防盗问题，严格控制进入储藏室的人员。

表 7-7　存料卡

项目：				存货代码：			
日期	收入	发出	结余	日期	收入	发出	结余

使用存料卡，如表 7-7 所示，有利于酒水管理人员了解酒水的存货数量，方便收入与发出酒水时记录瓶数，而不需要实际清点酒水数量，从存料卡上了解酒水的现存货数量。

为方便财务人员对每次进货和发出时进行记录，酒吧的财务人员也可以使用表 7-7，对酒水的进出数量进行记录，以便查明酒水的短缺情况。每月底，酒吧财务人员要对酒水进行实地盘点，核查酒水是否有被偷盗情况。

四、酒水销售成本控制

酒水的销售控制在酒吧管理中有着重要的地位。酒水的销售管理不同于其他食品的销售管理，有其特殊性。因此，加强酒水的销售管理与控制，对有效地控制酒水成本，提高酒吧经济效益有着十分重要的意义。

酒水的销售控制在酒吧管理中较弱，主要有两方面的原因，一方面管理人员专业知识不够全面；另一方面，酒水销售成本相对少，利润高，少量的损失或管理不细致都不会引起管理人员的重视。因此，加强酒水销售管理首先要求管理者更新理念，树立成本控制意识；其次要提高业务水平，了解酒水销售的过程和特点，采取相应的有效措施，使用科学的管理和控制方法，从而达到酒水销售管理和控制的目的。

在酒吧经营过程中，酒水销售形式一般分为三种，即单杯销售、整瓶销售和混合销售。这三种销售形式各有特点，管理和控制的方法也各不相同。

1. 单杯销售

单杯销售是酒吧经营中常见的一种销售形式，销售量较大，它主要用于一些烈性酒，如白兰地、威士忌等的销售，葡萄酒偶尔也会采用单杯销售的方式销售。销售时机一般在餐前或餐后，尤其是餐后，客人用完餐，喝杯白兰地或餐后甜酒，通过饮酒帮助消化。单杯销售首先必须计算每瓶酒的销售份额，然后统计出每一段时期的总销售数，采用还原控制法进行酒水的成本控制。

由于各酒吧采用的标准计量不同，各种酒的容量不同，在计算酒水销售份额时首先必须确定酒水销售标准计量。酒吧常用的计量有每份 30 毫升、45 毫升和60 毫升三种，同一酒吧的酒水在确定标准计量时必须统一。标准计量确定以后，便可以计算出每瓶酒的销售份额。以苏格兰威士忌为例，每瓶的容量为 750 毫升，每份计量设定为 30 毫升，计算方法如下：

销售份额 = (每瓶酒容量 – 溢损量) /每份计量 = (750 – 30) /30 = 24

计算公式中溢损量是指酒水存放过程中自然蒸发损耗或是服务过程中滴漏损耗，根据国际惯例，这部分损耗控制被要求每瓶酒仅 30 毫升左右。根据计算结果可以得出每瓶苏格兰威士忌可销售 24 份，核算时可以分别给出每份或每瓶酒的计算成本，并将计算成本与实际成本进行比较，方便发现问题并及时纠正销售过程中的差错。

单杯销售关键在于日常控制，日常控制一般通过酒吧酒水盘存表来完成，酒吧调酒员应认真根据表中的要求对照酒水的实际盘存状态进行填写，见表 7-8。

表 7-8 酒吧酒水盘存表

编号	品名	班次： 日期：					
		数量	领入	调进	调出	出售	实际盘存

酒水员每天上班时按照表中品名逐项盘存，填写存货基数，营业结束前统计当班销售情况，填写售出数，再检查有无内部调拨，若有则填上相应的数字，最后，用"基数+调进数+领进数–调出数–售出数=实际盘存数"的方法计算出实际盘存数填入表中，并将此数据与酒吧存货数进行核对，以确保账物相符。酒水

领货一般一天一次，酒吧管理者应经常不定期检查盘点表中的数量是否与实际贮存量相符，若不相符应及时检查并纠正。

2. 整瓶销售

整瓶销售是指酒水以整瓶为单位对客人销售，由于整瓶消费费用比较高，酒吧通常采用单杯销售 8 折的价格对外销售整瓶酒水，从而达到薄利多销的目的。但是，由于差价的原因，会出现员工投机的行为，用单杯销售的酒水收入替代整瓶酒的销售价格。为了防止此类投机行为的发生，减少酒水销售的损失，整瓶销售可以通过整瓶酒水销售日报表来进行控制，即每天将整瓶销售的酒水品种和数量填入日报表中，由主管签字后附上订单，一联交财务部，一联酒吧留存。见表7-9。

表 7-9　整瓶销售日报表

编号	品名	班次：　　　　　　　　　　日期：			
		数量	规格	售价	成本

3. 混合销售

混合销售指调制销售的酒水，主要指混合饮料和鸡尾酒的销售。鸡尾酒和混合饮料占酒水销量比例较大，涉及的酒水品种也繁多，因此，销售控制比较困难。

酒水混合销售的有效手段是建立标准配方，标准配方的内容一般包括酒名、各种调酒材料及用量、成本、载杯和装饰物等。建立标准配方的目的是使每一种混合饮料都有统一的质量，同时确定各种调配材料的标准用量，方便成本核算。酒吧管理人员则可以依据鸡尾酒的配方采用还原控制法实施酒水的控制，其控制方法是先根据鸡尾酒的配方计算出某一酒品在某一时期的使用数量，然后再按标准计量还原成整瓶数。计算方法是：

酒水消耗量＝配方中该酒水用量×实际销售量

混合销售核算可以将调制的酒水分解还原成各种酒水的整瓶耗用量来核算成本。

在日常管理中，为了准确计算每种酒水的销售数量，混合销售可以采用类似整瓶酒销售日报表进行控制，每天将销售的鸡尾酒或混合饮料登记在日报表中，并将使用的各类酒品数量按照还原法记录在酒吧酒水盘点表上，管理人员将两表中酒品的用量相核对，并与实际贮存数进行比较，检查是否存在差错。

第三节 酒吧收益分析

酒吧收益分析是酒吧经营比较重要的一个环节，从销售收入入手，通过对损益表进行研究，分析影响利润的主要因素，然后再研究如何通过销售实现基本收支平衡。

一、酒吧经营的成本收益分析

酒吧经营成本收益关键点是认知销售收入是酒吧运营的关键要素，通过对实际收入与支出的对比，分析在经营中是否存在粗放管理，寻找财务问题，为改进销售提供思路。

1. 销售收入对酒吧经营的作用

酒吧销售是酒吧经营的直接实现，为酒吧持续运营提供源源不断的资金是资金周转实现的必要条件。

（1）酒吧销售经营的实现，说明酒吧经营的产品满足了酒吧市场需求，得到了市场的认可。适合顾客档次和消费的产品在市场有较强的竞争优势，并能及时销售出去。

（2）销售收入是酒吧再生产的保证。酒吧只有及时取得销售收入，才能以此弥补经营过程中的各种耗费，使经营过程能够得以持续进行。

（3）取得销售收入是实现资金周转的必要条件。现代酒吧资金运动过程，一般可分为资金的筹措、使用、耗费、收入和分配 5 个阶段。其资金运转是从货币资金开始，最后再回到货币资金阶段，继续上述过程的循环反复，最后回到货币资金，在具体经营过程中表现为产（商）品销售收入的实现。由于再生产的不断进行而引起的连续不断的资金循环，就是资金周转。要实现并加速酒吧资金周转过程，提高资金的利用效果，就必须及时取得销售收入，这是实现资金周转的必要条件。

2. 酒吧经营的成本收益分析

对于经营中的酒吧可依据过去一段时间内酒吧的实际收入和开支情况来进行成本收益分析。对于新开业的酒吧用预估收益表来进行成本收益分析。预估收益表反映的是对未来某一时期财务状况的预测，包括一定时期内的收入、支出、利润或亏损，见收益表 7-10。

表 7-10 收益表

项目	金额（万元）	所占百分比（%）
饮料、食品、水果拼盘	219	91.25
其他娱乐项目	21	8.75
销售收入总计	24	100
销售成本	84	35
毛利	156	65
费用		
薪金	24	10
薪资税及员工福利	7.2	3.0
员工餐费	7.2	3.0
瓷器、玻璃、餐巾、吸管、牙签	3.6	1.5
洗衣及制服	3.6	1.5
清洁器具	3.12	1.3
宾客餐纸	1.44	0.6
水、电、气能源	7.2	3.0
音乐、娱乐、表演	12	5.0
酒单制作	1.2	0.5
执照费	0.24	0.1
垃圾处理	0.24	0.1
鲜花及装饰	1.44	0.6
广告推销	47.8	2.0
维修、保养	3.84	1.6
税金	14.4	6.0
保险	5.76	2.4
利息	1.92	0.8
折旧	7.2	3.0
附属经营支出	4.8	2.0
其他	12	5.0
费用总额	135.6	56.5
利润	20.4	8.5

　　收益表中的成本可以使用多种方法计算。首先，把它看成占销售收入的一定比例。例如，饮料成本应该占饮品销售收入的一定比例，在本例中为35%，这个数据应该在分析其他同类型酒吧的销售收入和成本的基础上确定下来。其次，为了保证准确，经营者可以先计算出酒单项目的饮料成本，以决定总成本，再逐个除以预测销售收入，便可得出饮料成本率。销售价格取决于顾客所能承受的支付能力，以及酒吧营业量大小和装修的档次程度等因素。相对而言，豪华酒吧的实

际成本一般较低，因为顾客要为高档环境付费；而较低档次酒吧的实际成本则一般较高。

劳动力费用可通过测定提供服务工作人员人数来进行预测。若经营者测定一名服务员能够接待 50 位宾客，那么将预测宾客数除以 50 就可以得出所需的服务员人数，这些人的工资和福利费用就可以测算出来。把服务人员的费用和其他人员的费用相加，就可得到劳动力费用总额。把该费用与预测的销售收入总额相比，就得到劳动力费用率。劳动力费用率是随着营业收入的变化而变化的，其中无论营业好坏都不可少的雇员叫作固定费用雇员，而那些一般的服务员及勤杂工等可以根据营业量大小随时增加或减少，因而称为可变费用雇员。

工资税、职工保险费及补贴费等，在费用总额中占有一定比例，但预测相对简单。其他福利费用比较容易计算。在计算职工用餐费时，有些酒吧按占酒吧食品成本总额一定比例进行预测，一般可以按 3%~10% 计算，也有酒吧先预算出每顿职工餐的平均费用，然后乘以预测的供应餐数，就可得出职工用餐费用总额。

酒吧花在瓷器、玻璃器皿、银器及台布、餐巾上的费用因设施的等级规格不同而各异。同样，各家酒吧的玻璃器皿的质量也常常大有差异。预测这类费用通常可以参考同类酒吧的标准。但为了预测更为精确，可以采用以下方法，即先确定各类器皿的需要量，然后乘以该类器皿或物品的单价，就可以得到该类器皿或物品的费用，再将各类费用相加即得费用总额。

制服、洗衣、清洁用品和餐巾纸费用预测通常可根据占销售收入总额的标准比率进行预测，但如果酒吧制定了对职工制服的管理规定，那么该项费用的计算就会更为精确。一般来说，酒吧为职工提供制服应考虑每名职工需要多少套制服、制服的成本、洗衣次数、所需的成本、费用总额。

水、电、气能源费用在很大程度上取决于酒吧的地理位置。北方地区的酒吧相对来说需要更多的供暖能源消耗；南方地区则需要大量的空调能源消耗。根据建筑物的结构和特点，专业技术人员就能对供暖气成本费用做出准确估计。

关于音乐和娱乐服务费用，酒吧经营者应先确定这些服务的总需要量。根据每周所需要天数，计算费用相对比较容易。

酒单制作商可提供酒单的设计制作价格，因此，只要估计出酒单的印制数及其更换频率，就能对这项费用做出精确的预测。

垃圾处理费、花卉盆景和装饰费用，办公室职员的开支及办公费用是比较容易估计的项目。

因此，预测各项成本费用通常使用两种方法：一是以预期销售收入乘以各项成本百分比，算出相应的金额数；二是对每项成本费用金额做具体预测。采用这种方法通常需要政府相关部门的帮助，同时，在对每项成本费用都分别进行预测，也要计算它们各自占预测销售收入总额的比例，并与酒吧行业标准进行比较，看是否符合一般水平。

二、酒吧经营的保本销售分析

酒吧合理的经营，需要经营者懂得基本收支平衡的销售额，即销售的保本点。

对运营时间较长的酒吧，可根据酒吧经营资料进行分析，以便对未来的经营工作做出规划。在没有资料的情况下，也可根据经营人员的估计及同类酒吧的资料进行分析。

现在假设投资一个有 80 个座位的酒吧，投资 120 万元，摊到每月的投资额为 12 万元，销售收入为 3 万元，那么酒吧经营者必须对投资及经营费用做出估计，计算保本销售额是多少、期望的投资收益率为多少、酒吧的营业收入是多少，这些可以使用量、本、利公式进行计算。

1. 固定成本

酒吧的固定成本主要包括管理人员工资、普通员工工资，酒吧装修费用的折旧、固定资产折旧、宣传广告费、差旅费及其他费用等。

（1）酒吧员工工资。酒吧 80 个座位大约需要 4 名普通员工，每个服务员的月平均工资为 1200 元，总计 4800 元；管理人员配备 2 名，每个管理人员的月平均工资为 2800 元，计为 5600 元。

（2）酒吧装修费用的摊销。酒店的装修费用为 400 平方米×800 元/平方米 = 32 万元，折旧 10 年，每月折旧 2700 元。

（3）酒吧固定资产折旧。按总折旧的 60% 提取，即 （50 万元×40%）/12 = 17000 元。

（4）宣传广告及演出费用每月为 2400 元。

（5）其他方面的固定成本为 1000 元。

因此，酒吧每月固定成本为：

4800 + 5600 + 2700 + 17000 + 2400 + 1000 = 33500 （元）

2. 变动成本

酒吧的变动成本主要包括水电耗费、饮料食品、临时人工成本等方面。现在假设饮料食品成本占营业收入的 35%，水电耗费为 15%，其他为 5%。

3. 计算盈亏平衡

盈亏平衡点 = 固定成本总额/(1 − 变动成本所占比率) = 33500/(1 − 55%) = 74444.44 元

期望销售额 =（固定成本总额 + 期望销售收入）/(1 − 变动成本所占比率) = 63500/(1 − 55%) = 141111.11 元

如果酒吧经营者要达到保本收入，就必须每月至少能收入 74444.44 元；酒吧要想创造合理利润，每月要达到 141111.11 元才有利可图，如图 7-1 所示。

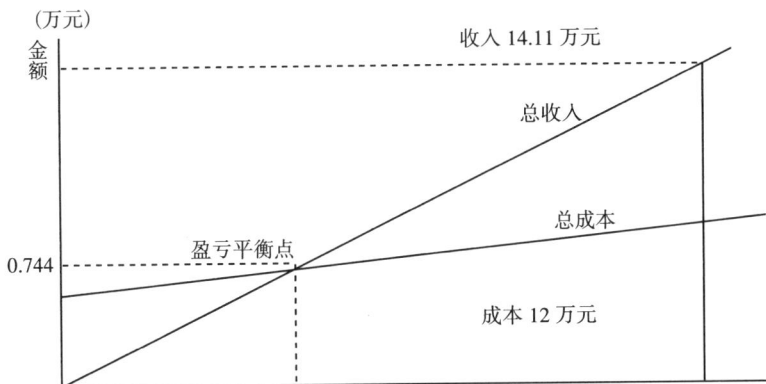

图 7-1　酒吧盈亏平衡点

第四节　财务预算

酒吧财务预算分为两大类：营业预算和资本预算。营业预算是酒吧日常运营的计划，并通过与事先计划与实际运营相比较来检验实际运营业绩。营业预算是酒吧运营状况的衡量工具，同时又是酒吧沿着计划轨道运营的保证。资本预算所涉及的则是一些影响酒吧未来发展的决策问题。

一、营业预算

预算一般由经理来制定。从预算方法来看，营业预算可以分为两类：静态（不变）预算；弹性（情景分析）预算。

静态预算反映的是预测销售额的一个层面，弹性预算反映的是两个或者更多的层面。静态预算是弹性预算的基础。随着电子表格技术的应用，弹性预算仅通过使用几个公式就可完成。很多小型酒吧可能意识不到进行弹性预算的必要性，然而，弹性预算确实可以把在不同水平的业务活动中收支与盈利的信息提供给经营者。

营业预算是酒吧经营活动的蓝图，管理人员可以随时把它与实际业绩作比较，了解酒吧的经营状况。预算数字与实际数字之间的差额被称为偏差。正偏差与负偏差既可能有利也可能不利，主要取决于其是收入偏差还是成本偏差。从收入角度来说，酒吧都希望获得更多的收入。实际收入值超出预算值时偏差为正，此时对酒吧有利；实际收入值低于预算值时偏差为负，此时对酒吧不利。从支出角度来说，酒吧都希望支出越少越好，实际支出未达到预算时，偏差对酒吧有利；实际支出超出预算时，偏差对酒吧不利。

很显然，预测与预算的目标是力求准确，然而预测数字不可能恰好等于实际数字，所以偏差确实存在，不过这并不意味着可以轻视偏差。对于重大的偏差，管理人员必须进行调查并采取措施。即使偏差是有利的，更好的规划也可以让酒吧获得更多的利润。酒吧应建立自己的指导方针来确定什么是重大偏差，并评估货币金额与百分比数值。对于酒吧来说，百分之一的偏差很可能是很严重的偏差，因为酒水都是定价定量的。酒吧与面向大众的普通餐馆不同，它经常会出现一晚爆满、一晚冷清的情形。因此，酒吧的管理人员必须对偏差予以高度重视，偏差报告要及时又准确，以便管理人员及时采取措施予以纠正。

在比较预算成本与实际成本时，很多酒吧都会关心主要成本项目，因为这些项目在营业成本中占有相当大的比例。如果这些成本与预算设定的标准一致，那么经营者就会试图提高标准，直到酒吧的运作达到最高效率与最佳效果。然而，一旦在标准中出现了偏差，一定要评估出现偏差的原因。以下措施能够十分有效地检测出现偏差的原因：重新盘点库存；检查存货价格；比较制作报表与销售额或顾客结算单；比较销售额与存货清单；比较工时记录卡与工作安排报表；比较工作安排报表与销售额；比较销售额与预测销售额；确保所有的业务活动符合标准。

二、资本预算

资本预算是对酒吧将要投资的项目进行分析，这些项目将对酒吧产生长远影响。在酒吧行业，成为酒吧潜在投资对象的项目大致可分为三类：更新、扩大和安全。

1. 用于更新的投资

这类投资包括那些可以通过更好的效率带来更多收入的资产投资。这种情况一般出现在已经达到最大接待能力的酒吧，他们希望通过新的投资项目来减少生产时间、增加客人数量进而增加酒吧的收入。有时，更新也是为了减少成本。例如，一个制冰机耗能越来越多，即使修理后也无法在正常温度下继续使用，在这种情况下，酒吧就要购买新型制冰机来降低能源成本。设备、家具、固定装配、瓷器、玻璃制品、银制餐具以及布类用品都是酒吧的必用品，由于多种原因，如员工的不小心等导致酒吧经常更新许多小物品。有些物品如果不进行更新，酒吧的经营就无法继续下去，比如银器及布类用品等。

2. 用于扩大的投资

酒吧为扩大而投资可能出于两种考虑：一是对现有酒吧的扩建而进行的投资；二是为扩展到新领域而进行的投资。有些酒吧看准了独特的细分市场，而且发展前景非常乐观，单凭提高效率已无法满足不断增长的市场需求，因此，决定再开一家分店来满足市场需求，同时还可以吸引更多的新客源。开设分店、通过增加空间来扩大现有规模、添置新设备都属于为扩大而进行的投资。这类投资要比更新投资复杂，因为这些投资责任重大，而且数额也巨大。另一类是为了扩展到一个全新的领域而进行的投资。新颖的设想有可能成功，但是，如果预测和可行性研究过于乐观，一项新的投资也会使酒吧损失惨重。

3. 用于安全与环境项目的投资

这一类投资的金额可能是微乎其微的，也可能是非常可观的。它包括为服从政府的强制性规定或保险政策而实施的投资项目。酒吧必须和安全与卫生部门密切合作，保证为员工和客人提供一个安全卫生的环境。

以上三类投资都需要一笔资金作为初始投资，有些还需要在随后的几年投入追加资本。资本预算分析要面对的就是这些投资的成本与收益。当然，如果收益高于成本，那么就值得投资；但是，有些投资属于公益性的，酒吧也不得不在一些不赚钱的项目上投资。

在作资本预算时，有些因素必须考虑在内，也有些因素看似很重要，其实与预算分析毫无关系。如折旧与分期付款等非现金支出要加在账面会计收益之中来确定净现金流量；同样，利息和股息不包括在分析中，因为投资者或提供资金的酒吧已将此记在成本之中了，如果再将利息和股息计入财务现金流量中，就会重复计算。

那么什么必须包括在内呢？一个项目的增加现金流量是酒吧实施此项目与不实施此项目的现金流动量之差。诸如过去投入并已经花费的修复费与经纪人佣金等成本被看作沉没成本，因此不应被包括在内。依次类推，如果酒吧购买新的设备，并决定在安装新设备之前先粉刷厨房，那么这些粉刷费用与此项目或投资无关。尽管可以把这些费用计入这期间的维修费用之中，然而在成本预算分析中不应把它们计算在内。但是，如果酒吧打算用先前租给另一家公司的场所来进行某项投资并放弃本可以收取的租金，那么该租金收益就成为机会成本，与此项目有关，它就要在分析中被计算在内。

一旦相关成本得到确认，就必须确定原始现金支出。原始现金支出是指最初的投资或启动某一项目所需要的货币总额，包括在这类投资中的现金流量，如项目费、运货费、安装费及净流动资金中的一切变量。净流动资金是流动资产与流动负债之间的差。无论是更新还是扩建，新的投资项目都可以增加销售量，但是相应地也会增加现金金额、库存量、应收账款及其他流动资产。较高的销售量需要有较多的现金来应付变动或支付额外的库存，因为销售量增加，存货也必须随之增加。由于要准备更多的库存，酒吧的现有（或手头）资金会被大量占用，酒吧也会欠供应商更多的应付账款。此外，酒吧还需要扩招员工，因此就需要增加应付薪金、应付税金以及其他类似的金额。在更新、改造或扩建带来额外销售额之前，一定要将这些费用稳定下来。

一旦一个项目已开始运营，就可以计算该项目在运营期内每年的现金流量（OCF）了。可以通过获得该项目每年的运营期现金流量来估计该项目的可行性，也可以制定一个收益报表，其中利息费用可以忽略不计，但要加上纳税后的非现金支出。在项目运营期结束时，酒吧还要查看终结现金流量。

一个项目在终结时可能呈现下列三种情况之一：①如果计划项目以其账面价值售出，即将营业记录上的资产以评估的货币金额售出，企业将不赔不赚，也不必考虑补税；②如果项目的销售值高于其账面价值，就会有盈利，酒吧则必须补税；③如果项目的销售值低于它的账面价值，就会有亏损，酒吧可以要求减免税额。除去计算盈利与亏损外，还有在项目开始时所花费的流动资金净额的回收。从理论上讲，既然项目已经结束，额外的钱款与现金流量就已没有必要，这笔钱将作为现金进账流回酒吧。

随着终结现金流量的确定，现金金额应按时间顺序记入账目，以便估计项目的可行性。项目的总现金流量并不是所有数字的简单相加。货币的价值会随着时间的推移而改变。今天的100元不会和5年后的100元相等，因此，必须考虑货币的时间价值，这样才能客观地评估它的价值。

第五节　财务报表和比率分析

酒吧最重要的财务报表有三类：损益表、资产负债表、现金流量表。

损益表反映的是酒吧在某一段时间的收益情况，它可以以日计算，也可以以月、季度、年或其他形式的时间段来计算；资产负债表反映的是酒吧资产、负债和权益之间的关系；现金流量表反映的则是资金的来源和使用情况，即现金的流入与流出，它有助于管理人员了解现金账户的使用和管理情况。

一、损益表

损益表由收入和支出两个部分组成。当收入大于支出时，表示盈利；当收入小于支出时，表示亏损；如果二者相等，则说明收支达到平衡。酒吧的收入包括食品收入、饮料收入、服务费、租金和其他外包服务的收入；支出包括食品支出、饮料支出、人工支出、直接经营费用、行政和综合费用、维修保养费用、外包服务费用、租赁费、折旧费、利息和其他各种杂费。

二、资产负债表

资产负债表反映的是酒吧在一特定时间的财务状况。资产负债表通常划分为两方，一方为资产，另一方为负债和所有者权益，也可以把资产列在表的上方，负债和所有者权益列在表的下方。一般来说，资产可以划分为流动资产和长期资产两大类，其中酒吧拥有的通常在一年内将消耗掉的资产属于流动资产，酒吧将受益一年以上的资产属于长期资产，如机器、设备等属于长期资产。如果建筑物和土地属于酒吧所有，那么这两项也属于长期资产；如果酒吧不拥有建筑物和土地，那么它就需要支出租金或占用费，与资产一样，负债也分为长期负债和短期负债两类。短期负债，又称流动负债，是指酒吧在一年内必须清偿的债务；长期负债是指酒吧可以在一年以后清偿的债务。资产负债表是一种非常实用的财务报表，业主或管理人员通过浏览此表可以立即知晓酒吧的负债是多少。

三、现金流量表

损益表中的净收入并不是现金收入。净收入是酒吧在特定时期所创造的收入，它是总收入减去总支出的差额。但是，并非所有的收入都能立即实现，有一部分收入以应收账款的形式存在，同样，有些支出尽管以支出的形式存在，但却是非现金支出，比如折旧费，所以，净收入并不等同于实际的现金金额。下面只简单介绍一下现金流量表的基本构成，这对管理人员进行有效管理是非常有帮助的。现金流量表可以分为三个部分：经营活动中的现金、投资活动中的现金和财务活动中的现金。这三部分的现金流量与初始现金金额之和就是期末现金金额。

四、比率分析

预算、预测和财务报表都是很重要的文件，但是它们的重要性只有在投入使用时才能体现出来。如果管理人员不根据所掌握的数据进行分析并采取行动，那么这些文件就不会给酒吧带来任何益处。管理人员所要作的分析之一是比率分析。所谓比率分析就是用来解释出现在财务报表中的信息的工具。从本质上说，比率分析就是一种使用一个值除以另一个值的数学计算方式，常以倍数或百分比表示。比率正是通过这些数学关系提供新的信息，从而使这些数字和值更有意义、更具信息性并且更有用。财务比率主要被用来评定酒吧的业绩。财务比率可将单纯的数字转变为有意义的相关术语，从这些术语中，业主与管理人员可以获取价值不菲的信息。

使用最多的四类比率分别是：流动比率、负债比率（偿付比率）、周转率（业务活动比率）、获利比率。

流动比率可以用来评判酒吧偿还短期债务的能力。负债比率或偿付比率可以用来计量举债筹资的程度，并表明酒吧偿还长期债务的能力。周转率或业务活动比率反映了酒吧对可用资产的使用、对应付货款的即时支付以及各项开支。由于可以反映出所赚到的金额，如资产收益率及销货收益率等，所以获利比率采用得最多。这些比率的具体计算原理和方法可以参看有关会计管理和财务的书籍，这里只提及一些酒吧经常用到的比率：

1. 流动比率＝流动资产÷流动负债

流动比率可以让酒吧了解自己的流动资产偿还流动负债的能力。如果流动比率为 1，就表示酒吧的流动资产正好可以偿还流动负债。所以，大于 1 的流动比率对酒吧来说是利好。不过，虽然大于 1 的流动比率是利好，但比率过高，如达到 3 或 4 并非是好事，过高的流动比率意味着酒吧有大量的资金被流动资产所占用。酒吧如果能将部分流动资产用于长期投资则可能获得更多的投资回报。

2. 利润率＝净收益÷总收入

利润率是衡量酒吧收入和销售状况的一个指标。这个数字当然是越大越好，负数则表示酒吧亏损。

3. 库存周转率＝食品成本÷食品平均库存存货

库存周转率反映了酒吧使用库存物品的快慢程度。库存周转越快，表示存货停留在储藏室里的时间越短，所制作的产品越新鲜。

4. 负债与资产比率＝总负债÷总资产

负债与资产比率反映的是酒吧长期偿还债务的能力。有一定比例的负债是良性的，但比例不能太高。如果酒吧的资产过分依赖负债，那么酒吧需要支付的利息就会很多。

第六节　酒吧收益管理

收益管理作为一种极为有效并易于掌握的工具已经被广泛运用在航空、餐饮业、购物中心，用来增加销售和收益；同样这种工具也能在酒吧中运用，来提高酒吧的效益。

一、每座收益指标

收益管理作为一种强大的工具能更好地控制整个销售流程，更好地管理日常客人上座情况和预定情况，在大的航空公司和酒吧，它们常使用"平均每间可供出租客房收入"指标（Revenue per available room，RevPAR）和"每座位里程收入"指标（Revenue per seat mile）来指导服务工作的每一个流程。对于酒吧，更多使用"每小时每个座位上产生的收入"指标（Revenue per Available Seat Hour），使入座销售达到最大化。

由于酒吧所提供的产品具有时间性的特点，特别是这种时间性表现为一张桌子或一张椅子被提供使用的时间。如果酒吧的桌椅在一段时间内没有被使用，那么它在某一时间段的价值和使用价值便消失了，酒吧也失去了在这个时间段获得收益的机会。因此，根据酒吧经营产品的时效性，酒吧每座收益指标的公式为：每座收益＝上座率×平均消费额＝某时段内的收入（或利润）÷（座位数×消费时间）。酒吧之所以应关注"每小时上座收入"，主要原因是每座收益关注的运营流程和预估算，比较过去酒吧取得成功的方法——关注质量服务控制和降低人力和饮料食物成本，虽然这些方法也有优点，但它却不能精确地反映每一工作绩效下的收益；另外每座收益的优点在于通用消费额度和座位使用率的信息提供量化收入流，同时能指导酒吧应如何有效使用可利用的座位空间。

二、每座收益在酒吧管理中的应用分析

从每座收益指标的计算公式可以看出，它使用"某时内的收入"、"可供使用的座位"或"上座率"、"平均消费额"都是已经或正在发生的数据。不同于酒吧收益率的是，每座收益指标是一个平均值，反映的是实际某时收入平均到全部可用的座位上的价格。把上座数所产生的收入当做全部座位被出售的平均价格，能够十分准确地反映整个酒吧的收益情况。

每座收益指标的科学性还可从上座率、平均消费价格的对比中来认识。上座率（Seats Occupancy），是酒吧销售业绩的主要指标之一，也是酒吧利用餐座设备的一项关键指标，其计算公式为：上座率＝已上座的座位数÷酒吧可用的所有座位数。单看上座率是没有多少意义的，例如表7-11。

表7-11　A、B两酒吧每座收益比较

酒　吧	座位数（个）	上座率（%）	平均消费额度（元）	收入（元）	每座收益（元）	收益率（%）
A	200	80	60	9600	48	60
B	200	70	80	11200	56	70

从表 7-11 可以看出，虽然酒吧 A 的上座率比酒吧 B 的上座率高出 10%，但每时的单位收益却不如 B 高，造成二者之间差异的主要原因在，市场的定价不同以及顾客的停留时间不同。如果仅用上座率来考核绩效，虽然上座率高了 10%，但从收益率和每座收益来评价结果是相反的。可见，如果单纯追求上座率对酒吧而言有可能是销售收入越高，反而收益却是下降的。

平均消费额度也是衡量酒吧经营质量的一个重要指标，计算公式是：平均消费额度 = 每时营业收入÷上座数，同样因为受上座率的影响，单就平均消费额度而言，不一定高效益好。如表 7-12 所示。

表 7-12　A、B 两酒吧每座收益比较

酒　吧	座位数（个）	上座率（%）	平均消费额度（元）	收入（元）	每座收益（元）	收益率（%）
A	200	40	120	9600	48	40
B	200	70	90	12600	63	53

从表 7-12 可以看出，虽然酒吧 A 的平均消费额度比酒吧 B 的平均消费额度高出 30 元，但酒吧 A 的收入与收益均低于酒吧 B 的收入与收益，收益率和每座收益合理地反映了酒吧的经营质量，如果单用平均消费额度来作为考核业绩指标，也会得到相反的结果。

从以上两个例子可以看出，单一用上座率或平均消费额度来衡量酒吧经营效益都是不全面的。在计算每座收益的公式中，两个因子都影响着乘积的结果。如果一个酒吧只看重上座率指标，错误地认为，上座率高就是人气旺，效益就好，完全忽视了平均消费额度的作用，平均消费额度会受到影响；或者一味追求提高平均消费额度，在市场供求关系没有大变化的情况下，上座率也肯定会受到影响。收益管理的目标值是建立在"用门市价格售出全部座位"的假定上，实际运营当中实现目标价值是不现实的。即使同时提高上座率和平均消费额度，也需要对市场有敏锐的认识。但总体来说，每座收益作为管理工具，有助于酒吧取得最大化的经营效益。

三、酒吧收益两因子效用分析

在使用每座收益时，为平衡上座率和平均消费额度两个效用，这里面引入一个效用函数模型 $U = F(X_1, X_2)$，在这个等式中，U 为收益效用水平，X_1 为上座率权重值，X_2 为平均消费额度的权重值，当 U 设为一个常数时，$U = F(X_1, X_2) = U^0$，即 U^0 为一个不变的收益效用水平，那么 $F(X_1, X_2) = U^0$，则其所对的几何图形为无差异曲线。根据边际效应规律，当 X（1，2）中的某一方数量每一单位的增加会引发另一方每一单位的减少，如图 7-2 所示。

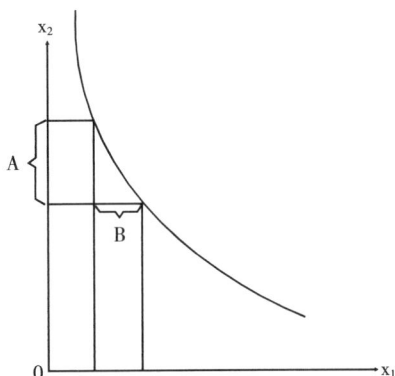

图 7-2　收益模型下无差异曲线形状

从图 7-2 可以看出，只有当收益的边际替代率 $MRS_{12} = \dfrac{A}{B} \geq 1$ 时，即 $A \geq B$ 时，才有可能使得上座率和平均消费额度正相关；否则负相关，反过来 $A \leq B$ 时，也成立。表 7-13 以某酒吧每座收益的不同收益预估情况为例。

表 7-13　某酒吧三种标准每座收益值比较

标　准	座位数 (个)	上座率 (%)	平均消费额度 (元)	收入 (元)	每座收益 (元)	收益率 (%)
A 标准	200	40	180	14400	72	51.4
B 标准	200	60	120	14400	72	51.4
C 标准	200	50	130	13000	65	46

从 A 标准、B 标准分析得出，当上座率减少（增加）50%时，平均消费额度增加（减少）50%，总收益值及每座收益没有增加或减少；当 C 标准减少 20%时，平均消费额度增加 8%，即 $\dfrac{A}{B} = \dfrac{8}{20} \leq 1$，这说明上座率和平均消费额度负相关，该酒吧应根据市场反应调整自身的营销策略。

因此，对于酒吧管理经营者而言，运用每座收益可以使经营者确定采用哪种方式来提高酒吧的经营效益。比如阶段性促销、降价销售、淡季销售定价、旺季抬高入住价格、推出中长期的优惠方案等策略，通过这个公式可以衡量营销策略是否合理。

四、每座收益在收益管理中的运用

收益管理的基本方法多种多样，但结合酒吧的实际情况而言，一般常用的收益管理方法有价格管理（Price Charged）和时间管理（Length of time）两种，而每座收益的优点是能够将价格管理和时间管理所产生的绩效综合进行评估。

1. 每座收益在价格管理中的运用

在现代酒吧管理中，合理制定酒吧产品的价格是每个酒吧经营者都十分关心的问题。如，以成本为基础的定价方法；以顾客需求为基础的定价方法；组合产品的定价方法等。而收益管理研究的定价方法主要是以顾客的需求为导向的定价法。收益管理要求把产品按不同的价格适时地卖给不同类型的顾客，从而获得最大的收益。因此，从本质上说，收益管理是一种差别定价法（又称为歧视性定价法）的应用。

酒吧往往使用相关的价格促销来错开高峰时段的人流量，例如早餐特价、特价菜式促销、半天价、周末价。

以某中型酒吧为例，该酒吧总共有 300 个座位数，有 10 个豪华包间，每个包房有 10 个座位，高峰时段最低消费额为 300 元；普通包间 20 间，每间 5 个座位，高峰时段最低消费额为 200 元；一般厅桌 25 桌，每桌 4 座位，高峰时段最低消费额为 100 元。

如图 7-3 所示，当该酒吧以 100 元的价格不分等级售出座位数时，能获得收入 $100 \times 300 = 30000$ 元；当该酒吧以 200 元的价格不分等级售出座位数时，能获得收入 $200 \times 200 = 40000$ 元；当该酒吧以 300 元的价格不分等级售出座位数时，能获得收入 $300 \times 100 = 30000$ 元；若是分等级出售可获得 $100 \times 100 + 200 \times 200 + 300 \times 100 = 80000$ 元的收入。

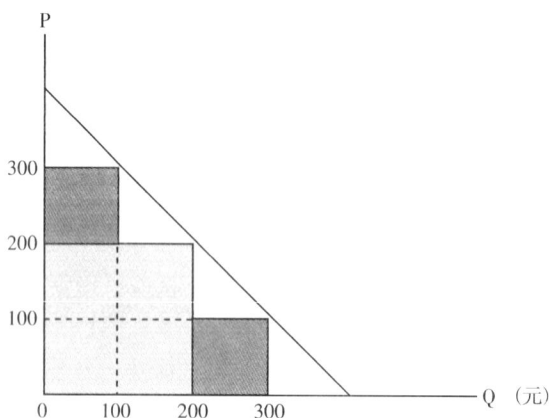

图 7-3　多等级座位收入

表 7-14　某中型酒吧四类标准下每座收益值比较

标　准	座位数（个）	上座率（%）	平均消费额度（元）	收入（元）	每座收益（元）	收益率（%）
A 标准	300	100	100	30000	100	60
B 标准	300	67	200	40000	133	80
C 标准	300	33	300	30000	99	60
D 标准	300	100	200	60000	200	120

从表 7-14 可知，当酒吧选择 A 类标准时，每座收益为 100 元，酒吧定位于低档经济型客户群体，虽然上座率 100%，但对设备的损耗太高，收益率仅 60%；当酒吧选择 B 类标准时，每座收益为 133 元，酒吧定位于中档经济型客户群体，目标收益率处于中高水平；当酒吧选择 C 类标准时每座收益为 99 元，酒吧定位于高收入水平客户群体，但上座率仅 33%，设备存在极大的浪费；当酒吧选择 D 类标准时每座收益为 200 元，酒吧吸纳所有不同层次的群体，上座率 100%，而且对设备的使用十分充分，收益率高达 120%。同时对于酒吧而言，大量的使用折扣是危险的，从 A 类标准时每座收益为 100 元可以看出，顾客通常会将价格与服务质量联系在一起，认为价格较高的酒吧提供的服务更优质，所以导致挤出了 33% 的高端消费客人，转投其他的高档次酒吧。所以，每座收益也在暗示酒吧在选用价格折扣时需谨慎。

2. 每座收益在时间管理中的运用

顾客停留时间通常用顾客实际占用一张桌子的小时数量来衡量，也就是顾客占用餐位的时间。在酒吧需求高峰期，许多酒吧都会面临这样的困境：由于酒吧的接待能力有限，大量的客人等候，有些客人则会放弃等待，转向其他的酒吧。面对这种现象，酒吧可以通过对顾客停留时间进行管理来加速座位的周转率。酒吧管理者应该意识到，酒吧所提供的产品具有时间性，即销售的不仅仅是酒吧产品，还有时间。因此，酒吧应对时间进行有效的管理，尽量缩短顾客的停留时间，提高酒吧的翻台率，从而增加需求高峰时期的营业收入。

以某酒吧 100 座，运营时间为 4 个小时，400 可用座位时间——划分 400 可座/时的每座收益为例。

如表 7-15 所示，在晚上 6~7pm 没有任何营收入，9~10pm 达到高峰时期，如果该酒吧 7~8pm、10~11pm 两时段一般为 40 座/时，那么该酒吧可获得 400 个可用座/时的 280 个入座/时。为了吸引更多的客人提前或延后入座，就必须利用时间的敏感度，使用预定技术来提高低谷期的入座数，如果酒吧的客户通常只花费平均每人 50 元，酒吧在保证两个高峰时段的收入时，则分流每入座 20 座/时到 7~8pm、10~11pm 两时段，可以提高低谷时期的每人消费量 40 元，那么该酒

表 7-15　每座收益运营表

Revenue per Available Seat Hour，每座收益

收入标准：元　　　　　　　　　　　　　　　　　　　　　　　　　　成本比例：28%

时间	座位 （座）	服务座数 （座）	每人消费 （元）	总收入 （元）	酒水消费 （元）	酒水收入 （元）
5~6pm	0	0	0	0	0	0
6~7pm	0	0	0	0	0	0
7~8pm	100	60	40	2400	672	1728
8~9pm	100	100	50	5000	14000	3600
9~10pm	100	100	50	5000	14000	3600
10~11pm	100	60	40	2400	672	1728
总计	400	320		14800	4144	10656
座用使用率	80%					
每座收益	37 元/小时					

吧可得到额外 40 座/小时×40 元=1600 元，因此，如果你能通过时间敏感性来分流让一些客人早到或延迟入店，所得的潜在收益是相当可观的；如果能提高高峰时段的翻台率（例如，一小时内，100 座能达到 120 人入座），那么总量上提高了总入座数，这样弥补了低谷时段的低入座数。运用每座收益分析得知，若低谷时段，上座数仅为 40 座，则即使在 70% 的入座率情况下，每座收益=13200/400 =33 元/小时，则收入与 37 元/小时比较则大为减少。因此，对于一个酒吧经营者而言，通过分析每座收益得出，必须提高服务员的服务技能水平，改进服务流程，以及通过合理的酒单设计来缩短客人的停留时间。

　　每座收益作为一个销售指标，明显比收益率更能体现衡量投资回收的能力。收益率把目标设定为 100%，反映的是实际收入占目标的百分比；而每座收益直接反映的是每座平均收入的值，更直观地反映了整个酒吧的数量和质量。

　　另外使用每座收益对酒吧进行横向比较，可以促使酒吧正确做好细分市场和战略定位。在同档次之间、本地域平均水平之间、与自己竞争条件相当酒吧之间，用每座收益相比较，能够寻找到自己的差距和不足，更加合理确定自己酒吧消费市场的目标客户群，确立自己的优势，预测市场的需求，检测自己的经营能力。

　　再次使用每座收益与本身的历史经营相比较，能够寻找到自身的差距和不足。如果每座收益逐年走低，说明酒吧的经营能力在下降，硬件可能需要改造，服务需要提高，经营必须创新；如稳势走高，说明在上座率和平均消费额度方面还有潜力可挖。尤其在酒单的定价策略上，每座收益可以发挥独特的效用。由此，可以用每座收益来控制降价促销、有奖销售和积累消费的实际意义，增加

酒吧的整体效益。

最后将每座收益与酒吧的经营预算相比较，可以及时纠正偏差。酒吧在经营和管理的各个环节上可根据差距制定每一个改进措施，以修正目标，保证完成经营预算。

总之，提高每座收益的直观效果是酒吧收入的增加，这也是酒吧经营者追求利润的基础。如果经营者能将每座收益的效用发挥得恰如其分，把每座收益作为重要的经营指标和投资回报指标去考核，那么酒吧的收益一定能够稳步提升。

思考题：

1. 结合本章学习，你认为酒水成本由哪些内容构成？哪些属于固定成本？哪些属于变动成本？

2. 作为一个酒吧管理者，如何防止员工在酒吧经营的环节中损害酒吧的利益？

3. 结合所学知识，请设计酒吧财务报表样例。在设计中你得到什么启发？

第八章　酒吧的人力资源管理

本章导读：理解酒吧员工招聘的计划和招聘的重要性；掌握如何培训员工的关键要点，学会评估员工的学习效果；正确把握奖励与惩罚员工方式，稳定员工队伍；遵循国家人事政策，保障和维护劳资双方利益。

酒吧的管理本质是对人的管理，运用科学的方法对酒吧的人力资源进行有效利用和开发，可以提高全体员工的素质，使其得到最优化的组合，发挥最大的积极性，提高全体员工的素质，从而不断提高劳动效率。因此，加强人力资源管理对酒吧具有极其重要的意义。

第一节　酒吧的用人及招聘计划

酒吧人力资源的管理可以分为八个方面：计划和招聘、筛选和雇用、培训和发展、绩效评估、处罚和奖励、解聘、薪酬、劳资关系。

酒吧的人力资源管理有两项主要职能，即员工管理和员工配置。员工为客人提供服务是酒吧的一项主要工作，因此，一个成功的酒吧必须重视员工的素质。因为只有优秀的管理者和优秀的员工加在一起才能为酒吧打造一支优秀的工作团队。

酒吧首先应该建立一个以全职员工为核心的工作团队，必要时可以补充一些大学生和高中生作为临时员工，这些学生往往也比较喜欢工作时间弹性较大的工作。

一、酒吧的用人计划

酒吧要生存和发展，必须依赖优秀的员工和人才，所以酒吧必须制定良好的用人计划，很好地预测所需要的员工数量和质量。预测的最终目标是要把酒吧对员工需求和员工自身的才能有效地结合起来。预测酒吧对员工需求的方法主要有两种，即自下而上式和自上而下式。自下而上式的预测方法是指经理人员根据自己的知识和经验来估计酒吧未来所需要员工的数量。自上而下式的预测方法是指依靠数量分析或统计分析的方法来确定所需要员工的数量，它在一定程度上消除了第一种方法因主观预测而带来的不准确性。那么，下面从雇员需求分析和趋势需求分析的角度来阐述自上而下式的预测过程。

这个过程一般由六个步骤组成：①找出影响招聘员工数量的商业因素；②用图表标明这些因素曾经如何影响员工的数量；③根据酒吧本身的经营状况绘制一个销售趋势表；④通过计算酒吧的平均劳动生产率来进行比较；⑤利用过去的员工比例来推断未来员工的需求量；⑥根据过去或现在可能影响预估数量的因素做出适当调整。

二、工作分析

为了准确地知道需要什么类型的员工，酒吧必须做一份详细的工作分析报告。这项工作不是经常性的工作，并不需要每月或每半年做一次，但是，它必须在酒吧建立之初就开始规划，并随着酒吧的变化和发展不断地加以修改和完善。进行工作分析的步骤包括：选择要分析的职位，确定需要搜集的信息，确定搜集信息的方法，确定搜集信息的人员，处理信息，最后撰写工作描述。

1. 选择要分析的职位

分析职位多长时间做一次完全取决于职位发生变化的程度。内部因素和外部因素都会影响做工作分析的频率。例如，增加新的工作内容是影响分析频率的内在因素；顾客需求的增加或减少、季节性的变化和新竞争对手的加入是影响分析频率的外部因素。总之，内部因素和外部因素的变化都要求酒吧重新进行工作分析。

2. 确定需要搜集的信息

在工作分析中搜集的不同信息服务于不同的职能。主要的信息类型包括实际工作内容、工具、设备、其他必要的辅助工具、工作情况（如与谁共事、工作地点等）、个性特征和行为要求（如守时、富有创造力、工作努力、富有团队精神、具有优秀的公关能力等）以及工作表现标准。

3. 确定信息搜集的方法

搜集所需要的信息主要有三种方法：

第一种是观察法。在这种方法中，管理者只需在工作中监督员工，详细记录他们的工作任务和行为表现。这种方法的一个缺点是很难观察到员工"正常的"工作表现，因为当员工知道自己被关注时通常都会表现得比平时好，这种现象被称为霍索恩效应。另一个缺点是观察者有可能对某些员工存在偏见。另外，观察者的行为不可避免地会影响员工的正常工作。例如，当一名服务员正在工作时，若在一旁仔细地记录他的一举一动，他就会感到不自在，难免影响正常工作。同时，在酒吧的正常经营活动中，顾客发现有人坐在旁边做记录也会觉得很奇怪。

第二种是面谈法，是指管理者直接与做该项工作的员工进行面对面的交流。这种方法的一个缺点是，员工经常会夸大他们工作的重要性，使管理者认为他们的工作必不可少。另外，人们在潜意识里会倾向于告诉对方想要听到的答案而不是实际情况，这种现象被称为海森堡效应。

第三种方法是采用问卷调查表或一览表。这种方法让员工在预先限定的范围内对自己的工作进行评估定级。调查表或一览表的内容一般涉及工作的难度、频率、重要性以及与其他工作之间的关系等。这种方法的优点是避免了面谈或观察法中存在的主观性，不过，应用这种方法时要对问卷的项目进行严格的审查，如果某些项目本身带有偏见性的措辞，那么产生的答案就会不准确。

4. 确定信息搜集的人员

目的、时间和预算都是影响人选的重要因素。有时，雇用第三方要比管理者自己来做这些观察和调查好得多。另外，也可以任用现在或过去的管理人员或现在的员工做这项工作。他们通过观察他人的工作可能还会学到新东西，或者认识到自己的薄弱点，从而在今后的工作中予以改进和完善。让同事代替管理者做这些工作也减少了一些威胁感。许多机构已经开始使用团队形式代替个人形式进行"工作分析"工作，因为团队员工构成广泛，所以观察视角呈现多方位，而且每一步都要经过多人认同。

5. 处理信息

搜集完所有的信息后就该对信息进行处理了。如果采用的是团队方式，那么首先应把观测结果、调查表统计结果和面谈结果综合到一起再进行处理。借助于先进的数字处理系统，结果很快就可以出来。其中，相似的项目被组合到一起，主要项目的加权平均值也可以计算出来。当所有信息处理完毕后就可以着手撰写工作描述，之后再报请审查和核准。

6. 撰写工作描述

虽然各个酒吧的工作描述在具体形式上存在很大的差异，但内容一般都包括以下四个部分：职位识别信息、职位概要、岗位职责和工作规范。职位识别信息一般由职位名称、工作单位、顶头上司的头衔和工资等级组成，它解释的是关于职位是"什么"的基本信息；职位概要是对工作岗位的一个简要总述，强调基本的职责和责任，它解释了职位是"关于"什么的问题；岗位职责和工作规范描述了完成工作所需要的资格和条件。

三、职位设计

完成了工作分析和写出工作描述后工作并没有结束。一般来说，如果某项工作圆满完成，那么荣誉应归属做该项工作的人；如果工作完成得不好，那么做该项工作的人一定会受到责备。但是在酒吧服务行业，有些工作没有做好，可能并不全是做具体工作的人的责任，而是由于职位设计的方式不妥造成的。因此，酒吧管理人员还要重视职位的设计。职位设计的四个技巧是工作简单化、工作扩大化、岗位轮换制和工作内容丰富化。

一项工作既不能太复杂，而使人无法完成，也不应太过简单，而使人觉得缺乏挑战，转而找其他职位。工作简单化和工作扩大化解决的正是这些问题。通过交叉培训增加员工的技术技能是实现岗位轮换制的前提。在工作丰富化方面，可以考虑把额外的或特别的任务交给员工，这样既可以加强他们的技能，同时也减少了工作的单调性。

四、计划招聘及程序

要准确地计算出酒吧所需要的员工数目只是第一步，而且还要招聘到符合要求的员工，需要花费很多的精力和时间，因此需要事先制定一个完善的、标准的招聘程序。另外，还应准备好工作分析、工作描述和工作规范等材料，明确酒吧到底需要什么样的员工，对他们的工作表现有什么具体要求等。同时，还要查阅有关的法律政策规定，保证自己的招聘条件不与有关的法律和规定相冲突。要想招聘到合适的员工，酒吧还要想办法吸引他们的注意，所以，酒吧传达给应聘者的信息也很重要，同时还应该明确酒吧想通过本次招聘了解竞争对手和行业什么样的信息。完成这些准备工作后，需要确定是在内部招聘还是从外部招聘，或者两者都可。因此，在招聘问题上，一定要小心谨慎。

1. 内部招聘

酒吧招聘雇员的途径之一是内部招聘，这种方式有它一定的优势：当员工知道酒吧将从内部选拔人才时，他们的士气会得到很大的鼓舞，被晋升者会觉得受到了领导的重视，工作才能得到了欣赏，他对酒吧的忠诚度将大大提高，甚至那些在本次提拔中没有被选中的员工也会因为看到自己未来的机会而士气高涨。另外，内部选拔也使管理人员对被晋升者的能力有很好的把握，因为这些员工已经在酒吧被考察一段时间了；同时，由于省去了在报纸或网上的广告开支以及复杂的面试程序，所以从内部晋升管理层人员要比从外部招聘在成本上低廉得多；另外，因为他们以前就是酒吧的一员，有本单位工作的经验，所以培训方面的费用也相应减少。

酒吧内部招聘也有它的弊端：首先，它助长了"近亲繁殖"现象。随着时间的推移，酒吧内部的新鲜思想将越来越少。有时，来到酒吧的新人会从其他同类酒吧带来新的观念和思想。即使不是所有的新观念都是正确和完善的，但还是有一些可以被立即采纳或经修改完善后为酒吧所用。其次它有可能影响那些没有得到晋升的员工的士气。

酒吧内部招聘有时还会带有一些政治色彩，有些人的晋升可能归因于他们与管理者的友谊或其他关系。此外，当一个部门的员工被填充到另一部门时，原部门的工作会受到不少的影响。

每种方法都有它的利和弊，关键是怎样运用。只要事情做得公正，被提升的员工确实清楚自己的职责，那就不存在问题。酒吧内部招聘一般采取以下方法：一是张贴通告或在公告栏上直接贴出实际工作岗位，或在酒吧简报上公布当前空缺的职位。二是员工推荐制度，这种方法一般效果都很好，因为员工通常不愿意推荐朋友，除非这个朋友真对酒吧的发展有帮助，否则就会坏了自己的名声。

2. 外部招聘

外部招聘的优势：可以为酒吧注入新的血液和新的理念。通常，酒吧如果总是固定的一些人，就意味着这些人将一次又一次地重复做同样的事情，酒吧逐渐地就丧失了"新鲜感"。从外部招聘可以给管理人员提供接触外部世界的机会，在招聘过程中，他们通过与来自直接或间接竞争对手的求职者谈话，可以了解其他酒吧的运作情况。其实，管理人员通过面试和与求职者谈话可以学到很多东西。另外，团队里拥有新人也给整个团队带来了新的形象，有时还可以增加现有员工为酒吧工作的信心。酒吧如果招聘到合适的员工，有时比培训自己原有的员工还要节省成本。酒吧内部招聘有时可能会带有一些政治色彩，有些员工因为自己的同事得到了晋升而自己仍在原岗位不动也会产生沮丧的心理，从外部招聘正好可以避免这些问题。此外，对外招聘也是宣传酒吧的一种广告形式。当然，如果长时间登招聘广告，只能说明酒吧总是处于缺乏人手的状态。

正如内部招聘一样，外部招聘也有它的弊端：首先，有时很难找到一个与酒吧文化相融合的"最佳人选"；其次，对外招聘会让现有员工感到没有晋升的空间而影响士气；再次，晋升现有员工所需的培训工作相对较少，而从外部招聘新员工要先花较长的时间熟悉工作环境，因此生产效率在短期内可能会下降；最后，当原有员工认为自己与新进雇员一样也能胜任某职位时，酒吧内部就会产生政治问题和个人冲突。

进行外部招聘的途径很多。首先是职业介绍机构或人们通常所说的猎头公司。如果酒吧正在寻找高层次的员工，这些机构应该是很不错的选择，因为它们在推荐人选之前已经进行了筛选。但用此种方式酒吧需要支付相关费用，而且价格不菲。有些机构收取统一费用，但大多数机构都是按照被聘者起薪的一定百分比收取服务费，它们认为薪水越高的员工其附加的标准也越高，寻找的难度也就越大。其次是学校，它们都是酒吧不可多得的人才库，尤其对那些需要兼职人员的酒吧更是如此。大学毕业生，尤其是旅游、饭店管理专业的毕业生是管理层人员的很好人选。一些知名院校或专业甚至会免费为潜在雇主举办人才招聘会。其实，对酒吧来说，这也是一种低成本的广告宣传方式。社会上的一些青年组织也是酒吧招聘兼职或全职员工的来源。酒吧还可以在附近的住宅区、社区公告牌或通讯上张贴或登载广告；在行业杂志上刊登广告也是一个好方法，因为阅读行业杂志的人一般都是对饮食服务行业感兴趣的人。此外，像图书馆、健身中心这样的地方也会有一些信息栏或公告栏。

第二节　员工的筛选和录用

酒吧要在众多的应聘者当中挑选出所需要的人才不是一件简单的事，管理人员在选择应聘者时一般应遵循几个步骤：正确预测要挑选的人才类型；用多重屏障策略缩小挑选的范围；通过加权申请表进一步筛选；了解个人资料，尤其是应聘者的兴趣和爱好；进行聘用前测试；面试；最后完成背景审查。

一、筛选内容和步骤

筛选的内容和步骤主要包括正确预测、合理淘汰策略、表格测试、录用前能力测试以及面试沟通等。

1. 正确预测

预测是指通过观察应聘者在应聘过程中的表现来推测他在实际工作中的表现，目的是据此判断应聘者在未来工作岗位上的表现情况，所以有时也被称为未来雇员预测法。对候选人目前行为的观察方法又称为当前雇员观察法。二者的主要区别在于：信息搜集和判断标准的着眼时间不同、内容不同。

2. 多重屏障策略

这种方法可以在招聘过程的任一环节淘汰应聘者，所以被称为多重屏障策略。这一筛选过程是在"所有的应聘条件都是做好工作的关键"这一基础上进行的。不过，如果应聘者在某方面的超常能力可以弥补其弱点，酒吧可以考虑使用补偿策略。酒吧在使用这种补偿策略时要注意把这些条件列为可选条件，而非标准要求。

3. 加权申请表

加权申请表是为了明确对实际工作有重要影响的因素，通过分析所填写的内容判断哪种性格特点的人能够有效地完成所招聘岗位的工作。

4. 个人信息表

个人信息表能够反映应聘者的一些真实情况，如目前的状况、态度、生活经历和社会价值观等。在个人信息表中也可以问一些无须核实的问题。例如，面试一名新吧台服务员时可以问"你儿时是否喜欢和父母一起做饭？"这个问题，对方的回答在某种程度上可以反映出一些他今后是否可以胜任这个岗位的信息。

5. 录用前测试

有些录用前的测试可以帮助酒吧判断谁是酒吧需要的最合适的雇员。

第一种是传统的笔试，这种测试通常是了解应聘者的认知能力、总体智力水平、抽象思维能力、数字能力、口头表达能力、书面表达能力以及手工操作能力，这些是酒吧的员工所必需的技能，因为在实际工作中，员工要阅读有关活动的布置说明、要与顾客打交道，偶尔还需要处理顾客的投诉。如果员工不具备一些基本的语言文字，可能不能很好胜任酒吧的工作。

第二种测试是诚实度测试，这种测试是设计一个假设的情景，通过应聘者的具体反应来判断他的价值取向。例如，一名员工捡到了顾客丢失的一沓钱，他可不可以据为己有？这一问题对于那些经常接触钱财和酒品的员工来说尤其重要，这两样东西非常具有诱惑力，而且也容易被偷窃。

第三种测试是体能测试。例如，洗碗工要有一定的搬运能力，服务员要具备端盘子的能力等。

在实施以上测试时，酒吧应该确保衡量这些工作表现能力的测试能够在实际工作中发挥作用。当然，最好的办法是把应聘者放在实际工作环境中测试，但是制定实测样板标准却颇有难度。实测确实是一种效果很好的方法，它可以让酒吧对候选人的能力有很好的把握和了解，但也要注意不能滥用。

6. 面试

在招聘过程中一个重要的环节是面试。招聘人员在主持面试时要认真负责，保持清醒，力图通过获取正确的信息来选拔合适的人才，下面是一些注意事项：

首先，不要犯"同类"错误。招聘人员通常容易喜欢那些与自己的兴趣、外表或个人背景相似的应聘者。当他们与这些应聘者交谈时会觉得非常舒服，进而很容易认定这样的人适合在本酒吧工作。为了选拔到酒吧真正需要的人才，招聘人员一定要减少主观性，多注重客观因素，如应聘者的经历、技能和个性等，不要仅仅因为应聘者和自己来自同一座城市或者都喜欢打篮球就认为他合适。另外，招聘人员还容易对那些种族、年龄或性别与自己一样的应聘者抱有肯定态度，这也可能导致未来决策的失误。

其次，招聘人员还应注意不要犯比较错误。要注意用统一的标准和要求来衡量应聘者，不能在应聘者之间进行相互对比。"比较"错误容易出现在下列情形中：刚刚面试了一个很差的应聘者，这时进来了第二个应聘者，其实他很一般，但由于前一个人很差，相比之下，这个普通的应聘者突然变得光彩照人，甚至觉得他是最优秀的人才。所以，招聘人员一定要用统一的要求和标准来提问和衡量所有的应聘者。另外，由于人们通常更为关注负面的信息，忽视正面的信息，所以招聘人员在面试过程中也比较容易被负面的信息所影响和左右。

印象是非常重要的，尤其是第一印象。有时候招聘者会对应聘者的简历或外表形成深刻的第一印象。例如，如果招聘人员比较欣赏有创造力的人，他很可能对某个选用彩纸而不是普通白纸做简历的应聘者产生好感；招聘人员本人很喜欢优雅的穿着，而某个应聘者却没有穿西装打领带，他就很可能不喜欢这个人。所以，作为一名招聘人员，一定要注意在各个方面都保持客观性。

另外，在面试过程中，还容易出现两种极端的现象，即光环效应和魔鬼之角效应。一种情况是，由于招聘人员对应聘者的某一方面非常欣赏，于是便以赞赏的眼光看待应聘者的一切言行，这就是光环效应；另一种情况则是，应聘者的某个缺点比较突出，于是导致招聘人员对他处处都看不顺眼，这就是魔鬼之角效应。招聘人员在面试过程中一定要客观、认真和公正。另外，招聘人员在面试过程中还应专心致志、认真聆听应聘者的回答和讲述，可以准备一个记事本作一些重点的记录。不良的倾听习惯、面试过程中不记笔记、主观推测应聘者后面的谈话都会造成误听和错误的记忆。

作为一个招聘人员，还要注意关注整个面试过程，不能只重视应聘者在面试结束前的表现。面试过程中要注意信息的双向交流，不能搞"一言堂"。如果可能，应尽量让应聘者充分地表达自己，这样才能对他做出更为全面的评价。

面试主要有三种类型和三种提问方式。第一种类型是自由式面试，即问题不是事先设计好的。它的优点是无拘无束，强调自由发挥，缺点是给最后的评判比较工作带来难度。第二种是半自由式面试，招聘人员预先已准备或设计好了问题，但在面试过程中可以灵活掌握。第三种是固定式面试，即问题事先已经准备好，在面试过程中招聘人员将对每一个应聘者在同一时间内以同样的方式进行发问。至于哪种类型最好，则要具体情况具体对待。如果招聘一名管理层人员，可以采用半自由式和自由式面试，这样可以给应聘者提供一个施展才华的空间，也可以在事先设计好的问题之外再提出一个话题来讨论。如果要在 500 名应聘者中招聘 50 名服务员，显然采用固定式面试最为实用。至于面试的提问方式，也可分为三种。第一种是直接提问，应聘者只需回答"是"或"不是"即可。第二种是间接提问，招聘人员鼓励应聘者自由讲述他以前的工作经历、未来的打算和对所应聘职位的设想。第三种是折中式提问，应聘者既要回答"是"或"不是"，又要作一定的自由阐述。同样，每种提问方式都有其利弊，招聘人员应视具体情况加以选择。

7. 背景调查

在确定聘用之前，酒吧最好对即将聘用的人员作一个背景审查。进行背景审查的方法很多，最常用的是电话调查，这种方法最简单，但效果也最差，因为人们一般都不愿意在电话中提供信息，而且由于不是面对面的交谈，所以很难弄清对方所说的"是"是"肯定"还是"差不多"的意思。另一种较好的方法是书面调查，即选择应聘者提供的一个或多个以前工作过的单位进行发函调查。这种方法比较耗时，而且由于这些材料可能会被被调查者看到，所以被调查单位的负责人在提供材料时会有所顾忌。最后一种方法是个人访谈。由于这种方法既耗时又昂贵，所以一般不常用，只有在重要的或特殊的情形下才被采用。总之，酒吧做背景审查时应根据具体情况选择不同的方法。

二、向新雇员介绍情况

迎新情况介绍会主要是为了简要地向新雇员介绍一下酒吧的基本情况和具体的工作情况，并回答他们提出的问题。解除他们在开始新工作前的焦虑。新员工在开始新工作时往往面临一些问题：希望得到更多的信息和信息反馈；建立新的人际关系；适应工作的转换；熟悉新环境。

为了帮助新员工解决好这些问题，酒吧应该精心设计一套方案，让新员工能够在最短的时间内熟悉环境，了解所要做的工作。这套方案的内容应包括：与工作相关的信息，如酒吧规范、管理层对雇员的要求、酒吧政策规定、工作程序等；与酒吧文化相关的信息，如酒吧认可的行为举止规范、不认可的行为举止规范、酒吧的管理理念和战略信念等；具体工作的责任和与技术要求相关的信息，如岗位职责、工作中用到的工具设备和工作绩效的评估方法等。

1. 总体环境

在迎新情况介绍会上，管理人员首先应向新员工介绍酒吧的总体环境，其中包括酒吧的宗旨、管理理念、一般政策规定、工作程序、保险和福利、员工构成、发展目标、员工关系和员工在酒吧中所起的作用等。在大型酒吧，这项工作由人事部的代表来完成，小型酒吧则由总经理亲自来做。这样的迎新情况介绍工作非常重要，它不仅可以促进新员工对酒吧的了解，而且还可以降低未来的员工流失率。即使那些提供店外服务的酒吧也应向新员工作一些必要的介绍，如工作程序、物品和设备的摆放地点等。

2. 具体工作

这一阶段的介绍重点主要是"工作描述"中描述的工作责任、员工工作手册中与他们有关的内容、工作环境、设备的位置、本部门与其他部门的关系等。要带领新雇员参观酒吧以及将要供职的部门，并介绍工作中将接触的同事，这一点对大型酒吧、大型饭店来说更为必要，这些单位规模大、部门多，需要带领雇员实地走一走、看一看，让他们对环境有一定的感性认识。还要向新员工介绍本部门的政策规定和工作程序，包括工作时间、打卡钟的设置、工资待遇、休息安排、抽烟规定、员工就餐等情况。另外，负责介绍情况的人员还应告诉新员工今后的发展前途，让他们了解未来的晋升机会。总之，对具体工作的介绍主要是为了让新员工熟悉岗位职责和工作环境。

3. 辅助学习材料

考虑问题周到的管理人员还应该在向新员工介绍情况的同时发放给他们一些辅助的学习材料，这些材料可以帮助新员工在下班后回顾一下白天所听到的内容，和家人或朋友分享所了解的情况，或者进一步消化介绍会上所听到的大量信息。

4. 需要避免的问题

管理人员要认真对待迎新介绍工作，不能简单地委托其他员工去做，要抓住这个能够使新员工有良好开端的机会，同时自己也要抓住这个直接影响员工行为的最佳机会。下面是在迎新工作中需要避免的几个问题：

第一，不要把重点全部放在书面工作上。不要让员工只填写一大堆表格，否则只会给新员工造成一种局外人的感觉。

第二，避免"米老鼠"方式，即出于让新员工"先对工作有个感受"的想法，而把一些非常简单的工作分配给新员工去做。这种方式容易让新员工认为自己能力不够或是无足轻重的小人物。这种方式之所以被称为"米老鼠"，是因为它缺乏严谨和周密。

第三，要避免过分简单的粗线条介绍。如果提供给新员工的信息模糊、片段化、残缺，那就意味着让他们自己在今后的实际工作中自由摸索，多数情况下的结果不容乐观。

第四，避免提供令人窒息的超量信息，即信息超载。不要一次性向新员工提供太多的信息，信息超载会使新员工在开始工作时心情不愉快。

第五，不要用不切实际的语言向新员工介绍所要就职的工作岗位。研究表明，那些被如实告知岗位利弊的员工更容易长期留在酒吧工作。

第六，不要把全部的迎新介绍工作交给现有的某位雇员。虽然这种方法也不错，但是将整个工作完全交给一名老员工不太合适，它很容易使新员工全盘接受老员工工作习惯中的优点和缺点，况且并不是所有的老员工都接受过"迎新"工作培训，很容易造成新员工之间所接受的信息不对称，给今后的工作埋下祸根。

第三节　酒吧人员的培训与绩效评价

要想使酒吧的经营进一步科学化、合理化、规范化，酒吧管理者就必须对酒吧自身的组织结构、设施设备、资金成本、技术方法、员工状况及人际关系等各种因素加以协调，只有在这些因素之间的关系相互均衡，构成一个有机整体时，才能发挥出最大功效。要想健全酒吧的组织机构，提高员工的劳动生产率，就必须对酒吧员工进行有计划的培训，进一步挖掘人的潜力，发挥人的积极性，最终达到企业的经营目标。绩效考核是对接受培训的学员学习成果的检查，通过考核可以检查学员的各项学习成果，也可以检查培训工作是否成功。

一、酒吧人力资源的培训

酒吧若想不断地进步和发展，员工的培训工作很重要，有效的培训不仅可以促进员工本身素质的提高和发展，还可以为酒吧创造更多的价值。培训是一个由不同环节组成的有序过程，称为培训周期。

1. 培训周期

培训周期应该是一个连续的过程，而不仅仅是一个单一的事件。

培训周期一般从确定培训需求开始，或者说，从对一个问题的认识开始，这个问题通常由预期目标和现实情况之间的差异引起。而这种差异往往呈现出多种表现形式。例如，客人对服务质量的抱怨就是这种差异的一种表现形式，遗憾的是客人并不能告诉我们问题是从什么时候开始出现的，因此，大多数培训计划并非起因于客人的抱怨，而是来源于管理人员和员工对这些差异的发现。

第二个环节是确定培训目标。在这一环节中，管理人员制定培训计划的目标。目标不是固定不变的，它将随情况的变化而变化。有些目标致力于提高员工对客户的服务质量，有些是为了提高生产力或降低成本，有些则可能是为了提高食品质量以及更具体的工作，如改进摆盘方式等。明确培训的目标很重要，否则，培训将毫无意义。

第三个环节是制定培训标准。培训标准是管理人员用来衡量培训效果的基准。事实上，这些基准将成为受培训人员必须达到的标准。一旦达到了这些标准，这个环节就已经完成，可以进行另一个培训项目，或受培训的人员可以开始上岗工作。

第四个环节是挑选合适的学员，学员可以是新员工也可以是老员工。无论是新员工还是老员工，管理人员在挑选学员时应注意培训内容是否适合所选学员的学习能力。很多情况下，培训计划不是太简单就是太复杂，这两种极端都会导致无效的培训。

第五个环节是预测员工已有的知识和能力。在开始一个培训项目之前，管理人员通过测试员工现有的知识、技能和能力可以为日后确定培训内容提供很好的参考。此外，还可以避免把时间浪费在那些学员已经知道的知识上。

第六个环节是选择适当的培训方法和手段。至于具体采用什么方法和手段则取决于培训计划的目标、评价学习效果的标准和员工现有的水平。可以采用一对一的方法，也可以采用示范、小组讲座、分组实践的方法。角色扮演也是酒吧培训中常用的一种形式，它把接受培训的学员放到模拟的情景中，让他们针对实际问题做出反应和决定。

第七个环节是履行培训计划本身。这个环节的关键是遵循预定的培训形式，即将培训周期所确定的前几个环节及培训的方式方法逐一落实。

第八个环节，也是最后一个环节，是培训效果评估。评估环节的目的是为了衡量培训的目标是否已经达到。

2. 确定培训的需要

在确定一家酒吧是否有培训需要时，管理人员应从以下三个方面进行分析：酒吧整体、任务和行为、个人。

管理人员在确定是否有培训需要时，首先应从酒吧的整体需要和发展来考虑问题，因为每个培训计划不仅是对一个部门产生影响，而且对整个机构都产生影响。其次是任务和行为，在酒吧，每项工作都由几项具体不同的任务和行为组成，进行任务和行为分析的目的是确定每项工作到底由哪些具体的任务和行为构成。在进行任何培训之前，工作分析、工作描述和工作规范都是管理人员必须首先考虑的三个关键要素。最后是个人分析，个人分析主要是明确每个员工的长处和短处，据此明确每一个员工所需要的培训种类和项目。

进行分析工作可采用工作抽样法，即一个训练有素的分析师通过系统地观察和考察员工的实际工作表现；另一种类似于工作抽样的方法是实际工作法，在这种方法中，分析师将亲自在岗位上工作并同时观察其他员工的工作表现；还有一种方法叫态度调查法，这种方法可以确定什么时候需要对员工的服务行为进行培训，另外还可以了解员工是否喜欢他们的工作、同事以及管理人员，同时也可用来调查员工对工作的满意程度；常规的员工表现评估也可以了解雇员的长处和不足，如果运用得当，常规的表现评估也有助于确定哪些雇员有必要参加培训。

技能测试衡量的是一个员工以某种方式执行某项任务的能力，这样的测试也可以发现员工的培训需要。其他的表现记录，如缺勤报告、销售业绩、顾客投诉、嘉奖记录、生产力水平都是确定个人培训需要的重要衡量工具。另一种更为直接的衡量工具是顾客的反馈。但是，注意不要每收集一条反馈就开展一次培训，那既不现实也没有必要。顾客的一次反馈对酒吧确定培训需要并没有多大作用，酒吧主动地从大量客户中搜集的反馈意见才具有代表性，调查问卷表是酒吧经常使用的一种信息搜集方式。另外，和即将离开酒吧的员工进行一次面谈，听取他们的建议和看法也不失为一种有益的方法；将离开酒吧的员工通常都比较乐意与管理人员分享他们的经历、经验和信息，这同时也是一条帮助管理人员确定培训需要的途径。另外，管理人员还应有一本重要事件日志。事件日志可以记录雇员的一些好的表现和不好的表现，这些记录不仅可以帮助管理人员确定是否需要培训，同时还可以成为未来培训项目的典型案例。

3. 培训目标

培训目标大致可分为四类：产生反应效果，学习新知识、新技能，提高工作水平，达到某种目标。

第一类目标是指受培训人员对所接受的培训产生某种程度的反应，达到一定的效果。例如，帮助员工戒烟或减肥的培训。第二类目标是指受培训的员工在接受培训的过程中被要求学习一定的知识和技能。第三类目标与工作表现有关。例如，通过提高员工的认真程度和服务态度来改善现有的服务水平。最常见的培训目标是第四类目标，这类目标侧重于最后要求达到的结果，其最终目的是提高个人或群体的可衡量工作成果。

4. 预测

很多管理人员在确定培训需要、制定培训目标、明确衡量标准和挑选好受培训人员后就开始了培训过程，他们忽视了一项必要的工作，即了解员工现有的知识背景和能力，结果造成无法评估培训的最终绩效。

5. 选择培训方法

管理人员在为培训项目选择培训方法时，应遵守几条基本的指导原则：首先，为了获得良好的效果，培训方法应起到激励受培训人员改善个人表现的作用。其次，培训人员要清楚地演示应达到的技能，并让受培训人员积极参与。能够给受培训人员提供练习新技能机会的方法才是好的培训方法。最后，在培训过程中，对受培训人员要及时给予反馈。通过反馈，受培训人员可以知道自己做的是否正确。好的培训方法还应该使受培训人在学习新东西的同时又能不断地巩固已有的知识和技能。培训应从易到难，循序渐进，这样才能形成一股积极向上的学习动力，因为受培训人员在获得成就感后会表现得比较自信。另外，培训人员在培训过程中要注意根据实际产生的问题调整和改进培训方法，这一点很重要。

同时，培训人员还应该鼓励受培训人员积极地从理论知识到工作实践的尝试。

6. 人员配置准则

管理人员运用人员配置准则来确定工作正常运转所需要的员工数量和工作时数，很多管理人员还通过用员工工资率乘以小时数来估算人工开支。

为了更好地理解人员配置准则并对其加以利用，管理人员应该了解下列一些概念：

生产能力：指一名员工在特定时间内所完成的工作量。

工作量（效率）标准：指员工完成的可接受的工作量标准。

实施标准：指完成某项工作应达到的质量水平。

人工预测：指用来估计在特定时间所需工作量的方法。

在进行人工预测时，酒吧常用的方法有两种。第一种是经济趋势线预测法，即把类似几个时期的销售情况用图表示出来，再把过去几个时期的平均销售额用线画出来，然后进行比较和预测。不过，这种方法没有将特定时期的突发事件考虑在内。第二种是移动平均数预测法。这种方法把可能产生的上升或下降的变化考虑在内。移动平均数预测法"抹平"了从特定时期搜集来的数据，用数学公式可以表示为：

$$M_{t+1} = \frac{x_t + x_{t-1} + x_{t-2} + \cdots + x_{t-n+1}}{n} = \frac{1}{n} \sum_{i=t-n+1}^{t} x_i \tag{8-1}$$

其中，n 代表所选取的期数。

这种方法之所以称为"移动"平均数，是因为它在不断地加入新结果的同时把先前的旧结果舍弃掉。

二、培训绩效的评估

为了让员工清楚自己的工作表现，了解工作中哪些方面需要提高、改进，哪些方面需要继续发扬，管理人员有必要对他们的工作表现进行评估。这项工作很重要，如果处理得当，它确实能提高工作效率；但如果处理不当，确实有其消极的一面，不仅耗费时间，而且影响管理人员与其同事之间的关系。

1. 有效性和可靠性

虽然评估工作是必要的，但在具体的实施过程中还应考虑它的有效性和可靠性，这两个问题如果处理不当，很容易在评估工作中造成失误。

第一种失误就是结构性错误，即评估工具不适合用来评估被评估的对象，不具备有效性。第二种错误是内容的有效性问题，即评估内容应该涵盖整体表现而非某一点或某一个侧面，否则将失去有效性。另外，内部评估人员的可靠性也是影响评估工作的一个重要因素。例如，当两个或多个评估人员对同一员工进行评估时，如果他们的意见一致，那么可靠性就高，即成为有效评估；如果意见不同，那么评估人员就要重新进行评估。同时，评估人员在评估过程中注意不要把评估重点放在某个时期的片段上，要注意整个发展过程，也就是说，连贯性也会对评估工具的有效性和可靠性产生影响。当然，既拥有完美的评估工具又有完美的评估人员是一个理想状态，但是，意识到这些挑战也可以使评估人员在评估过程中保持清醒和警惕，尽可能减少发生错误的可能性。

2. 评估科学性和纠偏性

没有经验的管理人员由于对雇员过度宽容或过度苛刻会犯"宽容错误"或"严厉错误"。他们并不是刻意如此，只是由于缺乏经验，所以容易走向一个极端。当然，有些评估人员恰恰相反，他们为了避免极端而给每个人相同的评价，犯了"平均倾向错误"。还有一种常见错误是"近期错误"，是指评估人员只记得最近时期发生的事件，忽视了历史表现，这也是不正确的。避免这种错误的一个方法就是对重要事件进行记录。有些管理人员在评估雇员工作表现时会根据雇员过去的表现进行打分，这又犯了"依赖过去型"的错误。这样的管理人员总是记住员工过去的表现，而不考虑员工近期的工作改进或成绩下降情况。最后一种常见的错误是"光环性错误"，是指有些管理人员只看到员工身上的一个闪光点，而不注意考察其他方面的表现。总之，很多错误都会影响评估工作的正确性，管理人员一定要尽量避免以上错误。

3. 评估系统和排名方法

评估员工主要有三种评估方法：基于品质、基于行为、基于结果。

很多酒吧会综合运用这三种评估方法对员工做出比较全面的评价。至于排名方法，最常见的有两种：一种是将员工分为从最好到最坏的不同等级；另一种是从第一名到最后一名顺序排列。最简单又直接的排列是将所有员工从第一名到最后一名排列。还有一种方法是比较排列，它以岗位标准为基础对员工的表现进行比较，然后排出顺序。

4. 评估方法

虽然通常所采用的评估系统只有三类，但评估方法仍然多种多样：

第一种，简单地将员工进行从头到尾的排序。最好的员工排名第 1 位，排名第 10 位的员工肯定没有排名第 7 位的表现出色。使用这种方法的问题在于如果有 10 名员工，那么没有人知道排名第 10 位的员工表现到底如何不好。另外，如果这个酒吧的员工都表现不错，那么排名第 10 位的员工只是没有排在他前面的 9 个员工那么出色，但仍然是一个好员工。另一个方法是强制分等法，在正态分布曲线中，大部分员工的表现位于中间位置，非常好和非常差的员工占很小的比例。这种方法与排序法一样，都是把员工强制划分到某个类别，这样的评估事实上并未提供任何具体的信息。

第二种，行为量化评等法（BARS）。它的优点在于改进了单一的评等法，单一评等法把员工划分为 1~5 的等级，其中，1 代表表现最差，5 代表表现最好，而行为量化评等法在每一个分值后都有具体的表现描述。例如，就"工作守时"这一考察项来看，5 表示非常守时，没有迟到，4 表示一年中有少于 2 次的迟到，3 表示一年中有 3~5 次的迟到，1 则表示经常迟到。在这种方法中，每一个分值都有一个相应的描述，管理者可以更好地区分员工的表现。

第三种，叙述法。这种方法可以更深入地反映实际情况，但缺点是比较耗时。叙述法中所记录的细节可以详细地反映员工的优点和不足之处，管理人员除了在评估项上打分外，还要就某些方面进行详细的叙述。"重要事件记录法"也是一种常用的方法，它和叙述法类似，强调的是在评估期内对重要事件进行记录，所选取的事件可以是好的，也可以是不好的，但必须是重要的。这两种方法都是很不错的评估方法，但并不适合每一名员工，因为它们要花费很多的时间，所以它们更多地用于对管理层人员的表现评估。

第四种，目标管理法（MBO）。在这种方法中，员工在评估阶段一开始就设定一些目标，当然这些目标必须经过直属主管的批准。例如，如果目标仅仅是争取上班不迟到，那目标的设立就很不充分，主管就不会批准为有效的目标。不过，如果主管人员设立一些不切实际的目标也同样是不合适的。因此，这些目标的设立需要建立在评估人员和被评估人员意见达成一致的基础上。可以想象，这是一项非常耗时的工作，也正因如此，所以这种方法也更多地用于对管理层人员表现的评估上。目标评估法的优点在于，由于目标是员工和直属主管共同设立的，所以他们会更尽心尽力地去实现。

5. 评估工作的培训

绩效评估不是一个简单的过程。管理人员需要了解怎样才能公正而有效地开展评估工作，给员工提供正确的反馈，并对员工积极的表现给予肯定和表扬，同时指出有待提高和改进的地方。为做好评估工作，管理人员或评估人员应接受适当的培训，了解以下一些重要的注意事项：

首先要熟悉评估工作中经常发生的各种错误，不要落入错误的陷阱。如果是观察员工的表现，那么应该知道如何用客观的方法来处理所观察到的信息。同时还要为所观察到的信息建立一个标准的参考体系。无论采用哪一种评估系统，管理人员或评估人员在正式运用之前都应彻底理解这个系统。做好评估工作的最好方法是先获得一些实际的经历和经验，因此，如果可能，可以先参加其他人所主持的评估工作，并认真学习和观察。由于评估具有一定的机密性，找到这样的机会并不容易，所以也可以先试着和其他的管理人员或评估人员做一些模拟评估练习。

6. 评估和制度

绩效评估除了具有机密性外还很敏感，所以管理人员对所要评估的内容应该小心谨慎，注意符合制度的有关规定。从评估内容来说，它必须建立在职员岗位要求的基础上。评估要以工作表现的特定范围为基础，不要把面延伸得太广。评估订立的行为标准应具有客观性和可实现性，评估结果要留有记录。最后要对评估结果的有效性进行评价。从过程来说，要把评估标准传达给员工，并确保他们能够理解。如果评估标准不为人所知或进行暗箱操作，那么整个评估过程将会毫无意义，也没有人会把它当回事。评估的具体说明应该落实到书面，让所有员工了解细节。如果能有一个达到评估要求的人员参与评估过程，那么对减少偏见和失误将非常有益。评估工作完成之后，评估人员应该安排时间单独约见被评估人员共同核实评估结果。不应把评估结果看作一个秘密，而应看作管理者和员工之间进行交流的一种工具，它的作用既是记录员工的表现，又是一种激励员工改进工作表现的有效手段。最后，每个酒吧都应制定一个合法、正规的评估程序，并让员工明确了解这个程序。

第四节　酒吧奖惩与福利待遇管理

酒吧奖惩有助于提高公司经营管理效率；而加强员工薪酬管理，既是国家法律、法规及公司有关规定的要求，也符合"按劳分配、效率优先、兼顾公平"的分配原则，因此，酒吧奖惩与福利待遇管理决定着酒吧的人员稳定。

一、处罚和解聘

处罚和解聘员工需要注意人员流动率、人员流动产生的机会成本以及流动的原因，以免由于处罚影响正常的工作。解聘员工要按照《劳动法》的要求按流程处理，并对人员进行离职面谈。

1. 确定人员流动率

与其他经营单位一样，酒吧同样会出现处罚和解聘的情况。当然，没有雇主是抱着处罚和解聘的意图去招聘员工的。只要职位出现空缺，无论是解雇还是职员主动辞职，总要雇用新员工并加以培训。这种替代过程称为人员流动，酒吧不仅要计算离开酒吧的员工数量，而且还要计算人员的流动率。下面是计算离职率的公式，计算的方法是用人员流动的数量除以酒吧的总人数，再乘以100%：

离职率＝（离职人数/工资册平均人数）×100%　　　　　　　　　　（8-2）

在很多情况下，解聘或终止劳动合同是由酒吧主动提出来的。例如，某个员工的工作没有达到标准，管理人员已经尽其所能帮助他了，但仍没有任何效果；或者某名员工经常在酒吧中偷窃，此时最明智的做法就是解雇这名员工，否则，这名员工的行为就会像癌细胞一样在员工中扩散，给酒吧带来不良影响。当然，还存在另外一种管理者不愿看到的解聘形式，如酒吧的优秀员工由于个人或家庭的原因辞职。因此，除了离职率之外，一些酒吧还计算净流动率：

净流动率 = (补充人数/工资册平均人数) × 100%　　　　　　　　　　(8-3)

通过式 (8-2)、式 (8-3)，管理人员可以大概计算出他需要聘用多少新员工来维持酒吧的正常运营。

2. 人员流动的成本

人员流动的成本是昂贵的，而且没有什么方法可以有效而快速地解决这个问题。有观点认为，人员流动并没有什么成本，因为一名员工离职后肯定有另一名员工接替他的工作，而且酒吧在新员工试用期间还不必支付工资，酒吧实际上少了一份工资开支。这种说法在某种程度上也许是正确的，但有时会使酒吧开支增加。例如，如果某个岗位少了一名员工，其他员工必须加班才能完成既定工作任务，那么酒吧就要支付加班费，这比雇用一个新员工的成本还要高。再说，工资问题只是其中的一个小问题，与人员流动相关的成本问题实际上还有很多。

解聘员工的成本首先包括解雇金、离职面谈费用、档案保管费用、停止福利和支付失业金等；如果该员工一直在酒吧工作，那么这些支出就不会产生。其次是替代成本，这项成本包括与聘用新员工相关的所有成本，如聘用前的调查、面试、考核、讨论会、招聘工作的差旅费、某些新员工的派遣费和体检费等。另外还有培训成本，如情况介绍会、印制新员工的个人信息表、下降的生产率等都是培训成本的一部分。一个新人在培训结束前就能高效率地工作的可能性很小。工作越复杂，培训的时间就越长，培训成本也随之上升。培训材料、指导人员的报酬和设施的费用都包括在培训成本当中。

3. 人员流动的原因

员工离职的主要原因如下：

第一是工资待遇。尤其是那些按小时计算报酬的岗位，工资待遇本来就不高，加上酒吧的业务有其独特的不可预知性，有时员工要连续几个星期加班，有时则连全职员工都会无所事事。不过，总体来说，工资高低仍然是决定去留的主要原因。

第二是与同事和管理人员不能友好相处。人们通常都愿意待在自己喜欢的工作岗位上，他们看重与同事和管理人员的和睦关系，哪怕工资低一些也无所谓。相反，如果人们不喜欢与身边的同事共事，即使待遇很不错，他们也会辞去工作，其中对顶头上司的不满又被列为人员流动的首要因素。

4. 降低人员流动率的措施

鉴于酒吧服务行业的高人员流动率，不少管理人员已经熟视无睹，一旦发生人员流动，他们首先想到的是新的招聘工作。其实对于人员流动问题还是可以采取一些长期和短期的措施予以防范的。

首先应该检查一下酒吧的文化，确保酒吧文化氛围是积极向上的，所有员工都在为实现酒吧的目标而兢兢业业地工作。管理人员可以向那些即将离开酒吧的雇员了解一下离职原因，但更应该问问那些依然待在酒吧工作的员工他们留下来的原因。这也是与员工交流沟通的渠道，只有认真倾听员工的建议和意见，让他们参与到酒吧的决策中去，才能让他们有一种主人翁的感觉。当然，员工的要求不可能是100%的可行，但一般来说，他们还是比较现实的，有些要求甚至微不足道，并不会给酒吧带来多少经济上的损失。另外，管理人员还要注意提醒主管人员不要对员工抱有成见，同时自己也要警惕这方面的问题。管理人员要注意培养新员工的酒吧文化意识，制定合理的招聘计划，在迎新情况介绍会中要仔细阐述酒吧的文化，认真对待面试过程，不要随便雇用人员。

酒吧还应制定一些长期策略以吸引员工，让他们喜欢自己的酒吧。为了使员工能够和睦相处，以团队的形式在酒吧工作，管理人员可以组织一些集体活动，如野外聚餐、每月生日会都是不错的活动形式，而且开销也不大。这些活动能让员工在一个非工作环境中聚在一起，增进了解和友谊。另外要注意开发一些额外的培训项目，当人们不断接触新事物时就不会感到乏味，他们会时刻准备迎接新的挑战。如果员工的整体素质和服务水平得到了提高，很多工作就可以高质量、高效率地完成，那么员工的工资待遇自然就应该得到调整。管理人员还应帮助员工设计一下自己的职业生涯，看到自己的发展前途，这样他们就不会把工作当作只是"来上班"而已。当然，确实有些员工一辈子乐于做个普通的员工，但很多员工还是希望能够不断提高自己，学习新知识、新技能，在事业上有所发展。同时，当管理人员给员工提供帮助和指导，给予工作和事业上的忠告时，员工会意识到领导在关心他们，这就很容易建立信任感和增加对酒吧的忠诚度。

对于管理人员来说，想要使员工长期留在酒吧工作，酒吧可以设计一些合作计划和利润分成计划。还可以建立一个与顾客满意程度挂钩的奖励系统或者其他一些与酒吧目标一致的衡量制度。

另外，一些针对员工全体的激励政策也可以收到很好的效果。例如，对于有家庭特别是有小孩子的员工来说，家政咨询服务和儿童服务项目会很受欢迎。如果酒吧没有能力承办托儿所，尤其是那些规模较小的店外酒吧，可以搜集一些有关儿童看护的信息，如接送时间、收费标准等，然后发给员工。

最后，由于人员流动的一个主要原因是工资待遇问题，所以管理人员在必要时应对工资标准进行适当调整。如果很多人辞职，而且主要是对工资待遇不满，那么酒吧就要考虑是否应该提高工资。

5. 处罚方式

有时，管理人员为了严明纪律，不得不实行一些处罚措施。但这并不是一件容易的事，因为告诉员工某件工作没有做好并要予以处罚，肯定会引起一些不愉快。管理人员实行处罚的方式很多，主要有下列两种：

第一种是简单直接的方式，称为"火炉式"。在这种方式中，如果员工违反了某项规定，他就应该按照有关规定接受公开处罚，没有任何隐藏和缓和余地。

第二种称为"渐进式"。它与"火炉式"办法很相似，但有一个渐进的过程。例如，如果某个服务员第一次迟到，那么一般只给予口头警告，如果再次发生，再给予书面警告并存档。

6. 申诉程序

虽然处罚是必要的，但当员工认为自己被给予不公正的处罚时，应允许其向上级提出申诉。申诉程序一般有下列三种：

第一种是管理人员实行开放政策，直接听取员工和直接主管的意见。

第二种是公开评判，即职工委员会和管理人员在听取申诉意见后，共同讨论做出决定，这种方法可以集中大家的意见，避免片面的看法。

第三种是派专人听取申诉意见。该人负责对申诉事件进行调查。也可以请第三方充当仲裁人，在听取双方的意见后进行调停和仲裁。

7. 解聘

酒吧在处理解聘问题时一定要小心谨慎，首先注意不要违反相关法律和规定，其次要注意自己的权限范围。根据就业自愿原则，酒吧可以因任何原因在任何时间解聘雇员，雇员也可以以任何理由在任何时间辞职。不过，由于雇员和酒吧之间一般都签有劳动合同，所以酒吧还应该根据劳动合同的有关条款以正当理由解聘雇员。通常，按照劳动合同和员工工作手册，只要雇员遵守合同和手册的有关规定，把自己的工作做好，他就有权利继续留在酒吧工作。对于某个解聘是否公正合理，有时很难给予评判。当然，酒吧也确实有不公正的解聘事件发生。

8. 离职面谈

离职面谈或解聘面谈不是一件很愉快的事，但本着负责的精神，管理人员应该在被解聘雇员离开之前与其进行一次离职面谈。在面谈时，管理人员应注意下列事项：首先，利用这次面谈机会找出员工工作中存在的问题。管理人员通过离职面谈可以了解不少细节信息以及吸取一些经验教训。其次，在进行面谈前要整理好相关的证明材料并在面谈时带上，证明材料要包括以往的处罚记录。再次，在面谈时最好能够重申和解释解聘的具体原因。此外，在面谈时要注意尊重被解聘的雇员，避免员工生气或发生个人冲突，并应告诉他酒吧将对解聘的原因保密。如果在面谈时能有证人在场将更好。最后，如果可能，最好还向他推荐一些其他的就业机会。

二、薪酬管理

薪酬管理是人员管理的一方面，工资待遇较低是造成人事变动的重要原因之一。因此，对于管理人员来说，有必要懂得薪酬管理方面的知识。现行的薪酬体系中一般包括基础工资（周薪或月薪）、奖金以及销售提成之类的项目。除此之外，很多员工享受一部分延期收入，包括保险、养老金、社会保险福利等福利项目以及度假、节假日、病假等非工作期所享受的收入。

1. 影响薪酬规划的重要因素

影响雇员薪酬的因素很多，其中有几个较为重要。如社会经济状况或酒吧经营状况的影响、内部和外部劳动力市场的影响、雇员对薪酬的期望值、工会与政府的影响、生活费用水平和货币实际购买力等。劳动力市场方面的影响也是一个重要因素。通常，劳动力市场分布很不均匀，薪酬水平一般随劳动力市场的变化而变化。同样，酒吧内部的经营状况也会影响其薪酬水平，利润高的酒吧与利润低的酒吧相比，当然能向其雇员支付更多的薪酬。

2. 岗位评估决定薪酬等级

岗位评估是决定薪资级别或薪资标准的一种方法，它不同于绩效评估。绩效评估的重点集中在个人即员工身上，而岗位评估的重点集中在工作和任务上。进行岗位评估四种应用最广泛的方法是排序法、分类法、指向法、比较因素法。

年薪是确定岗位类别或岗位等级薪酬水平的重要影响因素，尤其是在有工会组织的酒吧里更是如此。业绩通常是决定同一级别内薪酬水平的第二大因素。这种制度创造了一个可以不断激励员工全力工作的有效奖励体系。第三大因素是双层薪资体系，即实行两种不同的薪资标准。这一体系按照员工参加工作的时间点来划分，某一确定的时点之前来的员工被支付较高的工资，之后来的员工则被支付较低的工资。在这种体系中，现有员工的优势在于只要他们继续效力于酒吧就可以保持在一个较高的薪酬水平上。不过，这容易造成不平等问题，使领取较低工资员工的生产效率可能会下降。还有一种是以技能为基础的薪酬体系，在这种体系中，酒吧根据雇员的技能水平而不是工作或任务来确定薪资，最终导致薪酬直接与雇员能胜任的不同岗位挂钩。在以知识为基础的薪酬体系中，知识与薪酬的联系更甚于技能与薪酬的联系，在这种体系下，雇员可以通过使自己变成现行工作领域内的专家来提高自己的薪酬。以技能为基础的薪酬体系最大的优势在于，雇员在学习了新技能后可以调配到其他岗位上工作；劣势则在于雇员学习额外附加的技能将增加劳动力成本，而且，有些雇员在掌握了工作所需的全部技能后成为了"封顶人物"，在酒吧内已无向上发展的空间。

3. 奖励方案与节省开支

除了薪酬待遇外，酒吧还可以通过福利和奖励项目来留住优秀的员工。有效的奖励方案应该具备基本特征如下：要达到员工都能明白的特定目标；目标要公平并易于衡量；在生产率和行为表现方面留有提高和改进的空间；目标要合乎实际，能够实现；奖励要有足够的吸引力，使员工能够发挥自己最大的努力；对员工生产率提高和表现改进方面的奖励应与其他奖励挂钩，比如晋升机会；奖励要和工作结果挂钩，而不是看工作时间的多少；奖励措施应尽快兑现。

酒吧将表现与工资挂钩有四个主要的优点。第一，可以留住优秀的员工。第二，由于表现与工资挂钩，可以促进劳动生产效率的提高。第三，当效率提高后，劳动力成本自然下降。第四，激励员工认真工作，努力完成酒吧的各项目标。

当工作不适合合作而个人努力能给酒吧带来最大利益时，酒吧应实行个人奖励方案；当团队协作是某项任务的目的或团队工作更能给酒吧带来利益时，酒吧应实行团队奖励方案。这种奖励方案的理论基础是，如果员工通过提高效率，降低了成本，增加了酒吧的利润，那么他们就应该有分享的权利，即应该得到酒吧的奖励。

4. 福利、养老和退休金

管理人员应把国家有关于福利、养老和退休金的法律法规传达给每位员工，使他们明白酒吧支付给他们的不仅仅是工资。此外，根据酒吧具体情况，还有一些自愿性的福利。

三、劳资关系

人员管理的最后一个主要方面是劳资关系。酒吧中的劳资关系涉及法律、协商和谈判等多方面的内容。如果可能，人事劳动关系应该一直保持在一个相对稳定的状态。众所周知，情绪快乐的员工会将快乐传递给顾客；如果员工不快乐，他也会把这种情绪带到工作中去，带到产品的制作和给顾客提供的服务中去。

思考题：

1. 你认为一个酒吧应该设计多少招聘岗位？如何寻找招聘人员的途径？

2. 酒吧人员的培训应该注意哪些要点？如何评估培训的效果？

3. 劳资双方关系是否会对酒吧经营造成影响？如何规避？

附录一 深圳市各级调酒师实操考核鸡尾酒配制

一、深圳市初级调酒师实操考核鸡尾酒配方

序号	鸡尾酒名称	材料		调制方法	装饰	载杯
1	Alexander Brandy 白兰地亚历山大	白兰地 黑谷咕 淡 奶	1 oz 1/2 oz 1/2 oz	摇和法: A. 将材料加冰料摇匀,滤进杯里。 B. 在杯面上加少许豆蔻粉。	无	香槟杯
2	Brandy Egg Nog 白兰地蛋诺	白兰地 糖 水 鲜 奶 鲜鸡蛋	1+1/2oz 3/4 oz 4 oz 1 PC	摇和法: A. 将材料加冰粒摇匀,倒进杯里 (杯要放些新鲜冰粒)。 B. 在杯面上加少许豆蔻粉。 C. 加吸管一支。	无	哥连士杯
3	Stinger 士天格	白兰地 白薄荷	1 oz 1/2 oz	调和法: A. 将材料加冰粒放进载杯里。 B. 直接搅拌即可。	无	古典杯
4	Manhattan 曼克顿	波本威 甜威末	1 oz 1/2 oz	调和法: A. 用调酒壶将材料加冰块搅匀滤进载杯里。 B. 将红车厘子插杯口。	红车厘子	鸡尾酒杯
5	Whisky Sour 威士忌酸	波本威 柠 汁 糖 水	1 oz 1 oz 1/2 oz	摇和法: A. 将材料加冰粒摇匀,滤进鸡尾酒杯里。 B. 把红车厘子插杯口。	红车厘子	鸡尾酒杯
6	Dry Martini 干马天尼	毡 酒 马天尼 干威末	1+1/2oz 2 Dash	调和法: A. 将材料加冰料搅匀,滤入杯内。 B. 青水榄串胶签或扭柠檬皮放杯中。	青水榄	鸡尾酒杯
7	Pink Lady 红粉佳人	毡 酒 君 度 柠 汁 糖 水 红糖水 蛋 白	1 oz 1/3 oz 1/3 oz 1/3 oz 1/3 oz 1/2 oz	摇和法: A. 将材料加冰粒放进调酒壶内搅匀,滤入杯里。 B. 将红车厘子插杯口。	红车厘子	鸡尾酒杯

续表

序号	鸡尾酒名称	材料	调制方法	装饰	载杯
8	Angel's Kiss 天使之吻	咖啡甜酒 3/4oz 鲜 奶 1/4oz	兑和法: A. 用杯先加咖啡甜酒 3/4oz。 B. 用胶签串红车厘子放入中间。 C. 将鲜奶 1/4oz 从红车厘子中间倒入。	红车厘子	利口杯
9	Fruit Punch 果汁宾治	橙 汁 2 oz 菠萝汁 2 oz 柠 汁 1/2 oz 红糖水 1/2 oz 苏打水 4 oz	调和法: A. 将材料加冰粒在杯内加苏打水搅匀。 B. 红车厘子串橙角插杯口,加吸管。	红车厘子 橙角	哥连士杯
10	Grasshopper 青草蜢	绿薄荷 1 oz 白谷咕 1/2 oz 鲜 奶 1/2 oz	摇和法: A. 将材料加冰粒摇匀,滤进杯中。 B. 将红车厘子插杯口作装饰。	红车厘子	鸡尾酒杯
11	Pimm's No1 飘仙一号	飘仙酒 1+1/2 oz 七 喜 1/2 Bot	摇和法: A. 将材料加冰粒在杯中搅匀。 B. 加青瓜皮一条放杯中。 C. 用胶签串柠片及红车厘子和吸管一支。	青瓜皮 柠 片 红车厘子	哥连士杯
12	Pussy Foot 波斯脚	橙 汁 3 oz 菠萝汁 2 oz 红糖水 1/2 oz 蛋 黄 1 PC 苏打水 2 oz	摇和法: A. 将材料加冰粒摇匀,倒进杯中,加苏打水,搅匀。 B. 红车厘子串橙角插杯口装饰,加吸管一支。	红车厘子 橙角	哥连士杯
13	Snow Ball 雪球	鸡蛋酒 1 oz 七 喜 1/2 Bot	调和法: A. 将材料加冰粒在杯中搅匀。 B. 用红车厘子和吸管一支。	红车厘子	哥连士杯
14	Lemon Squash 柠檬什饮	柠檬汁 1 oz 糖 水 3/4 oz 苏打水 1/2 Bot	调和法: A. 将材料加冰粒在杯中搅匀。 B. 用胶签串柠檬片及红车厘子和吸管一支。	柠片 红车厘子	哥连士杯
15	Bloody Mary 血玛莉	伏特加 1 oz 番茄汁 3 oz 辣椒汁 2 Dash 辣酱油汁 2 Dash	调和法,上盐霜: A. 先将杯上盐霜。 B. 将材料加冰粒搅匀(在杯中)。 C. 西芹条和柠檬片装饰。	西芹 柠檬片	古典杯
16	Black Russian 黑俄罗斯	伏特加 1 oz 咖啡甜酒 1/2 oz	调和法: 将材料加冰粒直接在杯中搅匀即可。		古典杯
17	Screw Driver 螺丝钻	伏特加 1 oz 橙 汁 3 oz	调和法: A. 将材料加冰粒在杯中搅匀。 B. 红车厘子串橙角插杯口。	红车厘子 橙角	古典杯
18	Cuba Libre 自由古巴	白兰姆 1 oz 青柠汁 1/2 oz 可 乐 1/2 Bot	调和法: A. 将材料加冰粒直接在杯中搅匀。 B. 加柠檬片插杯口作装饰及吸管一支。	柠檬片	哥连士杯

续表

序号	鸡尾酒名称	材料		调制方法	装饰	载杯
19	Mint Punch 薄荷宾治	薄荷酒 菠萝汁 苏打水	1 oz 2 oz 4 oz	调和法： A. 直接将材料放进杯里搅匀即可。 B. 菠萝角串红车厘子插杯口，加吸管一支。	菠萝角 红车厘子	哥连士杯
20	Orange Squash 香橙杂饮	橙汁 糖水 苏打水	3 oz 1/2 oz 4 oz	调和法： A. 将材料加冰搅匀即可。 B. 橙角串红车厘子插杯口，插吸管。	橙角 红车厘子	哥连士杯
21	Perfect Manhattan 完美曼克顿	波本威 甜威末 干威末	1 oz 2 Dash 2 Dash	调和法： A. 用调酒壶将材料加冰块搅匀，滤进载杯里。 B. 将柠檬皮放入杯中。	柠檬皮	鸡尾酒杯
22	Perfect Martini 完美马天尼	毡酒 干威末 甜威末	1+1/2 oz 2 Dash 2 Dash	调和法： A. 将材料加冰粒放进调酒壶内搅匀，滤入杯内。 B. 将柠檬皮放杯中。	柠檬皮	鸡尾酒杯
23	Rob Roy 立来	苏格兰威 甜威末	1 oz 1/2 oz	调和滤冰法： A. 将冰块和材料放入调酒壶搅匀，滤入鸡尾酒杯。 B. 红车厘子放入杯中装饰。	红车厘子	鸡尾酒杯
24	Dry Manhattan 干曼克顿	波本威 干威末	1 oz 2 Dash	调和法： A. 用调酒壶将材料加冰块搅匀，滤进载杯里。 B. 将青橄榄串胶签放入杯中。	青橄榄	鸡尾酒杯
25	Salty Dog 盐狗	伏特加 西柚汁	1 oz 3 oz	调和法： A. 先将杯上盐霜。 B. 将材料加冰粒在杯中直接搅匀即可。	无	古典杯
26	Daiquiri 得其利	白兰姆 君度 糖水 柠汁	1 oz 1/3 oz 1/2 oz 1/3 oz	摇和法： A. 将材料加冰粒摇匀，滤进杯中。 B. 将红车厘子插杯口作装饰。	红车厘子	鸡尾酒杯
27	Side Car 旁车	白兰地 君度 柠汁 糖水	1 oz 1/2 oz 1/2 oz 1/4 oz	摇和法： A. 将材料加冰粒摇匀，滤进载杯里。 B. 将红车厘子插杯口。	红车厘子	鸡尾酒杯
28	Tequila Sunrise 日出	特吉拉 橙汁 红糖水	1 oz 3 oz 1/3 oz	调和法： A. 将材料（除红糖水外）加冰放入载杯里搅匀。 B. 将红糖水注入材料上面。 C. 红车厘子串橙角挂杯边。	红车厘子 橙角	古典杯
29	Old Fashion 古典	波本威 糖水 必打士	1+1/2 oz 2 Dash 2 Dash	调和法： A. 将材料加冰粒直接在杯内搅匀。 B. 红车厘子串橙角挂杯口。	红车厘子 橙角	古典杯

续表

序号	鸡尾酒名称	材料	调制方法	装饰	载杯
30	Around The World 环游世界（小）	伏特加 1+1/2 oz 绿薄荷 1oz 菠萝汁 1 oz	摇和法： A. 将材料加冰摇匀，滤入载杯内。 B. 将红车厘子插杯口。	红车厘子	鸡尾酒杯
31	Gimlet 毡冽	毡 酒 1+1/2 oz 青柠汁 1/2 oz	调和法： A. 用酒壶将材料加冰粒搅匀，滤入鸡尾酒杯。 B. 将柠檬片放入杯中。	柠檬片	鸡尾酒杯
32	Rusty Nail 生锈钉	苏格兰威 1 oz 杜林标 1/2 oz	调和滤冰法：将冰块和材料放入调酒壶搅匀滤入鸡尾酒杯。	无	鸡尾酒杯
33	God Father 教父	苏格兰威 1 oz 杏仁酒 1/2 oz	调和法：将材料加冰直接在杯内搅匀。	无	古典杯
34	Fascination 神魂颠倒	椰子酒 1oz 菠萝汁 2oz	调和法： A. 将材料加冰放入载杯里搅匀。 B. 红车厘子串菠萝角挂杯口装饰。	红车厘子 菠萝角	古典杯
35	Victory 胜利女神	金巴利 1oz 橙 汁 3oz	调和法： A. 将材料加冰放入载杯里搅匀。 B. 红车厘子串橙角挂杯口装饰。	红车厘子 橙 角	古典杯
36	Sleigh Hammer 雪橇锤	伏特加 1oz 青柠汁 1.5oz	调和法： A. 将材料加冰放入载杯里搅匀。 B. 柠檬片放杯内装饰。	柠檬片	古典杯

注：①摇和法别名为摇荡；调和法别名为搅拌；兑和法别名为漂浮法；搅和法别名为搅拌机搅匀。
②1oz 指 30ml，1Bot 指一瓶，1pc 指一个，1Dash 指 7.5ml。
以下各表注同此，不再赘述。

二、深圳市中级调酒师实操考核鸡尾酒配方

序号	鸡尾酒名称	材料	调制方法	装饰	载杯
1	Golden Bronx 金色布朗士	金 酒 1 oz 甜威末 1/2 oz 干威末 1/2 oz 橙子汁 1/2 oz 蛋 黄 1Pc	调和法： A. 将材料加入调酒壶加冰摇匀，滤入杯中。 B. 红车厘子挂杯口。	红樱桃	鸡尾酒杯
2	Yellow Bird 黄雀	加里安奴 1 oz 风梨汁 1/2 oz	调和法： 将冰块和材料放入调酒壶搅匀滤入鸡尾酒杯。	无	鸡尾酒杯
3	Apricot Sour 酸杏	杏子白兰地 1oz 柠檬汁 1oz 糖 浆 1/2oz	调和法： 将材料加入调酒壶加冰摇匀，滤入杯中。红车厘子挂杯口。	红樱桃	鸡尾酒杯

续表

序号	鸡尾酒名称	材料	调制方法	装饰	载杯
4	Harvey Wall banger 倒墙	伏特加 1 oz 橙子汁 3 oz 加里安奴 1/3 oz	调和法: 将伏特加、橙汁和冰块放入古典杯搅匀再注入加里安奴,最后橙角、车厘子装饰。	红樱桃 橙角	古典杯
5	Gold Finger 金手指	伏特加 1oz 加里安奴 1/2oz 凤梨汁 1/2oz	调和法: 将材料加冰粒摇匀,滤进杯中。	无	鸡尾酒杯
6	White Lady 白佳人	金 酒 1 oz 君 度 1/3 oz 柠檬汁 1/3 oz 糖 浆 1/3 oz 鸡蛋清 1/2 PC	调和法: A. 将材料加冰粒摇匀,滤进鸡尾酒杯里。 B. 把红车厘子插在杯口。	红车厘子	鸡尾酒杯
7	Singapore Sling 新加坡司令	金 酒 1 oz 柠檬汁 3/4 oz 糖 浆 1/3 oz 石榴汁 1/3 oz 苏打水 1/2 Bot 樱桃白兰地 1/3 oz	调和法: A. 将材料(除车厘白兰地)加冰在杯内直接搅匀。 B. 把车厘白兰地轻轻倒入。 C. 用胶签串柠檬片和红车厘子放杯口作装饰及吸管一支。	柠檬片 红车厘子	克林杯
8	White Russian 白俄罗斯	伏特加 1 oz 甘露酒 1/2 oz 牛 奶 1/2oz	调和法: A. 将材料按顺序注入杯中。 B. 将红车厘子插杯口。	红樱桃	古典杯
9	Tom Collins 汤姆哥连士	金 酒 1 oz 柠檬汁 1 oz 糖 浆 3/4 oz 苏打水 1/2 Bot	调和法: A. 将材料加冰直接在杯内搅匀。 B. 用胶签串柠檬片和红车厘子放杯口作装饰及吸管一支。	红樱桃 柠檬片	克林杯
10	Coin Tea 君度茶	君 度 1oz 热 茶 5oz	调和法: 将材料直接加在杯内,将橙片放入杯内装饰。	橙片	咖啡杯
11	Smile 微笑	朗姆酒 1oz 甜威末 1oz 糖 浆 1/3oz 柠檬汁 1/4oz	调和法: 将材料加冰粒摇匀,滤进杯中。		鸡尾酒杯
12	Heavy Water 重水	伏特加 1oz 金 酒 1oz 糖 浆 1/3oz 苦 精 3dash	调和法: A. 将材料加冰粒摇匀,滤进杯中。 A. 将柠檬片放入杯内装饰。	柠檬片	鸡尾酒杯
13	Lime Daiquiri 青柠得其利	朗姆酒 1 oz 君 度 1/3 oz 青柠汁 1/2 oz 柠檬汁 1/3 oz	调和法: A. 将材料加冰粒摇匀,滤进杯中。 B. 将青柠檬片插杯口作装饰。	青柠片	鸡尾酒杯
14	Grass Skirt 草裙	椰子酒 1 oz 百加得 1/2 oz 菠萝汁 1 oz 青柠汁 1/2 oz	调和法: 将冰块和材料放入调酒壶内摇匀滤入香槟杯。	无	香槟杯

序号	鸡尾酒名称	材料	调制方法	装饰	载杯
15	Mai Tai 美态	朗姆酒　　1 oz Myer's　1/2 oz 橙子汁　2 oz 菠萝汁　1oz 龙舌兰酒　1/3 oz	调和法： A. 将材料加冰粒摇匀，倒进杯里（杯要加新鲜冰粒）。 B. 把菠萝角串红车厘子插杯边作装饰。	红车厘子 菠萝角	古典杯
16	Million Dollars 百万元	金　酒　　1 oz 甜威末　1/2 oz 菠萝汁　1/3 oz 石榴汁　1/2 oz 蛋　清　1/2 oz	调和法： 将材料加冰粒摇匀，滤入杯里。	无	鸡尾酒杯
17	Gin Fizz 毡菲士	金　酒　1+1/2 oz 柠檬汁　1 oz 糖　浆　1/2 oz 蛋　清　1/2 oz 苏打水　1/2 Bot	调和法： A. 将材料（除苏打水）加冰粒摇匀，倒进杯里（杯要加冰粒）。 B. 加满苏打水搅匀。 C. 用柠檬片串红车厘子挂杯口，吸管一支。	红车厘子 柠檬片	克林杯
18	X Y Z	朗姆酒(d)　1oz 君　度　3/4oz 柠檬汁　3/4oz	调和法： 将材料加入调酒壶加冰摇匀，滤入杯中。	无	鸡尾酒杯
19	Golden Fizz 黄金菲士	金　酒　1+1/2 oz 柠檬汁　1 oz 糖　浆　1/2 oz 蛋　黄　1/2 oz 苏打水　1/2 Bot	调和法： A. 将材料（除苏打水）加冰摇匀倒进杯里（杯里加冰粒）。 B. 加满苏打水。 C. 用胶签串柠片及红车厘子挂杯口，吸管一支。	红车厘子 柠檬片	克林杯
20	Virgin Mary 天使玛莉	番茄汁　　3 oz 辣　椒　2 Dash Worcester-shire　2 Dash	调和法： A. 先将杯上盐霜。 B. 将材料加冰粒搅匀（在杯中）。 C. 加西芹1条和柠檬片在杯中。	西芹条 柠檬片	古典杯
21	布朗士 Bronx	金　酒　　1 oz 甜威末　1/2 oz 干威末　1/2oz 橙子汁　1/2 oz	调和法： 将材料加入调酒壶加冰摇匀，滤入杯中。红车厘子橙角挂杯口。	红车厘子	鸡尾酒杯
22	Americano 美国佬	金巴利　　1 oz 甜威末　1/2 oz 苏打水　1/2 Bot	调和法： 先将冰块放入哥连士杯，将材料按顺序放入杯中搅匀，扭柠檬皮放入杯中装饰，吸管一支。	扭柠皮	克林杯
23	Brandy Crusta 白兰地卡斯	白兰地　　1 oz 龙舌兰酒　1/2 oz 柠檬汁　1/2 oz 橙子汁　1 oz	调和法： 将香槟杯做糖边，再加冰块和材料到调酒壶内摇匀滤入杯内，用红车厘子挂杯内边装饰。	红车厘子	香槟杯
24	Between the sheets 两者之间	百加得　　1 oz 君　度　1/2 oz 白兰地　1 oz 柠檬汁　1/2 oz	调和法： 将材料和冰块加入调酒壶内摇匀，滤入鸡尾酒杯内，红车厘子挂杯口。	红车厘子	鸡尾酒杯

续表

序号	鸡尾酒名称	材料	调制方法	装饰	载杯
25	Dubonnet Cocktail 杜本内鸡尾酒	金　酒　1 oz 杜本内　1/2 oz	调和法： 将冰块和材料放入调酒壶内搅匀滤入鸡尾酒杯内，红车厘子放入杯中装饰。	红车厘子	鸡尾酒杯
26	Golden Cadillac 金色卡地拉	加里安奴　1 oz 可　可　1/2 oz 奶　油　3/4 oz	调和法： 将冰块和材料放入调酒壶内摇匀滤入鸡尾酒杯。	红车厘子	鸡尾酒杯
27	Negroni 利格诺尼	金　酒　1 oz 金巴利　1/2 oz 甜威末　1/2 oz	调和法： 将材料放入调酒壶加冰搅匀滤入鸡尾酒杯，柠檬皮装饰。	柠檬皮	鸡尾酒杯
28	Orange Blossom 橙花	金　酒　1 oz 橙子汁　3 oz	调和法： 将冰块和材料加入古典杯搅匀，红车厘子串橙角挂杯边。	红车厘子 橙角	古典杯
29	Planter's Punch 庄园宾治	橙子汁　2 oz 菠萝汁　1 oz 柠檬汁　1/2 oz 石榴汁　1/2 oz 七　喜　3 oz 朗姆酒(d)　1 oz	调和法： 将冰块和材料（除基酒外）放入哥连士杯搅匀，最后加入黑朗姆酒，用橙角串红车厘子装饰，吸管一支。	红车厘子 通用 橙角	克林杯
30	Perfect Cocktail 特色鸡尾酒	金　酒　1oz 甜威末　3/4oz 干威末　1/4oz	调和法： 将冰块和材料放入调酒壶搅匀滤入鸡尾酒杯，红车厘子装饰。	红车厘子	鸡尾酒杯
31	B52	甘露酒　1/3oz Bailey's　1/3oz 君　度　1/3oz	调和法： 按顺序将材料注入杯内。	无	利口杯
32	Zomble 桑比	朗姆酒　1 oz 朗姆酒(d)　1/2 oz 橙子汁　2 oz 菠萝汁　1 oz 柠檬汁　1/2 oz 杏　汁　1/3 oz 石榴汁　1/3 oz 苏打水　2 oz	调和法： 将冰块和材料（除黄梅白兰地外）加入哥连士搅匀再加入黄梅白兰地，红车厘子串橙角挂杯边装饰，吸管一支。	红车厘子 橙角	克林杯
33	Bacardi Cocktail 百加地 鸡尾酒	百加得　1 oz 君　度　1/3 oz 柠檬汁　1/2 oz 石榴汁　1/2 oz	调和法： 将冰块和材料加入调酒壶内摇匀滤入鸡尾酒杯，红车厘子挂杯口装饰。	红车厘子	鸡尾酒杯
34	John Collins 约翰哥连士	威士忌　1 oz 柠檬汁　1 oz 糖　浆　3/4 oz 苏打水　4 oz	调和法： 将冰块和材料放入哥连士杯搅匀，柠檬片串红车厘子装饰，吸管一支。	红车厘子 橙角	克林杯
35	B&B	白兰地　1oz 甜　酒　1oz	调和法： 将冰块和材料加入古典杯搅匀。	无	古典杯

续表

序号	鸡尾酒名称	材料		调制方法	装饰	载杯
36	Gin Sour 酸金酒	金 酒 柠檬汁 糖 浆	1oz 1oz 1/2oz	调和法： A. 将材料加冰粒摇匀，滤进鸡尾酒杯里。 B. 把红车厘子插在杯口。	红车厘子	鸡尾酒杯
37	Brandy Fizz 白兰地菲士	白兰地 柠檬汁 糖 浆 蛋 清 苏打水	1+1/2 oz 1 oz 1/2 oz 1/2 oz 1/2 Bot	调和法： A. 材料（除苏打水）加冰粒摇匀，倒进杯里（杯要加冰粒）。 B. 加满苏打水搅匀。 C. 用胶签串柠檬片及红车厘子挂杯口，吸管一支。	红车厘子 柠檬皮	克林杯
38	New Moon 新月	朗姆酒 香蕉乳酒 可可酒 樱桃白兰地	1oz 1/2oz 1/4oz 1/4oz	调和法： 将冰块和材料放入调酒壶搅匀滤入鸡尾酒杯，绿车厘子装饰。	绿车厘子	鸡尾酒杯
39	God Mother 教母	伏特加 杏仁酒	1oz 1/2oz	调和法： 将冰块和材料加入古典杯搅匀。	无	古典杯
40	Nake Lady 尼克佳人	龙舌兰 君 度 青柠汁	1oz 1/2oz 3/4oz	调和法： 将冰块和材料放入调酒壶摇匀滤入鸡尾酒杯。	无	鸡尾酒杯

三、深圳市中级调酒师实操考核指定鸡尾酒配方

序号	鸡尾酒名称	材料		调制方法	装饰	载杯
1	Pina Colada 椰林飘香	朗姆酒 椰子酒 糖 浆 菠萝汁 可可奶 鲜牛奶	1 oz 1/3 oz 1/3 oz 2 oz 1 oz 3 oz	调和法： A. 将材料放进搅拌器加冰搅匀倒进哥连士杯。 B. 加吸管一支。 C. 菠萝串红车厘子装饰。	红车厘子 菠萝	克林杯
2	Pink Lady 红粉佳人	金 酒 君 度 柠檬汁 糖 浆 石榴汁 蛋 清	1 oz 1/3 oz 1/3 oz 1/3 oz 1/3 oz 1/2 pc	调和法： A. 将材料加冰粒摇匀，滤进杯里。 B. 将红车厘子插杯口。	红车厘子	鸡尾酒杯

续表

序号	鸡尾酒名称	材料	调制方法	装饰	载杯
3	Golden Dream 黄金梦	加里安奴　1 oz 君　度　1/2 oz 奶　油　1/2 oz 橙子汁　1 oz	调和法： 将材料加冰粒摇匀，滤进杯里。	无	香槟杯
4	Brandy Egg Nog 白兰地蛋诺	白兰地　1+1/2 oz 糖　浆　3/4 oz 鲜牛奶　4oz 鲜　蛋　1 pc	调和法： A. 将材料加冰粒摇匀，倒进载杯里（杯要放些新鲜冰粒）。 B. 在杯面上加少许豆蔻粉。 C. 加吸管一支。	无	克林杯
5	Chi Chi 琪琪	伏特加　1 oz 菠萝汁　2 oz 糖　浆　1 oz 鲜牛奶　3 oz 可可奶　1 oz	调和法： 将材料和冰放入搅拌机搅匀倒入哥连士杯（或用调酒壶摇匀），红车厘子串菠萝角挂杯连装饰，吸管一支。	红车厘子 菠萝角	克林杯
6	Margarita 玛加烈打	龙舌兰　1 oz 君　度　1/2 oz 柠檬汁　3/4 oz 糖　浆　1/5 oz	调和法： A. 先将杯上盐霜。 B. 将材料加冰粒摇匀，滤进载杯里。	无	鸡尾酒杯
7	Long Island Ice Tea 长岛冻茶	金　酒　2/3 oz 朗姆酒　2/3 oz 龙舌兰　2/3 oz 君　度　1/3 oz 柠檬汁　1/3 oz Coke　1/2 Bot	调和法： A. 将材料加冰放进杯内搅匀。 B. 用胶签串柠檬片及红车厘子，吸管一支。	柠檬条 红车厘子	克林杯
8	Whisky Sour (L) 大威酸	波旁威士忌　1oz 柠檬汁　1oz 糖　浆　1/2oz 苏打水　6oz	调和法： A. 将材料加冰粒摇匀，倒进杯里加苏打水搅匀。 B. 把红车厘子串柠檬片挂杯口。	红车厘子 柠片	克林杯
9	Irish Coffee 爱尔兰咖啡	爱尔兰威士忌　1oz 热咖啡　5oz 糖　2Barspoon 奶油	调和法： 先用开水烫杯，倒基酒点火燃烧5~6秒，加热咖啡和糖搅匀，再注入奶油。	无	爱尔兰咖啡杯

四、深圳市高级调酒师实操考核鸡尾酒配方

序号	鸡尾酒名称	材料	调制方法	装饰	载杯
1	Aggravation 烦恼	苏格兰威士忌　1oz 甘露酒　1/2oz 奶　油　1/2oz	调和法： 将材料加冰粒摇匀，滤进载杯（杯里要放些新鲜冰粒）。	无	古典杯

续表

序号	鸡尾酒名称	材料	调制方法	装饰	载杯
2	Cherry Champagne 樱桃香槟	甜　酒　1/2oz 香槟酒　4oz	兑和法： 将材料加在杯里即可。	红车厘子	白葡萄酒杯
3	Soft Touch 轻抚	白葡萄酒　1+1/2oz 蛋　清　1/2pc 奶　油　1/2oz 柠檬汁　1/2oz 糖　浆　1oz	调和法： 将材料加冰粒摇匀，滤进杯里。	无	鸡尾酒杯
4	Butterfly 蝴蝶	甜威末　1/4oz 干威末　3/4oz 杜本内　3/4oz 橙子汁　1oz	调和法： 将材料加冰粒摇匀，滤进杯里（杯里要放些新鲜冰粒）。	无	古典杯
5	Mimosa 含羞草	橙子汁　2oz 香槟酒　4oz	调和法： 将材料加冰（两块）在杯内搅匀。	无	白葡萄酒杯
6	Good Fortune 好运气	金　酒　1oz 杏子白兰地　1/2oz 甜　酒　1/2oz 干威末　1/4oz	调和法： 将冰块和材料放入调酒壶搅匀滤入鸡尾酒杯，红车厘子装饰。	红车厘子	鸡尾酒杯
7	Blue Margarita 蓝色 玛加烈打	龙舌兰　1 oz 蓝色龙舌兰酒　1/2oz 君　度　1/2 oz 柠檬汁　3/4 oz 糖　浆　1/5 oz	调和法： A. 将杯上盐霜。 B. 材料加冰粒摇匀，滤进载杯里。	无	鸡尾酒杯
8	Brandy Fix 白兰地 费克斯	白兰地　1 oz 樱桃白兰地　1/2oz 柠檬汁　1/2 oz 糖　浆　1/4 oz 七　喜　1/2 tin	Shaking/Stirring： A. 将材料（除七喜外）加冰粒摇匀，倒进杯里。 B. 加七喜搅匀。 C. 用胶签串菠萝角及红车厘子挂杯口，吸管一支。	菠萝角 红车厘子	克林杯
9	Bacchus 酒神	白兰地　1oz 君　度　1/2oz 石榴汁　1/2oz 茴香酒　1/5oz	调和法： 将材料加冰粒摇匀，滤进载杯里。	红车厘子	香槟杯
10	Around The World（L） 环游世界	金　酒　2/3 oz 朗姆酒　2/3 oz 龙舌兰　2/3 oz 伏特加　2/3oz Menthe(g)　1/2oz 糖　浆　1/2oz 菠萝汁　3 oz	调和法： 将材料加冰粒摇匀，倒进载杯里。	菠萝角 红车厘子	克林杯
11	Champagne Cocktail 香槟鸡尾酒	苦　精　1Dash 香槟酒　3oz 糖　浆　1/5oz	调和法： 将材料按顺序倒入载杯。用柠檬皮擦杯口，放入杯中。	柠檬皮	香槟杯

续表

序号	鸡尾酒名称	材料	调制方法	装饰	载杯
12	Kir 柯尔	白葡萄酒　4oz 黑醋栗　cassis 1oz	兑和法： 将材料加在杯里即可。	无	白葡萄 酒杯
13	Irish Cooler 爱尔兰冰酒	威士忌　2oz 苏打水　6oz	注入法： 先将柠檬皮放入杯中，再放入材料 和冰块。	柠檬皮	白葡萄 酒杯
14	Wine Cobbler 红酒考伯乐	红葡萄酒　3oz 糖　浆　1oz	调和法： 将材料加碎冰在杯内搅匀。	柠檬条 红车厘子	白葡萄 酒杯
15	Tamption blue 蓝色诱惑	椰子酒　1+1/2 oz 葡萄柚汁　4oz 蓝龙舌兰酒　1/2oz 七　喜　1/2Bot	调和法： 将材料加冰在杯内搅匀。	菠萝角 红车厘子	克林杯
16	Royal Kir 皇室柯尔	香槟酒　3oz 黑醋栗　1oz	兑和法： 将材料加在杯里即可。	无	香槟杯
17	Hong Kong Cheung San 香港长衫	金　酒　1+1/4 oz 君　度　1/2oz 薄　荷　1/2oz 柠檬汁　1/2 oz 糖　浆　1/2 oz 蛋　清　1/2 oz 苏打水　1/2 Bot	Shaking/Stirring： A. 将材料（除苏打水）加冰粒摇匀， 倒进杯里（杯要加冰粒）。 B. 加满苏打水搅匀。 C. 用柠檬片串红车厘子挂杯口，吸 管一支。	红车厘子 柠檬皮	克林杯
18	Milk Punch 牛奶宾治	威士忌　1+1/2oz 糖　浆　1/2oz 牛　奶　5oz	Shakeing： 将材料加入调酒壶加冰摇匀，倒入杯 中，在杯面上加少许豆蔻粉。	无	克林杯
19	Royal Coffee 皇室咖啡	白兰地　1oz 热咖啡　5oz 糖　2Barspoon 奶油	调和法： 先用开水烫杯，倒基酒点火燃烧5~6 秒，加热咖啡和糖搅匀，再注入奶油。	无	爱尔兰 咖啡杯
20	Scotch Coffee 苏格兰咖啡	威士忌　1oz 热咖啡　5oz 糖　2Barspoon 奶油	调和法： 先用开水烫杯，倒基酒点火燃烧5~6 秒，加热咖啡和糖搅匀，再注入奶油。	无	爱尔兰 咖啡杯
21	Amaretto Tea 杏仁茶	杏仁酒　1oz 热　茶　5oz	调和法： 将材料直接加在杯内，将橙片放入杯 内装饰。	橙片	咖啡杯
22	Cuba Tea 古巴茶	黑朗姆酒　1oz 热　茶　5oz	调和法： 将材料直接加在杯内，将橙片放入杯 内装饰。	橙片	咖啡杯
23	Bourbon Crusta 波本卡斯	波旁威士忌　1 oz 龙舌兰酒　1/2 oz 柠檬汁　1/2 oz 橙子汁　1 oz	调和法： 将香槟杯做糖边，再加冰块和材料到 调酒壶内摇匀滤入杯内，用红车厘子 挂杯内边装饰。	红车厘子	香槟杯

续表

序号	鸡尾酒名称	材料	调制方法	装饰	载杯
24	Silver Fizz 银菲士	金 酒 1+1/2 oz 柠檬汁 1/2 oz 青柠汁 1/2oz 糖 浆 1/2 oz 蛋 清 1/2 oz 苏打水 1/2 Bot	Shaking/Stirring: A. 将材料（除苏打水）加冰粒摇匀，倒进杯里（杯要加冰粒）。 B. 加满苏打水搅匀。 C. 用胶签串柠檬片及红车厘子挂杯口，吸管一支。	红车厘子 柠檬条	克林杯
25	Gin Cobbler 金考伯乐	金 酒 1+1/2oz 糖 浆 1/2oz 苏打水 3oz	调和法： 将材料加冰块在杯内搅匀。	Lemon slice 红车厘子	古典杯
26	Rum Crusta 兰姆卡斯	朗姆酒 1 oz 龙舌兰酒 1/2 oz 柠檬汁 1/2 oz 橙子汁 1 oz	调和法： 将香槟杯做糖边，再加冰块和材料到调酒壶内摇匀滤入杯内，用红车厘子挂杯内边装饰。	红车厘子	香槟杯
27	Brandy Collins 白兰地哥连士	白兰地 1 oz 柠檬汁 1 oz 糖 浆 3/4 oz 苏打水 4 oz	调和法： 将冰块和材料放入哥连士杯搅匀，柠檬片串红车厘子装饰，吸管一支。	红车厘子 柠檬条	克林杯
28	Pousse Cafe 普士咖啡	石榴汁 1/4oz 石榴汁 1/4oz 君 度 1/4oz 白兰地 1/4oz	Floating: 按顺序将材料注入杯内。	无	利口杯
29	Scotch Fix 苏格兰费克斯	威士忌 1 oz 樱桃白兰地 1/2oz 柠檬汁 1/2 oz 糖 浆 1/4 oz 七 喜 1/2 tin	Shaking/Stirring: A. 将材料（除七喜外）加冰粒摇匀，倒进杯里。 B. 加七喜搅匀。 C. 用胶签串菠萝角及红车厘子挂杯口，吸管一支。	菠萝角 红车厘子	克林杯
30	Rum Collins 兰姆哥连士	朗姆酒 1 oz 柠檬汁 1 oz 糖 浆 3/4 oz 苏打水 4 oz	调和法： 将冰块和材料放入哥连士杯搅匀，柠檬片串红车厘子装饰，吸管一支。	红车厘子 柠檬条	克林杯

五、深圳市高级调酒师实操考核指定鸡尾酒配方

序号	鸡尾酒名称	材料	调制方法	装饰	载杯
1	Rainbow 彩虹	石榴汁　1/7 oz 甘露酒　1/7 oz 薄荷汁　1/7 oz 蓝龙舌兰酒 1/7 oz 加里安奴　1/7 oz 君　度　1/7 oz 白兰地　1/7 oz	Floating: 将材料按顺序注入载杯。	柠檬头 柠檬皮	利口酒杯

附录二　酒吧酒水单中英文对照

一、饮料（Soft Drink）

（一）矿泉水

1. 冰露矿泉水	Ice Dew Mineral Water
2. 火山矿泉水	Volcano Spring Mineral Water
3. 巴黎矿泉水	Perrier Mineral Water
4. 崂山带气矿泉水	Lao Shan Mineral Water（Sparkling）
5. 崂山矿泉水	Lao Shan Mineral Water
6. 雀巢矿泉水	La Vie Mineral Water
7. 雀巢健怡矿泉水	La Vie Promium Mineral Water
8. 屈臣氏矿泉水	Watson's Distilled Water
9. 圣培露矿泉水	San Pellegrino Mineral Water
10. 依云矿泉水	Evian Mineral Water

（二）咖啡

11. 哥伦比亚咖啡	Colombian Coffee
12. 牙买加咖啡	Jamaican Coffee
13. 蓝山咖啡	Blue Mountain Coffee
14. 巴西山度士咖啡	Brazil Santos Coffee
15. 曼特林咖啡	Brazilian Coffee
16. 意大利咖啡	Italian Coffee
17. 意大利浓咖啡	Espresso
18. 意大利泡沫咖啡	Cappuccino
19. 拿铁咖啡	Café Latte（Coffee Latte）
20. 美式咖啡	Café Americano

21. 法式滴滤咖啡	French Coffee
22. 冰法式滴滤咖啡	Ice Franch Coffee
23. 低因咖啡	Decaffeinated Coffee
24. 曼巴咖啡	Special Coffee（Mandeling and Brazil）
25. 速溶咖啡	Instant Coffee
26. 现磨咖啡	Freshly Ground Coffee
27. 冰咖啡	Iced Coffee
28. 浓缩冰咖啡	Specialized Ice Coffee
29. 冰薄荷咖啡	Iced Mint Coffee
30. 冰卡布奇诺	Iced Cappuccino
31. 冰焦糖卡布奇诺	Iced Caramel Cappuccino
32. 冰香草卡布奇诺	Iced Vanilla Cappuccino
33. 冰榛子卡布奇诺	Iced Hazelnut Cappuccino
34. 果味冰卡布奇诺	Fruit Iced Cappuccino
35. 果味卡布奇诺	Fruit Cappuccino
36. 薰衣草卡布奇诺	Lavender Cappuccino
37. 香草卡布奇诺	Vanilla Cappuccino
38. 榛子卡布奇诺	Hazelnut Cappuccino
39. 冰拿铁咖啡	Iced Café Latte
40. 冰焦糖咖啡拿铁	Iced Caramel Latte
41. 冰香草咖啡拿铁	Iced Vanilla Latte
42. 冰榛子咖啡拿铁	Iced Hazelnut Latte
43. 冰菠萝咖啡拿铁	Iced Pineapple Latte
44. 冰草莓咖啡拿铁	Iced Strawberry Hazelnut Latte
45. 冰果味咖啡拿铁	Iced Fruit Latte
46. 黑草莓咖啡拿铁	Blackberry Latte Coffee
47. 拿铁香草	Vanilla Bean Latte
48. 薰衣草咖啡拿铁	Lavender Latte
49. 椰子冰咖啡拿铁	Coconut Iced Latte
50. 黑草莓咖啡拿铁	Blackberry Iced Latte
51. 芒果冰咖啡拿铁	Mango Iced Coffee Latte
52. 蜜桃冰咖啡拿铁	Peach Iced Latte
53. 蜜桃咖啡拿铁	Peach Coffee Latte
54. 香草咖啡拿铁	Vanilla Latte

55. 樱桃咖啡拿铁	Cherry Coffee Latte
56. 樱桃冰咖啡拿铁	Cherry Iced Coffee Latte
57. 榛子咖啡拿铁	Hazelnut Latte
58. 拿铁康沙博咖啡	Café Latte with Con Sapore
59. 香蕉咖啡拿铁	Banana Coffee Latte
60. 香蕉咖啡拿铁	Banana Iced Latte
61. 浓缩咖啡康保蓝	Espresso Con Panna
62. 浓缩咖啡玛奇朵	Espresso Macchiato
63. 冰美式咖啡	Iced Café Americano
64. 菠萝冰美式	Pineapple Iced Americano
65. 芒果冰美式咖啡	Mango Iced Americano
66. 蜜桃冰美式咖啡	Peach Iced Americano
67. 香蕉冰美式	Banana Iced Americano
68. 冰摩卡	Iced Mochaccino
69. 草莓摩卡咖啡	Strawberry Iced Mocha
70. 樱桃摩卡咖啡	Cherry Mocha Coffee
71. 椰子摩卡咖啡	Coconut Mocha Coffee
72. 芒果摩卡咖啡	Mango Mocha Coffee
73. 香蕉摩卡咖啡	Banana Mocha Coffee
74. 冰水果咖啡	Iced Fruit Coffee
75. 法国香草咖啡	French Vanilla Coffee
76. 漂浮冰咖啡	Iced Floating Coffee
77. 巧克力冰咖啡	Iced Chocolate Coffee
78. 巧克力咖啡	Chocolate Coffee
79. 塔拉珠高山咖啡	Tarrazu Coffee
80. 炭烧咖啡	Charcoal Coffee
81. 特雷里奥咖啡	Tres Rios Coffee
82. 维也纳咖啡	Vienna Coffee
83. 杏香咖啡	Saronno Coffee
84. 夏威夷可娜咖啡	Hawaiian kona Coffee
85. 玫瑰夫人咖啡	Rose Lady Coffee
86. 墨西哥冰咖啡	Iced Mexican Coffee
87. 瑞士冰咖啡	Iced Swiss Coffee

（三）茶

88. 绿茶	Green Tea
89. 太平猴魁	Taiping Houkui Tea （Green Tea）
90. 西湖龙井	Xihu Longjing Tea （Green Tea）
91. 信阳毛尖	Xinyang Maojian Tea （Green Tea）
92. 碧螺春	Biluochun Tea （Green Tea）
93. 毛尖茶	Mao jian Tea （Green Tea）
94. 日本煎茶	Japanese Green Tea
95. 大红袍	Dahongpao Tea （Wuyi Mountain Rock Tea）
96. 安溪铁观音	Anxi Tie Guan Yin Tea （Oolong Tea）
97. 台湾阿里山乌龙	Tai Wan A Li Shan Oolong Tea
98. 台湾冻顶乌龙	Tai Wan Dong Ding Oolong Tea
99. 台湾金萱乌龙	Tai Wan Jin Xuan Oolong Tea
100. 台湾人参乌龙	Tai Wan Ren Shen Oolong Tea
101. 君山银针	Junshan Yinzhen Tea
102. 大白毫	White Milli Tea
103. 茉莉花茶	Jasmine Tea
104. 茉莉大白毫	Moli Dabaihao Tea
105. 牡丹绣球	Peony Jasmine Tea
106. 台湾桂花乌龙	Tai Wan Cassia Oolong Tea
107. 普洱	Pu'er Tea
108. 陈年普洱	Age Pu'er Tea
109. 陈年普洱（31 年）	31 Year's Pu'er Tea
110. 红茶	Black Tea
111. 祁门红茶	Qi Men Black Tea
112. 立顿红茶	Lipton Black Tea
113. 大吉岭茶	Daejeeling Tea
114. 伯爵茶	Earl Grey Tea
115. 薄荷锡兰茶	MintTea

（四）茶饮料

116. 冰茶	Iced Tea
117. 冰红（绿）茶	Iced Black （Green） Tea
118. 冰奶茶	Iced Milk Tea
119. 港式奶茶	Hk Milk Tea

120. 巧克力奶茶	Chocolate Milk Tea
121. 冰巧克力奶茶	Iced Chocolate Milk Tea
122. 热柠檬茶	Hot Lemon Tea
123. 冰柠檬茶	Iced Lemon Tea
124. 菠萝冰茶	Pineapple Iced Tea
125. 黑莓冰茶	Blackberry Iced Tea
126. 草莓冰茶	Strawberry Iced Tea
127. 蓝莓冰茶	Blueberry Iced Tea
128. 芒果冰茶	Mango Iced Tea
129. 蜜桃冰茶	Peach Iced Tea
130. 香蕉冰茶	Banana Iced Tea
131. 奇异果冰茶	Kiwi iced Tea

（五）果蔬汁

132. 百香果汁	Passion Fruit Juice
133. 冰果汁	Chilled Juice
134. 菠萝汁	Pineappile Juice
135. 菠萝果茶	Pineappile Tea
136. 苹果汁	Apple Juice
137. 橙汁	Orange Juice
138. 纯木瓜汁	Papaya Juice
139. 芬兰果汁	Finland Juice
140. 凤梨木瓜汁	Papaya and Pineappile Juice
141. 哈密瓜汁	Cantaloupe Juice
142. 红梅汁	Cranberry Juice
143. 火龙果汁	Dragon Fruit Juice
144. 苦柠檬汁	Bitter Lemon Juice
145. 西瓜汁	Watermelon Juice
146. 葡萄汁	Grape Juice
147. 酸枣汁	Wild Ju jube Juice
148. 西柚汁	Graperfruit Juice
149. 时令果汁	Seasonal Fruit Juice
150. 西柠蜜瓜汁	Melon and Lemon Juice
151. 椰汁	Coconut Juice
152. 蜜瓜汁	Honeydew Melon Juice

153. 草莓果汁   Strawberry Tea

154. 蓝莓果汁   Blueberry Tea

155. 蜜桃果茶   Peach Tea

156. 蜜柚汁（冷/热）   Sweer Shadock Juice（Cold & Hot）

157. 汇源梨汁   Hui Yuan Pear Juice

158. 汇源桃汁   Hui Yuan Peach Juice

159. 新奇士橙汁   Sunkist Orange Juice

160. 新奇士柠檬汁   Sunkist Lemon Juice

161. 鲜榨果汁   Fresh Juice

162. 鲜榨青柠汁   Freshly Squeezed Lime

163. 鲜榨蔬菜汁   Freshly Squeezed Vegetabale Juice

164. 番茄汁   Tomato Juice

165. 胡萝卜橙子汁   Carrot & Orange Juice

166. 胡萝卜芹菜汁   Celery & Carrot Juice

167. 山楂胡萝卜汁   Haw & Carrot Juice

168. 黄瓜汁   Fresh Cucumber Juice

169. 胡萝卜汁   Fresh Carrot Juice

170. 苦瓜汁   Bitter Melon Juice

171. 西芹汁   Celery Juice

172. 牵手南瓜汁   Qian Shou Pumpkin Juice

（六）碳酸饮料

173. 可口可乐   Coca Cola

174. 姜汁汽水   Ginger Ale

175. 健怡可乐   Diet Coke

176. 芬达   Fanta

177. 红牛   Red Bull

178. 托尼克水   Tonic Water

179. 雪碧   Sprite

180. 意大利苏打   Italian Soda

（七）混合饮料

181. 百家得可乐   Bacardi Coke

182. 百加地朗姆酒，菠萝汁（又称凤梨汁）

                              Bacardi Rum，Pineapple Juice

183. 百加地朗姆酒，柠檬汁   Bacardi Juice，Lemon Juice

184. 菠萝汁，青柠汁　　　　Pineapple Juice，Lemon Juice

185. 伏特加橙汁　　　　　　Vodka Orange

186. 伏特加苏打　　　　　　Vodka Soda

187. 伏特加汤利水　　　　　Vodka Tonic

188. 伏特加雪碧　　　　　　Vodka Sprite

189. 伏特可乐　　　　　　　Vodka Coke

190. 巴金利橙汁　　　　　　Campari Orange

191. 马利堡菠萝汁　　　　　Malibu Pineapple

192. 绿薄荷橙汁　　　　　　Peppermint Orange

193. 长岛冰茶　　　　　　　Long Island Iced Tea

194. 果汁宾汁　　　　　　　Fruit Punch

（八）其他饮料

195. 热牛奶　　　　　　　　Hot Milk

196. 冷牛奶　　　　　　　　Cold Milk

197. 草原鲜奶　　　　　　　Fresh Milk from the Grasslands

198. 牵手无糖妙士奶　　　　Qian Shou（Sugar-Free）Active Milk

199. 一品乳（无糖）　　　　Milk（Sugar-Free）

200. 草莓奶汁　　　　　　　Strawberry Milk Juice

201. 木瓜奶汁　　　　　　　Papaya Milk Juice

202. 巧克力奶　　　　　　　Hot Chocolate Milk

203. 香草杏仁牛奶　　　　　Vanilla & Almonds

204. 伊利无糖酸奶　　　　　Yili Yoghurt Without Sugar

205. 薄荷＋草莓＋酸奶　　　Mint＋Strawberry＋Yoghurt

206. 薄荷＋荔枝＋酸奶　　　Mint＋Lychee＋Yoghurt

207. 薄荷＋芒果＋酸奶　　　Mint＋Mango＋Yoghurt

208. 薄荷＋青苹＋酸奶　　　Mint＋Apple＋＋Yoghurt

209. 香橙奶昔　　　　　　　Orange Milkshake

210. 草莓奶昔　　　　　　　Strawberry Milkshake

211. 草莓抗氧奶昔　　　　　Strawberry Milkshake

212. 香草奶昔　　　　　　　Vanilla Milkshake

213. 咖啡杏仁奶昔　　　　　Coffee Almond Milkshake

214. 热巧克力　　　　　　　Hot Chocolate

215. 苹果醋　　　　　　　　Apple Vinegar

216. 冰沙　　　　　　　　　Sorbet

二、主食、小吃
(Staple Food & Local Snacks)

1. X.O.炒萝卜糕	Turnip Caka with XO Sauce
2. 八宝饭	Eight Treasure Rice
3. 白粥	Plain Rice Porridge
4. XO 酱海鲜蛋炒饭	Stir–fried Rice with Assorted Seafood in XO Sauce
5. 鲍鱼金丝菇焖面	Stri–friedNoodles with Mushrooms and Shredded Abalone
6. 鲍汁海鲜烩饭	Boiled Seafood and Rice with Abalone
7. 鲍汁海鲜面	Seafood Noodles with Abalone Sauce
8. 北京炒肝	Stir–fried Liver Beijing Style
9. 北京鸡汤馄饨	Wonton in Chicken Soup
10. 北京炸酱面	Noodles with Bean Paste
11. 碧绿鲜虾肠粉	Fresh Shrimps in Rice Flour Noodles
12. 冰糖银耳炖雪梨	Stewed Sweet Pear with Whites Fungus
13. 菜脯叉烧肠粉	Steamed Rice Rolls with Preserved Vegetable
14. 菜盒子	Stir–fried Crispy Cake Stuffed with Vegetable
15. 菜肉大馄饨	Pork and Vegetable Wonton
16. 菜肉饺子	Dumplings Stuffed with Minced Pork and Veg–eble
17. 参吧素菜卷	Sweet Dumplings Stuffed with Cream and Mixed Fruits
18. 草菇牛肉肠粉	Steamed Rice Noodle Rolls with Mushrooms Minced Beef
19. 叉烧包	Barbecued pork Bun
20. 叉烧焗餐包	Barbecued pork Dumplings
21. 叉烧酥	Cake with Barbecued pork
22. 炒河粉	Sauteed Rice Noodles
23. 炒面	Sauteed Noodles with Vegetables
24. 陈皮红豆沙	Minced Red Bean Paste with Orange Peel

25. 豉油蒸肠粉	Steamed Rice Rolls with Black Bean Sauce
26. 豉汁蒸凤爪	Steamed Chicken Feet with Black Bean Sauce
27. 豉汁蒸排骨	Steamed Spare Ribs with Black Bean Sauce
28. 春菇烧卖	Steamed Dumplings Stuuffed with Mushroom
29. 葱油拌面	Mixed Noodles with Spring Scallion，Oil and Soy Sauce
30. 葱油饼	Fried Chive Cake
31. 葱油煎饼	Pancake with Scallions
32. 脆皮春卷	Crispy Spring Roll
33. 脆炸芋头糕	Taro Cake with Preserved Pork
34. 担担面	Sichuan Flavor Noodle
35. 蛋煎韭菜盒	Deep-Fried Shrimps and Chive Dumplings
36. 冬菜牛肉肠粉	Steamed Rice with Minced Beef and Preserved Vegetables
37. 冻马蹄糕	Water Chestnut Jelly Cake
38. 豆浆	Soybean Milk
39. 豆沙包	Steamed Bun Stuffed with Red Bean Paste
40. 豆沙锅饼	Pan-fried Red Bean Paste Pancake
41. 豆沙粽子	Glutinous Rice Stuffed with Red Bean Paste wrapped in Bamboo Leaves
42. 翡翠培根炒饭	Stir-fried Rice with Bacon and Mixed Vegeta-bles
43. 翡翠烧卖	Steamed Vegetables Dumplings
44. 翡翠水饺	Spinach and Meat Dumplings
45. 蜂巢炸芋头	Deep-Fried Taro Dumplings
46. 蜂蜜龟苓膏	Chilled Herbal Jelly Served with Honey
47. 凤城煎鱼脯	Fried Fish and Egg
48. 干炒牛河	Dry-fried Rice Noodle and Sliced Beef
49. 高汤鸡丝面	Noodle in Shredded Chickken Soup
50. 豉油牛仔骨	Steamed Beef Ribs with Black Sauce
51. 广东点心	Cantonese Dim Sum
52. 广式叉烧包	Cantonese Barecued Pork Bun
53. 桂花酒酿圆子	Glutinous Rice Dumpling in Sweet Rice Wine
54. 锅贴	Frid Meat Dumpling

55. 过桥肥牛汤米线	Vermicelli in Soup with Beef
56. 海皇炒饭	Stir-fried Rice with Seafood
57. 海南鸡饭	Hainanese Chicken Rice
58. 海天虾饺皇	Steamed Shrimp Dumpling with Fungus
59. 海虾云吞面	Noodles with Fresh Shrimp Wonton
60. 海鲜炒饭	Fried Rice and Seafood
61. 海鲜春卷	Deep-Fried Seafood Spring Rolls
62. 海鲜锅饼	Pan-fried Seafood Dumpling
63. 海鲜乌冬汤面	Japanese Noodles Soup with Seafood
64. 海鲜虾仁/什锦汤面	Seafood/Mixed Meat with Vegetables Noodle Soup
65. 蚝皇鲜竹卷	Steamed Pork with Shrimp Bean Curd Roll
66. 蚝油叉烧包	Steamed Barbequed Pork Bun with Oyster Sauce
67. 黑椒香蒜牛柳粒炒饭	Stir-fried Rice with Diced and Minced Garlic
68. 黑椒猪肉饭	Stir-fried Rice with Sliced Pork
69. 黑米小窝头	Steamed Black Rice Bun
70. 红肠炒饭	Stir-fried Rice with Egg and Pork Sausage
71. 红豆糕	Red Bean Pudding
72. 红豆沙丸子	Boiled Dumpling Stuffed with Red Bean Paste
73. 红豆沙圆子羹	Sweet Red Bean Paste Filling Glutinous Rice Ball Soup
74. 红豆椰汁糕	Red Bean and Coconut Cake
75. 红烧牛腩饭	Brased Beef Rice
76. 红烧牛腩米粉	Boiled Vermicelli Noodles with Beef
77. 红烧牛腩面	Noodles with Goulash
78. 红烧牛腩汤面	Noodles Soup with Beef
79. 红烧牛肉饭	Stewed Beef Rice
80. 红烧排骨汤面	Noodles Soup with Spare Ribs
81. 红薯金饼	Deep-Fried Sweet Potato Cake
82. 红油抄手	Meat Dumpling in Spicy Sauce
83. 蒸凤爪	Steamed Chicken Feet
84. 花生糕	Peanut Cake
85. 黄金大排饭	Pork Ribs Rice
86. 黄金大排面	Pork Ribs Noodles

87. 黄油马拉糕	Steamed Bread with Sugar
88. 馄饨汤面	Wonton Noodles Soup
89. 火腿炒饭	Stir-fried Rice with Ham
90. 火腿鸡丝乌冬面	Japanese Noodles with Chicken Ham
91. 火鸭三宝扎	Steamed Three Treasures and Duck in Rolls
92. 鸡蛋炒饭	Stir-fried Rice with Egg
93. 鸡蛋韭菜水饺	Dumplings Stuffed with Leek and Egg
94. 鸡丝炒面	Stir-fried Noodles with Shredded Chicken
95. 鸡丝炒乌冬面	Stir-fried Japanese Noodles with Shredded Chicken
96. 鸡汤云吞	Wonton in Chicken Soup
97. 极品粥	Porridge with Assorted seafood
98. 家乡韭菜果	Leek and Pork Bun
99. 煎包	Fried Dumplings
100. 煎蛋卷	Omelet
101. 煎饺	Fried Pork Dumplings
102. 煎酿鲜茄子	Fried Eggplant Stuffed with Pork and Shrimps
103. 煎菜粉果	Fried Vegetable Dumplings
104. 酱鸡腿拉面	Noodles with Chicken in Soy Sauce
105. 酱油肉丝炒饭	Stir-fried Rice and Sliced Pork in Soy Sauce
106. 椒盐花卷	Steamed Bun Roll with Salt and Pepper
107. 金银小馒头	Steamed and Deep-Fried Mini Bun
108. 金玉水饺	Dumpling Stuffed with Corn and Meat
109. 锦绣糯米鸡	Steamed Chicken with Rice
110. 锦江鸡包仔	Steamed Ginger and Chicken Bun
111. 京菜上素包	Steamed Vegetable Bun
112. 京都排骨饭	Rice with Pork Ribs
113. 晶莹虾饺皇	Dumpling Stuffed with Shrimp
114. 韭菜果	Pan-fried Leek Dumpling
115. 韭菜晶饼	Steamed Mashed Chive Pancake
116. 韭黄虾肠粉	Steamed Rice Rolls with Chives and Shrimp
117. 韭王鸡丝春卷	Deep-Fried Chicken Spring Rolls
118. 酒酿丸子	Boiled Dumplings in Fermented Glutinous Rice
119. 咖喱蒸牛肚	Steamed Ox Tripe with Curry

120. 咖喱牛肉酥盒   Curry Beef Puff

121. 口蘑菜胆   Stir-fried Vegetable and Mushrooms

122. 口蘑煎蛋卷   Mushroom Omelet

123. 拉面   Hand-pulled Noodles

124. 腊肉炒饭   Stir-fried Rice with Preserved Ham

125. 腊肉西芹卤汁面   Noodles with Preserved Ham and Celery

126. 辣酱蒸鲜鱿   Steamed Squid with Chili Sauce

127. 醪糟汤圆   Glutinous Rice Balls in Rice Wine Soup

128. 醪糟鸡蛋   Poached Egg in Rice Wine Soup

129. 莲子红豆沙   Sweetened Red Bean Paste and Lotus Seeds Soup

130. 榴莲酥   Crispy Durian Cake

131. 萝卜丝酥饼   Pan Fried Turnip Cake

132. 麻酱花卷   Steamed Bun Rolls with Sesame Paste

133. 麻团   Fried Glutinous Rice Balls with Sesame

134. 马蹄西米花生糊   Cream of Peanut with Water-chestnut

135. 马蹄鲜虾肠粉   Steamed Rice Rolls with Shrimps and Water Chestnut

136. 梅干菜包   Steamed Bun Stuffed with Preserved Vegetable

137. 梅樱海鲜香炒面   Fried Noodle with Seafood

138. 美味排骨面   Noodles with Pork Ribs

139. 米饭   Steamed Rice

140. 蜜糖龟苓膏   Herbal Jelly Served with Honey

141. 蜜汁叉烧包   Steamed Barbecued Pork Bun

142. 蜜汁叉烧酥   Barbecued Pork Puff

143. 明火白粥   Rice Porridge

144. 蘑菇鸡肉酥盒   Chicken Fricassee Vol-au-vent

145. 蘑菇面   Noodles with Mushroom

146. 蘑菇牛肉乳蛋派   Beef and Mushroom Quiche

147. 奶黄糯米糍   Glutinous Rice and Cream Dumplings

148. 奶黄炸蚕茧   Deep Fired Milk Custard Dumplings

149. 奶黄包   Steamed Bread with Milk and Egg

150. 奶香粟米片饼   Golden Corn Pancake

151. 南瓜酥   Pumpkin Puff

152. 南瓜团子	Pumpkin Dumplings
153. 南瓜粥	Pumpkin Porridge
154. 牛肉/高汤榨菜肉丝	Noodles in Soup with Beef and Vegetable
155. 牛肉炒河粉	Stir-Fried Rice Noodles
156. 牛肉大葱水饺	Dumplings Stuffed with Beef and Scallion
157. 牛肉盖饭	Rice with Beef
158. 牛肉锅贴	Fried Dumpling Stuffed with Beef
159. 牛肉拉面	Hand-pulled Noodlles with Beef
160. 牛肉烧卖	Steamed Dumplings Stuffed with Beef
161. 糯米卷	Glutinous Rice Rolls
162. 排骨拉面	Hand-pulled Noodles with Spare Ribs
163. 泡菜炒饭	Fried Rice and Pickled Vegetables
164. 蓬莱鲜虾饭	Utopia Prawn Dumplings
165. 皮蛋瘦肉粥	Preaerved Egg with Minced Pork Congee
166. 蒲烧鳗鱼饭	Rice with Roasted Eel
167. 巧克力松饼	Chocolate Muffin
168. 茄丁肉酱手擀面	Noodles with Minced pork and Diced Eggplant
169. 茄汁泥肠饭	Fried Sausage with Tomato Sauce Rice
170. 茄子肉丁打卤面	Noodles with Eggplant and Diced Pork
171. 青椒牛肉蛋炒饭	Stir-fried Rice with Egg, Beef and Green Pepper
172. 清汤牛肉河粉	Stewed Rice Noodles with Beef in Broth
173. 清香黄金糕	Fried Sponge Cake
174. 清心斋肠粉	Steamed Rice Rolls with Vegetables
175. 肉末冬菜包	Steamed Bun with Pork and Preserved Vegetables
176. 肉末烧饼	Minced Meat with Sesame Cake
177. 肉丝乌冬面	Japanese Noodles with Shredded Pork
178. 肉丝炸春卷	Spring Rolls with Shredded Pork
179. 肉松松饼	Shredded Pork Waffle
180. 三丝春卷	Deep-Fried Spring Rolls
181. 三鲜焦炒面	Stir-Fried Noodles with Three Fresh Delicacies
182. 三鲜水饺	Dumplings Stuffed with Three Fresh Delicacies
183. 三鲜小笼包	Steamed Bun Stuffed with Three Fresh Delica-

cies

184. 砂锅富豪焖饭	Steamed Rice with Diced Abalone and Scallops
185. 山笋香菇包	Steamed Shrimps and Black Mushrooms Bun
186. 山竹牛肉球	Steamed Beef Balls
187. 上海菜煨面	Steamed Noodles with Vegetable
188. 上海泡饭	Boiled Tender Rice with Shredded Vegetable in Soup
189. 上汤乌冬面	Japanese Noodle in Soup
190. 上汤云吞	Wonton in soup
191. 烧卖	Steamed Pork Dumplings
192. 生菜牛肉烧饭	Stired Rice and Diced Beef and Shredded Lettuce
193. 生菜丝咸鱼鸡粒炒饭	Stir-fried Rice with Diced Chicken and Salted Fish
194. 生滚海鲜粥	Congee with Seafood
195. 生煎包	Pan-fried Bun Stuffed with Pork
196. 生煎锅贴	Pan-fried Dumplings Stuffed with Pork
197. 生煎馒头	Pan-fried Steamed Bun
198. 狮子头饭	Meatball Rice
199. 狮子头面	Meatball Noodle
200. 什果杏仁豆腐	Bean Curd with Chilled Almond and Fresh Fruit
201. 什锦扒牛肉	Mixed Grilled Beef Tenderloin
202. 什锦炒饭	Mixed Fried Rice
203. 什锦炒面	Stir-fried Noodles with Vegetable and Meat
204. 什锦冬瓜粒泡饭	Rice with Winter Melon & Assorted Meat in Soup
205. 什锦水果松饼	Mixed Fruit Waffle
206. 蔬菜炒饭	Stir-fried Rice with Vegetable
207. 蔬菜春卷	Spring Rolls Stuffed with Vegetable
208. 蔬菜面	Noodle with Vegetables
209. 双丸汤面	Noodle Soup with Assorted Dumplings
210. 水煎鲜肉锅贴	Pan-Fried Fresh Pork Dumplings
211. 水饺	Dumplings

212. 松子叉烧酥	Baked Barbecued Pork Pastry with Pine Nuts
213. 酥点	Crispy Dim Sum
214. 素菜包	Steamed Bun with Vegetables
215. 素菜汤面	Noodles in Vegetable Soup
216. 素馅饼	Pancake Stuffed with Vegetable
217. 酸菜龙抄手	Wonton Soup with Preserved Vegetable
218. 酸辣粉	Hot and Sour Rice Noodles
219. 酸甜炸春卷	Deep-Fried Spring Rolls with Sweet and Sour Sauce
220. 蒜香炸虾卷	Shrimp Rolls with Garlic
221. 蒜汁煎灌肠	Pan-Fried Sausage with Garlic
222. 笋尖鲜虾饺	Steamed Dumplings with Shrimp and Bamboo Shoots
223. 卤肉饭	Steamed Rice with Marinated Pork
224. 泰汁银雪鱼饭	Rice with Codfish in Thai Sauce
225. 汤圆	Sweet Glutinous Dumplings
226. 豌豆黄	Pea Flour Cake
227. 鲔鱼松饼	Tuna Muffin
228. 五香茶叶蛋	Flavored Eggs
229. 虾球乌冬面	Japanese Noodles with Prawns
230. 虾球清汤面	Noodle Soup with Shrimp
231. 虾仁炒饭	Stir-fried Rice with Shrimp
232. 虾仁汤面	Noodles in Chicken Soup with Shrimp
233. 虾球玉子豆腐	Steamed Bean Curd and Shrimp
234. 鲜蘑猪柳配米饭	Steamed Rice with Pork Loin and Mushroom
235. 鲜肉云吞面	Noodles with Wonton Stuffed with Fresh Pork
236. 鲜虾饺	Steamed Fresh Shrimp Dumplings
237. 鲜虾烧卖仔	Steamed bun Stuffed with Shrimp
238. 鲜虾牛肉包	Steamed bun Stuffed with Shrimp and Pork
239. 咸点	Salted Kinds of Chinese Pastry
240. 香肠卷	Sausage Rolls
241. 香菇鸡肉包	Steamed Bun Stuffed with Chicken and Mush-room
242. 香菇鸡肉面	Noodles with Chicken and Mushrooms

243. 香菇油菜水饺	Dumplings Stuffed with Mushroom and Cabbage
244. 香滑芋蓉包	Steamed Bun with Taro
245. 香煎菜丝锅贴	Pan-fried Dumplings with Vegetable and Pork
246. 香煎腐皮卷	Pan-fried Bean Curd Rolls with Shrimp
247. 香煎黄金糕	Pan-fried Golden Glutinous Cake
248. 香煎韭菜饺	Pan-fried Leek Dumplings
249. 香煎萝卜糕	Pan-fried Turnip Patties with Bacon
250. 香茜带子饺	Scallop and Prawn Dumplings with Coriander
251. 香酥韭菜盒	Crispy Shrimp Dumplings with Leek
252. 香酥麻饼	Sesame Pan Cake
253. 香炸芝麻团	Deep-Fried Sesame Balls
254. 小笼葱油花卷	Steamed Bun Rolls with Chive
255. 小笼汤包	Steamed Bun Stuffed with Pork
256. 小米粥	Millet Porridge
257. 蟹籽小笼包	Steamed Pork Dumplings with Crab Roe
258. 新西兰土豆饼	Potato Cake
259. 星州炒米粉	Singapore Stir-fried Rice Noodles
260. 杏片炸鱼条	Deep-fried Fish Fillet with Almonds
261. 雪菜包	Steamed Bun with Preserved Vegetable
262. 雪菜肉丝汤包	Noodles with Preserved Vegetable and Shredded Pork in Soup
263. 雪菜肉松拉面	Hand-Pulled Noodle with Preserved Vegetable and Minced Pork
264. 鸭丝火腿汤面	Noodles in Soup with Shredded Duck and Ham
265. 鸭丝上汤米粉	Boiled Rice Noodles with Roasted Duck
266. 羊肉泡馍	Mutton and Bread Pieces in Soup
267. 阳春面	Plain Noodles in Superior Soup
268. 干贝灌汤饺	Dumplings in Soup with Dried Scallops
269. 椰汁冰花炖碎燕	Double Boiled Superior Bird's Nest Soup with Coconut Juice
270. 一品什锦汤面	Noodles in Soup with Assorted Vegetables
271. 银丝卷	Steamed Vermicelli Rolls
272. 银芽干炒牛河	Stir-fried Rice Noodles with Sliced Beef and Bean Sprouts

273. 银芽肉丝面	Fried Noodles with Shredded Pork & Bean Sprouts	
274. 油条	Deep-Fried Twisted Dough Sticks	
275. 果皇糕	Baked Fruit Cake	
276. 芋丝炸春卷	Deep-Fried Taro Spring Rolls	
277. 芋头蒸排骨	Steamed Pork Ribs with Taro	
278. 原汁牛肉拉面	Braised Beef Noodle in Soup	
279. 芸豆卷	French Bean Rolls	
280. 炸馒头	Deep-Fried Steamed Bun	
281. 炸羊肉串	Deep-Fried Mutton Skewer	
282. 榨菜肉丝汤面	Noodles in Soup with Preserved Vegetable and Sliced Pork	
283. 招牌羔蟹肉炒饭	Stir-Fried Rice with Crab Meat	
284. 蒸肠粉	Steamed Chicken Feet with Soy Sauce	
285. 蒸饺	Steamed Dumplings	
286. 芝麻叉烧酥	Roast Pork with Sesame Pastry	
287. 芝麻大饼	Pan-Fried Sesame Cake	
288. 芝麻凉卷	Sesame Rolls	
289. 芝士南瓜面	Noodles with Cheese Pumpkin	
290. 中式牛肉汤面	Chinese Beef Noodles	
291. 三鲜浓汤面	Noodles in Soup with Fish Maw Abalone and Sea Cucumber	
292. 猪肉白菜水饺	Dumplings Stuffed with Pork and Scallion	
293. 猪肉大葱水饺	Dumplings Stuffed with Pork Scallion	
294. 猪肉茴香水饺	Dumplings Stuffed with Porkfennel	
295. 猪肉芹菜水饺	Dumplings Stuffed with Pork Celery	
296. 猪肉西葫芦水饺	Dumplings Stuffed with Pork Vegetable Marrow	
297. 疙瘩汤	Dough Drop Soup	
298. 牛肉粥	Minced Beef Porridge	
299. 素春卷	Grain Spring Roll	
300. 上海春卷	ShangHai Spring Roll	
301. 上海素春卷	Grain ShangHai Spring Roll	
302. 葱油饼	Scallion Pancake	

303. 牛肉串	Deep-Fried Beef Skewer
304. 炸云吞	Fried Wonton
305. 炸蟹角	Crab Rangoon
306. 凉面	Cold Noodles with Sesame Sauce
307. 金手指	Fried Chicken Fingers
308. 虾吐司	Shrimp Toast
309. 炸大虾	Fried Jumbo Shrimp
310. 水饺或锅贴	Steamed or Fried Meat Dumplings
311. 无骨排	B.B.Q.Spare Ribs
312. 宝宝盘	Pu Pu Platter
313. 鲜虾小馄饨	Shrimp Wonton Ribs
314. 上海菜肉馄饨	ShangHai Pork & Vegetable Wonton Soup
315. 菜肉馄饨面	Pork and Vegetable Wonton with Noodles in Broth
316. 上海炸酱面	ShangHai Style Spicy Noodles in Broth
317. 牛腩面	Sirloin & Noodles in Broth
318. 排骨面	Pork Chop & Noodles in Broth
319. 海鲜汤面	Seafood & Noodles (or me feng) in Broth
320. 各式炒年糕	Rice Cakes (Vegetable, Pork, Beef, Shrimp or Chicken)
321. 特色炒年糕	House Special Rice Cakes
322. 两面黄	Two Yellow
323. 海鲜两面黄	Seafood Pan-Fried Noodles
324. 地瓜粥	Traditional Congee with Sweet Potato
325. 担仔面	Hanker's Noodle Soup. Taiwan Style
326. 海鲜噜面	Noodle Soup with Seafood
327. 素菜汤面	Noodle Soup with Vegetable
328. 猪脚面线	Fried Rice Noodles with Pork Trotters
329. 蚵仔大肠米线	Fried Rice Noodles with Savory Stripes and Mussels
330. 肉酱炒米粉	Fried Rice Vermicelli with Minced Meat
331. 金瓜鲔鱼炒米粉	Fried Rice Vermicelli with Minced Fish and Cushaw
332. 青叶炒饭	Fried Rice with Diced Pork and Vegetable

333. 活虾炒饭	Fried Rice with Live Shrimps
334. 沙茶牛松饭	Fried Rice with Minced Beef and BBQ Sauce
335. 咸鱼茄粒	Fried Rice with Salty Fish and Diced Eggplant
336. 扁食汤	Dumpling in Soup
337. 鲜奶馒头	Steamed Milk Bun
338. 芋头饼	Deep Fried Taro Dumplings
339. 莲蓉酥	Lotus Seed Paste Cake
340. 水果酥	Fresh Fruit Pudding
341. 咖喱角	Curry Cake
342. 鲜虾春卷	Spring Roll Stuffed with Shrimps
343. 麻薯	Deep Fried Glutinous Rice Dumplings
344. 杏仁豆腐	Almond Curd with Mixed Fruit
345. 爱玉冰	AiYu Jelly
346. 龟苓膏	Tortoise-Plastron Cream
347. 水果盘	Fresh Fruit Platter
348. 芝麻芋条	Deep Fried Taro Fillet with Sesame
349. 甜烧饼	Sweet Sesame Seed Flatbread
350. 咸烧饼	Spiced Sesame Seed flatbread
351. 萝包	Pan-Fried Turnip Cakes
352. 萝酥饼	Turnip Puffs
353. 虾饺	Shrimp Dumplings
354. 韭菜水饼	Steamed Chives Pockets
355. 米饼	Fried Rice Patties
356. 糯米团	Stuffed StickyRice Ball

三、甜品 （Dessert）

1. 蝴蝶酥	Butterfly Cradker
2. 酒酿圆子	Glutinous Rice Dumpling in Sweet Rice Wine
3. 杏汁芦荟木瓜	Papaya with Aloe and Almond Juice
4. 京味什锦甜食	Traditional Assorted Sweets Beijing Style
5. 莲子百合红豆沙	Sweetened Mashed Red Bean Soup with Lotus Seeds and Lily

6. 雪圆子	Snow Balls
7. 杨枝甘露	Shilled Mango Sago Creme with Pomelo
8. 椰丝糯米糍	Stuffed Glutinous Rice Balls with Peanut & Sugar
9. 炸麻球	Deep-Fried Glutinous Rice Balls with Sesame
10. 大果盘	Fruits Platter
11. 拔丝苹果	Apple in Hot Toffee
12. 蛋黄莲蓉酥	Puff with Lotus Seeds Paste and Egg Yolk
13. 蛋挞	Egg tart
14. 雪梨炖百合	Boiled Snow Pear with Lily
15. 银耳炖雪梨	Boiled Snow Pear with White Fungus
16. 银耳莲子羹	White Fungus Soup with Lotus Seeds
17. 椰汁西米露	Sweet Sago with Coconut

四、西餐（Western Food）

（一）头盘及沙拉类

1. 腌熏三文鱼	Smoked Salmon
2. 腌三文鱼	Marinated Salmon with Lemon and Capers
3. 恺撒沙拉	Caesar Salad
4. 鲜蘑鸡肝	Chicken Liver Terrine with Morels
5. 奶酪瓤蟹盖	Baked Stuffed Crab Shell
6. 鲜果海鲜沙拉	Seafood Salad with Fresh Fruit
7. 厨师沙拉	Chef's Salad
8. 金枪鱼沙拉	Tuna Fish Salad
9. 尼斯沙拉	Salad Nicoise

（二）汤类

10. 奶油蘑菇汤	Cream of Mushroom Soup
11. 奶油胡萝卜汤	Cream of Carrot Soup
12. 奶油芦笋汤	Cream of Asparagus Soup
13. 番茄浓汤	Traditional Tomato Soup
14. 海鲜周打汤	Seafood Chowder
15. 法式洋葱汤	French Onion Soup

16. 牛肉清汤	Beef Consomme
17. 匈牙利浓汤	Hungarian Beef Goulash
18. 香浓牛尾汤	Oxtail Soup
19. 意大利蔬菜汤	Minestrone Soup
20. 蔬菜干豆汤	Hearty Lentil Soup
21. 牛油梨冻汤	Chilled Avocado Soup
22. 西班牙番茄冻汤	Gazpacho

（三）禽类

23. 红酒鹅肝	Braised Goose Liver in Red Wine
24. 奶酪火腿鸡排	Chicken Cordon Bleu
25. 烧瓤春鸡卷	Grilled Stuffed Chicken Rolls
26. 红酒烩鸡	Braised Chicken with Red Wine
27. 烤鸡胸酿奶酪蘑菇馅	Baked Chicken Breast Stuffed with Mushtooms and Cheese
28. 炸培根鸡肉卷	Deep –Fried Chicken Breast with Balsamico Sauce
29. 水波鸡胸配意式香醋汁	Roast Turkey with Cranberry Sauce
30. 烤火鸡配红浆果少司	Roast Turkey with Cranberry Sauce
31. 烤瓤火鸡	Roast Stuffed Turkey
32. 烧烤鸡腿	Barbecued Chicken Leg
33. 烤柠檬鸡腿配炸薯条	Roasted Lemon Marinade Chicken Leg with French Fries
34. 扒鸡胸	Char–Grilled Chicken Breast
35. 咖喱鸡	Chicken Curry
36. 秘制鸭胸配黑菌炒土豆	Pan–fried Duck Breast With Sauteed Potatoes and Truffles

（四）牛肉类

37. 红烩牛肉	Stewed Beef
38. 白烩小牛肉	Fricasseed Veal
39. 牛里脊扒配黑椒少司	Grilled Beef Tenderloin with Black Pepper Sauce
40. 扒肉眼牛排	Grilled Beef Rib–Eye steak
41. 西冷牛排配红酒少司	Roast Beef Sirloin Steak with Red Wine Sauce
42. 排骨牛扒	T–Bone Steak

43. 烤牛肉	Roast Beef
44. 罗西尼牛柳配苯酒汁	Beef Tenderloin and Goose Liver with Truffle and Port Wine
45. 青椒汁牛柳	Beef Tender Steak with Green Peppercorn Sauce
46. 铁板西冷牛扒	Sizzling Sirloin Steak
47. 香煎奥斯卡仔牛排	Pan-Fried Veal Steak Oscar with Hollandaise Sauce
48. 咖喱牛肉	Beef Curry
49. 威灵顿牛柳	Fillet Steak Wellington
50. 俄式牛柳丝	Beef Stroganoff
51. 烩牛舌	Braised Ox-Tongue
52. 红烩牛膝	Osso Bucco
53. 黑胡椒鹿柳配野蘑菇和 芹菜烤面皮	Venison Fillet Black Pepper Coat with Wild Mushroom and Celery Brick

（五）猪肉类

54. 烧烤排骨	Barbecued Spare Ribs
55. 烟熏蜜汁肋排	Smoked Spare Ribs with Honey
56. 意大利米兰猪排	Pork Piccatta
57. 瓢馅猪肉卷配黄桃汁	Stuffed Poke Roulade with Yellow Peach Sauce
58. 煎面包香肠草汁	Pan-Fried Swiss Meat Loaf with Pesto Sauce
59. 炸猪排	Deep-Fried Pork Chop

（六）羊肉类

60. 扒羊排	Grilled Lamb Chop
61. 扒新西兰羊排	Grilled New Zealand Lamb Chop
62. 烤羊排配奶酪和红酒汁	Roast Lamb Chop with Cheese and Red Wine Sauce
63. 羊肉串	Lamb Kebabs
64. 烤羊腿	Roasted Mutton Leg

（七）鱼和海鲜类

65. 海鲜串	Seafood Kebabs
66. 扒金枪鱼	Grilled Tuna Steak
67. 扒挪威三文鱼排	Grilled Norwegian Salmon Fillet

68. 三文鱼扒配青柠黄油　　　Grilled Salmon with Lime Butter

69. 比目鱼柳和扇贝配红酒核桃汁

　　　Braised Sole Fillet & Sea Scallops with Red Wine and Walnuts

70. 煎比目鱼　　　Pan-Fried Whole Sole

71. 烤三文鱼柳配香草汁和黑橄榄酱

　　　Roasted Salmon Steak with Pesto Black Olive Puree

72. 烤三文鱼排意大利宽面和藏红花汁

　　　Roasted Salmon Steak with Tagliatelle & Saffron Sauce

73. 煎红吉鱼排　　　Grilled Red Snapper Filler

74. 黄油柠檬汁扒鱼柳　　　Grilled Fish Fillet in Lemon Butter Sauce

75. 扒大虾　　　Grilled King Prawns

76. 蒜蓉大虾　　　Grilled King Prawns with Garlic Butter

77. 巴黎黄油烤龙虾　　　Baked Lobster with Garlic Butter

78. 奶酪汁龙虾　　　Gratinated Lobster in Mornay Sauce

79. 香炸西班牙鱿鱼圈　　　Deep-Fried Squid Eings

80. 荷兰汁青贝　　　Gratinated Lobster in Mornay Sauce

（八）蛋类

81. 火腿煎蛋　　　Fried Eggs with Ham

82. 洛林乳蛋饼　　　Quiche Lorraine

83. 熘糊蛋　　　Scrambled Eggs

（九）面粉及配菜类

84. 海鲜通心粉　　　Macaroni with Seafood

85. 海鲜意粉　　　Spaghetti with Seafood

86. 意大利奶酪千层饼　　　Cheese Lasagna

87. 什菜奶酪比萨饼　　　Pizza Vegetarian

88. 海鲜比萨　　　Seafood Pizza

89. 烤牛肉蘑菇比萨　　　Roast Beef and Mushroom Pizza

90. 肉酱意大利面粉　　　Spaghetti Bolognaise

91. 意大利奶酪馄饨　　　Cheese Ravioli in Herbed Cream Sauce

92. 咖喱海鲜炒饭　　　Stir-Fried Seafood Rice with Cury

93. 红花饭　　　Saffron Rice

94. 阿拉伯蔬菜黄米饭	Couscous with Vegetables
95. 西班牙海鲜饭	Paella
96. 牛肉汉堡包	Beef Burger
97. 鸡肉汉堡包	Chicken Burger
98. 美式热狗	American Hot Dog
99. 俱乐部三明治	Club Sandwich
100. 金枪鱼三明治	Tuna Fish Sandwich
101. 烤牛肉三明治	Roasted Beef Sandwich
102. 健康三明治	Healthy Sandwich
103. 烟熏三文鱼	Smoked Salmon
104. 土豆泥	Mashed Potatoes
105. 里昂那土豆	Lyonnaise Potatoes
106. 公爵夫人土豆	Duchesse Potatoes
107. 红烩椰菜	Braised Red Cabbage with Apple

（十）蛋糕类

108. 黑森林蛋糕	Black Forest Cake
109. 英式水果蛋糕	English Fruit Cake
110. 草莓奶酪蛋糕	Strawberry Cheese Cake
111. 草莓蛋糕	Strawberry Cake
112. 蓝莓奶酪蛋糕	Blueberry Cheese Cake
113. 美式奶酪蛋糕	American Cheese Cake
114. 绿茶奶酪蛋糕	Geen Tea Cheese Cake
115. 意大利提拉米苏	Italian Tiramisu
116. 大理石奶酪蛋糕	Marble Cheese Cake
117. 咖啡奶酪蛋糕	Coffee Cheese Cake
118. 红梅松糕	Cranberry Muffin
119. 干果派	Mixed Nuts Pie
120. 蓝莓松糕	Blueberry Muffin
121. 琳泽蛋糕	Linzer Cake
122. 芒果慕司蛋糕	Mango Mousse Cake
123. 苹果派	Apple Pie
124. 草莓酥条	Strawberry Napoleon Sliced
125. 巧克力榛子蛋糕	Chocolate Hazelnut Cake
126. 巧克力木司	Chocolate Mousse

127. 水果脆皮酥盒	Puff Pastry with Fruits
128. 维也纳巧克力蛋糕	Sacher Cake
129. 热情果木司	Passion Mousse
130. 杏仁多纳圈	Almond Donuts
131. 牛奶巧克力多纳圈	Mile with Sabayon
132. 鲜水果配沙巴洋	Fruit with Sabayon
133. 水果蛋挞	Fresh Fruit Tart
134. 白巧克力奶油布丁	White Chocolate Brulee
135. 绿茶布丁	Green Tea Pudding
136. 芒果布丁	Mango Pudding
137. 热枣布丁	Warm Sticky Date Pudding
138. 香草布丁	Vanilla Pudding
139. 焦糖布丁	Gream Garamel/Garamel Custard
140. 果仁布朗尼	Walnut Brownies
141. 咖啡剧本蛋糕	Coffee Opera Slice

（十一）饼干及其他

142. 手指饼	Lady Finger
143. 蝴蝶酥	Butterfly Craker
144. 巧克力曲奇	Chocolate Cookies
145. 爆米花（甜/咸）	Popcorn （Sweet/Salt）
146. 香草冰激凌	Vanilla Ice Cream
147. 巧克力冰激凌	Chocolate Ice Cream
148. 草莓冰激凌	Strawberry Ice Cream
149. 绿茶冰激凌	Green Tea Ice Cream
150. 冰霜	Sherbets
151. 冰糖莲子银耳羹	Candied Lotus Seed & White Fungus Soup
152. 草莓奶昔	Strawberry Mile Shake
153. 巧克力奶昔	Chocolate Mile Shake
154. 咖啡奶昔	Coffee Mile Shake

（十二）面包类

155. 水果丹麦	Fruit Danish
156. 牛角包	Croissant
157. 袋子包	Pita Bread Plain
158. 农夫包	Farmer Bread

159. 洋葱包	Onion Loaf
160. 全麦包	Whole Wheat Bread
161. 软包	Soft Roll
162. 硬包	Hard Roll
163. 长法棍	French Baguette
164. 吐司面包	Toast

五、中国酒（Chinese Wines）

（一）黄酒类（China ShaoXiang Rice Wine）

1. 8 年香雕绍兴酒	Xiang Diao Shao Xing（8years）
2. 陈年彩坛花雕	Cai Tan Hua Diao
3. 5 年香雕绍兴酒	Xiang Diao ShaoXing（5years）
4. 绍兴花雕 10 年	Shao Xing Hua Diao（10years）
5. 绍兴花雕 20 年	Shao Xing Hua Diao（20years）
6. 绍兴花雕及清酒	Shao Xing Hua Diao
7. 30 年花雕	Hua Diao Shao Xing（30years）
8. 绍兴加饭	ShaoXing Jia Fan
9. 女儿红 12 年	Nu'er Hong（12years）
10. 女儿红 18 年	Nu'er Hong（18years）
11. 古越龙山	Gu Yue Long Shan

（二）白酒类（Spirit）

12. 北京醇	Bei Jing Chun
13. 二锅头	Er Guo Tou（Superior500ml 56°）
14. 精装二锅头 52 度	Hong Xing Er（500ml 52°）
15. 古钟二锅头	Gu Zhong Er Guo Tou（500ml 46°）
16. 蓝花珍品二锅头	Lan Hua ZhengPin Er Guo Tou
17. 红星珍品二锅头（500 毫升 52 度）	
	Red Star ZhengPin Er Guo Tou（500ml 52°）
18. 牛栏山经典二锅头（500 毫升 52 度）	
	NiuLanShan JingDian Er Guo Tou（500ml 52°）
19. 青瓷珍品二锅头	Qing Ci ZhengPin Er Guo Tou
20. 京酒 38 度	Jing Jiu（500ml 38°）

21. 三品京酒（500 毫升 38 度）SanPin Jing Jiu（500ml 38°）

22. 三品京酒（500 毫升 52 度）SanPin Jing Jiu（500ml 52°）

23. 酒鬼 38 度　　　　　Jiu Gui（500ml 38°）

24. 酒鬼 52 度　　　　　Jiu Gui（500ml 52°）

25. 小酒鬼（250ml）　　Xiao Jiu Gui（250ml 38°）

26. 国酿（贵州茅台系列）Guo Niang（GuiZhou Mao Tai Series）

27. 茅台 38 度　　　　　Mao Tai（500ml 38°）

28. 茅台 53 度　　　　　Mao Tai（500ml 53°）

29. 茅台（30 年）　　　Mao Tai（30Years）

30. 茅台（15 年）　　　Mao Tai（15Years）

31. 贵州醇　　　　　　　Gui Zhou Chun

32. 国窖 38 度　　　　　Guo Jiao（500ml 38°）

33. 国窖 52 度　　　　　Guo Jiao（500ml 52°）

34. 国窖 1573　　　　　Guo Jiao 1573（The Firsr Cellar in China）

35. 泸州老窖 38 度　　　Lu Zhou Lao Jiao（38°）

36. 泸州老窖 52 度　　　Lu Zhou Lao Jiao（52°）

37. 康雍乾御冠酒（400 毫升 50 度）

　　　　　　　　　　　KYQ Imperial Crown（400ml 50°）

38. 康雍乾御酒（450 毫升 50 度）

　　　　　　　　　　　Kang Yong Qian（450ml 50°）

39. 剑南春 38 度　　　　Jian Nan Chun（38°）

40. 剑南春 52 度　　　　Jian Nan Chun（52°）

41. 蒙古王 44 度　　　　Meng Gu Wang（44°）

42. 三星金六福（高、低）Three Star Jin Liu Fu（High，Low）

43. 金六福（三两）　　　Jin Liu Fu（150ml）

44. 五星金六福（高、低）Five Star Jin Liu Fu（High，Low）

45. 金六福（五星）52 度 Jin Liu Fu（Five Star）（52°）

46. 水井坊 39 度　　　　Shui Jing Fang（39°）

47. 水井坊 52 度　　　　Shui Jing Fang（52°）

48. 水井坊 53 度　　　　Shui Jing Fang（53°）

49. 五粮液 39 度　　　　Wu Liang Ye（39°）

50. 五粮液 52 度　　　　Wu Liang Ye（52°）

51. 五粮液一帆风顺 52 度 Yi Fa Feng Shun（52°）

52. 小糊涂仙 52 度　　　Xiao Hu Tu Xian（52°）

（三）啤酒（Beer）

53. 青岛啤酒	Tsing Tao Beer
54. 青岛小瓶	Tsing Tao（Bottle）
55. 青岛扎啤	Tsing Tao Draught
56. 青岛生啤	Tsing Tao Draught Beer，China
57. 燕京啤酒	Yan Jing Beer
58. 燕京生啤 0.3 升	Yan Jing/China（0.3L）
59. 燕京无醇啤酒	Yan Jing Alcohol-Free/China
60. 燕京扎啤	Yan Jing Draught Beer

（四）葡萄酒（Wine）

61. 92 年长城干红葡萄酒	Greet Wall Red Wine 92
62. 92 年张裕卡斯特干红	Zhang Yu Castel 92
63. 95 年张裕卡斯特干红	Zhang Yu Castel 95
64. 张裕解百纳干红葡萄酒	Zhang Yu Cavernet
65. 张裕香槟	Zhang Yu Sparkling Cider
66. 长城 1995（长城红葡萄酒）	Cabernet Sauvignon，1995 Greet Wall 中国
67. 长城 2002（长城红葡萄酒）	Cabernet Sauvignon，2002 Greet Wall 中国
68. 长城 A 区（长城红葡萄酒）	Cabernet Sauvignon Greet Wall 中国
69. 长城 A 区特选干红葡萄酒	Huaxia Puyuan A
70. 华夏 95 年长城	Great Wall 95 Vintage Red Wine
71. 华夏长城赤霞珠	Great Wall Cabernet Sauvignon Red Wine
72. 华夏长城葡萄园 A 区	Great Wall Region A Red Wine
73. 华夏长城莎当妮	Great Wall Chardonnay White Wine
74. 华夏长城特选	Great Wall Selectinn Red Wine
75. 沙城长城干红三星	Great Wall Three Star
76. 沙城长城干红四星	Great Wall Four Star
77. 沙城长城干红五星	Great Wall Five Star
78. 沙城长城干红一星	Great Wall One Star
79. 瑞斯令（龙徽，中国）	Riesling Dragon Seal
80. 龙徽赤霞珠	Dragon Seal Cabernet Sauvignon Red Wine
81. 龙徽干白	Dragon Seal Dry White
82. 龙徽干白葡萄酒	Dragon Seal White Wine
83. 龙徽干红葡萄酒	Dragon Seal Red Wine
84. 龙徽怀来珍藏	Dragon Seal Huailai Reserve

85. 龙徽怀来珍藏干红葡萄酒	Dragon Seal Huailai Reserve Red Wine
86. 龙徽汽酒	Dragon Seal Sparking Wine
87. 龙徽莎当妮	Dragon Seal Chardonnay White Wine
88. 龙徽庄园	Dragon Seal Cru de Huailai
89. 龙徽庄园干红葡萄酒	Dragon Seal Cru de Huailai Red Wine
90. 西夏王冰白	XiXia King Iced White Wine
91. 西夏王干红	XiXia King Dry Red Wine
92. 西夏王世纪	XiXia King Red Wine

六、洋酒（Foreign Wines）

（一）开胃酒（Aperitif）

1. 杜本内	Dubonnet
2. 马天尼（白）	Martini Bianco，Italy
3. 苦艾酒	Absinth
4. 马天尼（干）	Martini Dry，Italy
5. 马天尼（甜）	Martini Rosso，Italy
6. 飘仙 1 号	Pimm's No.1
7. 仙山露（干）	Cinzano（Dry），France
8. 仙山露（红）	Cinzano（Rosso），France
9. 仙山露（半干）	Cinzano（Bianco），France

（二）白兰地（Brandy）

10. 干邑	Cognac
11. 亚文邑	Armagnac
12. 马爹利 VSOP	Martell VSOP
13. 兰带马爹利	Martell Cordon Blue
14. 人头马路易十三	Remy Martin Louis VIII
15. 马爹利 XO	Martell XO
16. 拿破仑 VSOP	Courvoisier VSOP，France
17. 拿破仑 XO	Courvoisier XO，France
18. 苹果白兰地	Calvados
19. 人头马 VSOP	Remy Martin VSOP
20. 人头马 XO	Remy Martin XO

21. 人头马俱乐部	Remy Martin Club
22. 人头马特级	Club de Remy
23. 施格兰 VO	Seagram's VO
24. 轩尼诗 VSOP	Hennessy VSOP
25. 轩尼诗 XO	Hennessy XO
26. 轩尼诗百乐廷	Hennessy Paradis
27. 轩尼诗智选	Hennessy Choice

（三）威士忌（Whisky）

28. 爱尔兰威士忌	Irish Whiskey
29. 百龄坛	Ballantine's
30. 白马威士忌	White Horse
31. 白笛人	100 Pipers
32. 百龄坛 12 年	Ballantine's 12 Years
33. 百龄坛（特级）威士忌	Ballantine's Finest, Scotland
34. 格兰菲迪 10 年	Glenfiddich 10 Years
35. 格兰菲迪士	Glenfiddich
36. 格林莫瑞	Glenmorangie, Scotland
37. 格兰威士忌	Grant's
38. 黑方威士忌	Johnnie Walker Black Label
39. 红方威士忌	Johnnie Walker Red Label
40. 皇冠威士忌	Crown Royal
41. 皇家礼炮	Chivas Royal Salute
42. 杰克丹尼威士忌	Jack's Daniel's
43. 加拿大俱乐部（12 年）	Canadian Club（12 years）
44. 添宝威士忌	Dimple Haig
45. 金铃威士忌	Bells Finest, Scotland
46. 老伯威士忌	Old Parr 12 years, Scotland
47. 龙津	Long John
48. 麦高伦麦威 12 年威士忌	Macallan Highland 12 years, Scotland
49. 顺风威士忌	Cutty Sark
50. 四玫瑰波尔本威士忌	Four Rose
51. 苏格兰纯麦威士忌	Scotch Malt Whisky
52. 苏格兰威士忌	Scotch Whisky
53. 野火鸡威士忌	Wild Turkey

54. 威雀威士忌（15年）	Famous Grouse 15 Years
55. 芝华士威士忌12年	Chivas Regal 12 Years，Scotland
56. 芝华士威士忌18年	Chivas Regal 18 Years，Scotland

（四）金酒（Gin）

57. 必发达金酒	Beefeater Gin
58. 哥顿	Gordon's
59. 基比路干金酒	Gibeys Special Dry Gin，London，England
60. 健尼路干金酒	Greenalls Original Dry Gin，London，England

（五）朗姆酒（Rum）

61. 百加得朗姆酒	Bacardi Rum
62. 百加得151	Bacardi 151，Jamaica
63. 百加得8号	Bacardi 8，Jamaica
64. 百加得白朗姆酒	Bacardi Light，Jamaica
65. 百加得黑朗姆酒	Bacardi Black，Jamaica
66. 摩根船长（白）	Captain Morgan Light
67. 哈瓦那朗姆酒7年	Havanan Club7 Years
68. 黑朗姆酒	Dark Rum
69. 黑摩根船长	Captain Morgan Black

（六）伏特加（Vodka）

70. 波兰祖布兰卡伏特加	ZUBROWKA（Bison Brand Vodka），Poland
71. 丹麦伏特加	Danzka Vidka，Senmark
72. 丹麦伏特加（葡萄味）	Danzka Currant Vodka，Senmark
73. 红牌伏特加	Stolichnaya Vodka
74. 绿牌伏特加	Moskovskaya Vodka
75. 芬兰伏特加（莱姆味）	Finlandia Lime Vodka，Finland
76. 芬兰伏特加	Finlandia Vodka，Finland
77. 芬兰红加仑子	Finlandia Cranberry Vodka，Finland
78. 芬兰蔓越橘伏特加	Finlandia Cranberry
79. 荷兰伏特加	Ketel One Vodka，Holland
80. 皇冠伏特加	Smirnoff Vodka
81. 瑞典伏特加	Absolut
82. 瑞典伏特加（橙味）	Absolut Mandarin Vodka，Sweden
83. 瑞典伏特加（柠檬味）	Absolut Citron Vodka，Sweden
84. 瑞典伏特加（葡萄味）	Absolut Kurrant Vodka，Sweden

85. 瑞典香草伏特加   Absolut Vanilia Vodka，Sweden

（七）龙舌兰 （Tequila）

86. 龙舌兰烈酒   Tequila Sauza

87. 豪师快活白   Jose Cuervo White

88. 豪师快活金   Jose Cuervo Gold

89. 墨西哥 Sauza 金色龙舌兰   Sauza Extra Tequila Gold，Mexico

90. 墨西哥 Sauza 银色龙舌兰   Sauza Tequila Blanco，Mexico

（八）利口酒 （Liqueurs）

91. 百利甜酒   Baileys Irish Cream

92. 薄荷酒   Creme de Menthe （Green）

93. 安定宝   Underberg

94. 白薄荷   Creme de Menthe （White）

95. 白可可酒   Creme de Cacao （White）

96. 潘诺 （茴香酒）   Pernod

97. 橙皮甜酒   TripleSec

98. 草莓力娇   Creme de Strawberry

99. 蛋黄白兰地   Advocaat

100. 芳津杏仁   Amaretto

101. 甘露咖啡力娇酒   Kahlua

102. 加利安奴 （香草利口酒）   Galliamo

103. 金万利   Grand Marnier

104. 君度甜酒   Cointreau

105. 添万力   Tia Maria

106. 可可甜酒   Creme de Cacao

107. 蓝橙   Blue Curacao

108. 葫芦尊薄荷蜜   Get 27

109. 玛利布椰子甜酒   Malibu

110. 森布卡茴香酒   Sambuca

111. 樱桃白兰地   Cherry Brandy

112. 樱桃酒   Kirschwasser

113. 樱桃力娇   Maraschino

114. 樱桃甜酒   Cherry Heering

115. 班尼的天 （当酒）   Benedictine （D.O.M）

116. 桃味威士忌   Southern Comfour

（九）清酒（Sake）

117. 日本清酒　　　　　　　　Sake

（十）啤酒（Beer）

118. 爱尔兰啤酒　　　　　　　Irish Beer

119. 百威　　　　　　　　　　Budweiser

120. 朝日　　　　　　　　　　Asahi

121. 高仕　　　　　　　　　　Grolsch

122. 嘉士伯　　　　　　　　　Carlsberg

123. 科罗娜　　　　　　　　　Corona

（十一）鸡尾酒（Cocktails & Mix–drink）

124. 亚美利加娜　　　　　　　Americano

125. 白兰地亚历山大　　　　　Brandy Alexander

126. 波斯猫爪　　　　　　　　Pussy Foot（OJPJ, Lemon Juice, Grenadine）

127. 皇室咖啡　　　　　　　　Coffee Royal

128. 草莓玛格丽特　　　　　　Strawberry Margarita

129. 长岛冰茶　　　　　　　　Long Island Iced Tea（Vodka, Gin, Rum, Tequila, Cointreau Coke）

130. 得其利　　　　　　　　　Daiquiri

131. 龙舌兰日出　　　　　　　Tequila Sunrise

132. 干马天尼　　　　　　　　Dry Martini

133. 古典鸡尾酒　　　　　　　Old Fashioned

134. 黑俄罗斯　　　　　　　　Black Russian

135. 红粉佳人　　　　　　　　Pink Lady

136. 轰炸机　　　　　　　　　B–52（Bailey'skahlua, Cointreau）

137. 金飞士　　　　　　　　　Gin Fizz

138. 金汤力　　　　　　　　　Gin Tonic

139. 螺丝刀　　　　　　　　　Screwdriver

140. 罗布·罗伊　　　　　　　Rob Roy

141. 曼哈顿　　　　　　　　　Manhattan

142. 美态　　　　　　　　　　Mai Tai

143. 汤姆考林斯　　　　　　　Tom Collins

144. 天使之吻　　　　　　　　Angel's Kiss

145. 威士忌酸　　　　　　　　Whisky Sour

146. 夏日宾治　　　　　　　　Summer Punch（OJPJ, Lemon Juice,

Grenadine Mint's)

147. 血玛丽	Bloody Mary （Vodka，Tomato Juice）
148. 新加坡司令	Singapore Sling
149. 锈钉	Rusty Nail
150. 种植园者宾治	Planter's Punch

（十二）餐酒（Table Wine）

151. 阿维尼翁——迈克尔·夏菩提尔酒园	
	M.Chapoutier "La Bernardine" Chateauneuf-Du Pape
152. 埃玛娜精选——马西酒园	Masi Amarone DOC
153. 艾文思伍德仙粉黛	Ravenswood Zinfandel Vintner's Blend
154. 奥比兹莎当妮——弗莱斯克巴尔迪酒园	
	Frescobaldi Slbizzia Chardonnay IGT
155. 艾格尼酒园——瓦尔波利	Allegrini Valpolicella Classico DOC
156. 艾立嘉	Erdinger
157. 爱文泰德酒园——萨利博瑞莎当妮	
	Evans & Tate Salsbury Semillon Chardonnay
158. 爱文泰德酒园——萨利博瑞莎瑞斯/苏维翁	
	Evans & Tate Salsbury Shiraz / Cabernet
159. 爱文泰德酒园——莎瑞斯	Evans & Tate Gnagara Shiraz
160. 班瑞克酒园——莎瑞斯	Banrock Station Shiraz
161. 班瑞克——梅洛	Banrock Station Merlot
162. 半干雪利	Dry Sack
163. 贝灵哲酒园——史东酒窖莎当妮	
	Beringer Stone Cellars Chardonnay
164. 贝莎诺芭贝尔	Bersano Piemonte Barbera DOC
165. 贝莎诺酒园——保罗	Bersano Barolo DOCG
166. 贝莎诺酒园——寇狄丝	Bersano Piemonte Cortese DOC
167. 奔富酒园——洛神山庄谢蜜雍/莎当妮	
	Penfolds Rawson's Retreat Semillon Chardonnay
168. 奔富酒园——蔻兰山色莎当妮	
	Penfolds Koonunga Hill Chardonnay
169. 钵酒	Port

170. 布朗兄弟酒园——梅洛　　Brown Brothers Merlot

171. 白诗南——柯林茨酒园　　Kleine Zalze Chenin Blanc Bush Vines

172. 宝力白——约瑟·杜华酒园　Jossefh Drouhin Pouilly AOC

173. 宝米诺白　　　　　　　Frescobaldi Pomino Bianco Pomino　DOC

174. 宝森添百利波尔多维翁白葡萄酒（意大利，托斯卡纳）

　　　　　　　　　　　　Blason Timberlay Bordeaex Sauvignon Blanc
　　　　　　　　　　　　（Tuscany，Italy）

175. 贝灵哲葡萄庄园，武士谷苏维翁

　　　　　　　　　　　　Beringer，Kringts Valley Cabernet Sauvignon

176. 博艮地红葡萄酒（博艮地，法国）

　　　　　　　　　　　　Beaune Ler Cru Claude Chonion，Beaune
　　　　　　　　　　　　（Burgundy，France）

177. 草叶钵　　　　　　　　Taylor's Ruby　Port

178. 丹泽特皮诺格力得——麓鹊酒园

　　　　　　　　　　　　Luce Danzante Pinot Grigio IGT

179. 杜驰苏维翁　　　　　　Vini Della Duchea Cabernet

180. 杜驰梅洛　　　　　　　Vini Della Duchea Merlot

181. 杜驰皮诺　　　　　　　Vini Della Duchea Pinot Grigio

182. 杜哈米雍　　　　　　　Chateau Duhert-Milon

183. 波尔多红葡萄酒（波尔多，法国）

　　　　　　　　　　　　Chapelle de la Trinite St Emilion AOC（Bordeaux，France）

184. 迪宝夫酒园——梅洛　　Georges Duboeuf Merlot

185. 斗牛士　　　　　　　　La Corrida Cabernet Sauvignon

186. 福霖——马西酒园　　　Masi Camofiorin Ripasso DOC

187. 福米博丝特（加州，美国）

　　　　　　　　　　　　Fume Blane Robert Mondavi，Napa Valley
　　　　　　　　　　　　（California，USA）

188. 富美白——罗伯特·蒙大菲酒园

　　　　　　　　　　　　Robert Mondavi Fume Blanc

189. 菲斯奈特黑牌汽酒　　　Freixenet Cordon Negro

190. 干些里酒　　　　　　　Tio Pepe Dry

191. 歌堡白玫瑰葡萄汽酒（法国，图南）

　　　　　　　　　　　　Opera Blanc de Blanc Brut NV（Touenan，

France)

192. 格鲁斯 AOC（法国） Gewurzyraminer AOC Trimbach, Alsace

193. 格威（意大利） Gavi DOCG Michele Chiarlo, Piedmont, Italy

194. 格乌兹莱妮——婷芭克世家

  Gewurztraminer, trimbach

195. 古佳乐世家（罗纳山麓，法国）

  E. Guigal Cotes du Rhone AOC, Rhone Valley, France

196. 汉高汽酒 Henkell Trocken

197. 红宝石钵酒 Taylors, Portugal

198. 皇室旗舰波尔多红 Berry's Good Ordinary Claret, AC Bordeaux

199. 皇家智利加本力苏维翁 Berry's Chilenan Cabernet Sauvignon

200. 皇族莎当妮 Barossa Valley Estate Spires Chardonnay

201. 黄牌加本力颂维德——禾富酒园

  Yellow Label, Cabernet Sauvignon, Wolf Blass

202. 禾富酒园——黄牌苏维翁 Wolf Blass Yellow Label Cabernet Sauvignon

203. 禾富酒园——雷司令 Wolf Blass South Australia Riesling

204. 吉奥康尔多蒙丝娜——弗莱丝克巴尔迪酒园

  Frescobaldi CastelGiocondo, Brunello Di Montalcino DOCG

205. 佳美娜——艾德华兹酒园 Luis Felipe Edwards Carmenere

206. 佳威——贝萨诺酒园 Bersano Gavi DOCG

207. 嘉欢钵酒 Fine Ruby Port

208. 嘉欢雪莉 Cream Sherry

209. 精选波拉红 Rothshild Pauillac Reserve Speciale AOC

210. 精选梅多克——罗斯希尔酒园

  Rothshild Medoc Reserve Speciale AOC

211. 骏马牌猎人谷莎当妮 Cockfighter Ghost Hunter Valley Unwooded Chardonnay

212. 骏马牌珍藏苏维翁 Cockfighter Ghost Reserve Coonawarra Cabernet Sauvignon

213. 杰卡斯酒园——西拉加本纳

  Jacob's Creek Shiraz Cabernet

214. 卡本妮—苏维翁（迈补山谷，智利）
$\qquad$ Cabernet Sauvignon Conchay Toro "Casillero del Diablo" Chile

215. 卡莎拉博丝特（千百，智利）
$\qquad$ Sauvignon Blance Casa Lapostolle，Chile

216. 卡斯特罗（意大利）　　Rosso di Montalcino Banfi，Tuscany Italy

217. 凯歌皇牌凯歌香槟　　Veuve Chicquot Yollou Label

218. 考维酒园精选白干　　Calvet Reserbe Bordeaux Biance AOC

219. 考维酒园精选博伦干红　　Calvet Reserbe Des Barons Rouge

220. 拉佛瑞黑皮诺——约瑟·杜华
$\qquad$ Joseph Drouhin Laforet Bourgogne Pinot Noir

221. 里奥哈梦迪娅——马奎斯·卡西洛酒园
$\qquad$ Marques de Caceres Rioja Vendimia

222. 卢比刚——美蕾酒园　　Meerlust Rubicon

223. 罗纳谷红——迈克尔·夏普提尔酒园
$\qquad$ M.Chapoutier "Belleruche" Coles Du Rhone

224. 利达民酒园——精选设拉子/卡本妮
$\qquad$ Lindemanns Premier Selection Shiraz/Cabernet

225. 鲁芬诺酒园——都盖基尼蒂经典
$\qquad$ Ruffino Chianti Classico Reserve

226. 路易亚都世家酒园——勃根蒂黑皮诺
$\qquad$ Louis Jadot Bourgogne Rouge Piont Noir

227. 罗伯特蒙大菲酒园——木桥莎当妮
$\qquad$ Robert Mondavi Woodbridge CHardonnay

228. 罗伯特蒙大菲酒园——木桥苏维翁
$\qquad$ Robert Mondavi Woodbridge Cabernet Sauvignon

229. 马孔顿白——约瑟·杜华酒园
$\qquad$ Josefh Drouhin Macon Villages Blance AOC

230. 玛格丽特河苏维翁/梅洛——艾文泰德酒园
$\qquad$ Evans & Tate Margaret River Cabernet/Merlot

231. 玛瑞伯格特级色拉子　　Marienberg Reserve Shiraz

232. 梅罗特——泥屋酒园　　Mud House Merlot

233. 梅洛干红（奔富，澳大利亚）

	Merlot Penfods "Rawson's Retreat"
234. 蒙奈特（博艮地，法国）	Puligny Montrachet Bouchard Pere et Fils, Burgundy，France
235. 蒙太拿苏维翁布朗克	Montana，Sauvignon Blanc
236. 酩悦玫瑰香槟	Moet Et Chandon Rose Brut Imperial
237. 酩悦香槟	Moet Et Chandon Brut Imperial
238. 木桥苏维翁——罗伯特·蒙大菲酒园	
	Robert Mondavi Woodbridge Cabernet Sauvignon
239. 牧歌白——牧歌酒园	"WhiteMuga" fermentado en barrica
240. 马西酒园——威尼斯红	Masi Modello
241. 麦克尔夏普提尔酒园——罗纳古红	
	M.Chapoutier "Belleruch" Cotes du Rhone
242. 木马酒园——红带香槟	Mumm Cordon Rouge Brut
243. 楠格拉莎当妮——艾文泰德酒园	
	Evans & Tate Gnangara Unwooded Chardonnay
244. 诺顿酒园——梅洛	Norton Merlot
245. 爱德华裴拉酒园——苏维翁	
	Edwards Puilla Cabernet Sauvignon
246. 莎拉莫世家酒园——苏维翁	
	Sella Mosca Cabernet Sauvignon
247. 莎拉莫世家酒园——富门弟子干白莎当尼	
	Sella Mosca Vermentino Chardonnay
248. 双洋酒园——苏维翁/梅洛	Two Oceans Cabernet/Merlot
249. 苏维翁白——欧克地区	
	Flower Label Georges du Boeuf Sauvignon Blanc
250. 赛美蓉——夏多内（哈迪，澳大利亚）	
	Chardonnay Semilion Hardy's South Easterm, Autralia
251. 赛奇驰安稠——赛奇酒园	Cecchi Chianti DOCG
252. 赛奇莫瑞里诺——赛奇酒园	
	"La Mora" Morellono Di Scansano DOC
253. 瑟美戎白颂维德——禾富酒园	
	Wolf Blass，Semillon Sauvignon Blanc

254. 森特（波尔多，法国） Saint-Estephe Maitre D'Estournel Blanc AOC Second wine Cosd' Estournel（Bordeaux, France）

255. 沙都拉菲 Chateau Lafite

256. 莎当妮（长城白葡萄酒，中国）
Chardonnay Great Wall，China

257. 莎当妮——艾德华兹酒园 Luis Felipe Edwards Chardonnay

258. 莎当妮——班瑞克酒园 Banrock Station Chardonnay

259. 莎莲娜莎当妮 Salena Chardonnay

260. 莎莲娜莎瑞斯 Salena Shiraz

261. 莎瑞斯——班瑞克酒园 Banrock Station Shiraz

262. 莎瑞斯——柯林茨酒园 Kleine Zalze Shiraz（barrel Aged）

263. 莎瑞斯发泡葡萄酒 Banrock Station Sparkling Shiraz

264. 圣地精选苏维翁 Caliterra Reserva Cabernet Sauvignon

265. 圣地梅洛 Caliterra Merlot

266. 圣地苏维翁布朗克 Caliterra Sauvignon Blanc

267. 圣赛尔 Blanc Pascal Jolivet Sancerre

268. 私家精选苏维翁——罗伯特·蒙大菲酒园
Robert Mondavi Private Selection Cabernet Sauvignon

269. 颂维德布朗克——柯林茨酒园
Kleine Zalze Saubignon Blanc

270. 泰亭哲酒园——泰亭哲香槟
Taittinger Brut Reserve Champagane NV

271. 特拉萨斯典藏苏维翁 Terrazas Reserva Cabernet Sauvignon

272. 台阶精选马尔贝 Terrazas Alto Malbec

273. 台阶精选莎当妮白酒 Terrazas Alto Chardonnay

274. 瓦波利切拉精选——马西酒园
Masi Valpolicella DOC

275. 瓦尔多汽酒 Valdo Prosecco Marca Oro

276. 维拉红葡萄酒（美国） Pinot Nior Domaine Drouhin, Oregon Central Valley

277. 维娜蒙特梅洛 Vina Monte Verde Merlot

278. 维赛罗极品波尔多红 Chateau Vrai Caill Sauvignon

279. 夏布利——约瑟·杜华酒园　Josefh Drouhin Chablis Domaine de Vaudon
280. 香槟王　　　　　　　　Cuvee Dom Perignon 1996 Epernay
281. 努依村——约瑟·杜华　　Josefh Drouhin Cote De Nuite Villages AOC
282. 新西兰奥特纳苏维翁白　　Aotena Sauvignon Blanc，Nelson，NZ

参考文献

［1］王文君. 酒水知识与酒吧经营管理［M］. 北京：中国旅游出版社，2004.

［2］刘德光，陈凯，许杭军. 旅游业营销［M］. 北京：清华大学出版社，2005.

［3］徐文苑，严金明. 饭店前厅管理与服务［M］. 北京：清华大学出版社，2004.

［4］李晓东. 酒水与酒吧管理［M］. 重庆：重庆大学出版社，2003.

［5］徐少华，袁仁国. 中国酒文化大典［M］. 北京：国际文化出版公司，2009.

［6］蔡万坤. 餐饮管理（第二版）［M］. 北京：高等教育出版社，2005.

［7］王天佑. 酒水经营与管理［M］. 北京：旅游教育出版社，2008.

［8］贺正柏，祝文红. 酒水知识与酒吧管理［M］. 北京：旅游教育出版社，2006.

［9］何丽芳，牛小斐. 酒店酒水服务与管理［M］. 广州：广东经济出版社，2005.

［10］黄进. 酒水知识与调酒艺术［M］. 北京：中国地图出版社，2007.

［11］张波. 酒水知识与酒吧管理［M］. 大连：大连理工大学出版社，2010.

［12］游五洋. 酒与健康［M］. 北京：中国林业出版社，2001.

［13］桂祖发. 酒类制造［M］. 北京：化学工业出版社，2001.

［14］霍华德·沃森（Howard Watson）. 酒吧设计风格［M］. 陈学文、王玲玲、徐楠楠译. 北京：高等教育出版社，2007.

［15］张长兴. 酒文化［M］. 呼和浩特：内蒙古人民出版社，2005.

［16］［美］德弗兰克（Agnes DeFranco），［美］阿博特（JeAnna Abbott）. 酒宴管理［M］. 王向宁译. 北京：清华大学出版社，2006.

［17］［美］威廉·J.史蒂文森（William J.Stevenson）. 运营管理［M］. 张群、张杰等译. 北京：机械工业出版社，2005.

［18］钟茂桢. 酒的轻百科［M］. 北京：化学工业出版社，2010.

［19］帕科·阿森修. 酒吧：建筑和室内设计［M］. 西安：陕西师范大学出版社，2007.

［20］章克昌. 酒精与蒸馏酒工艺学［M］. 北京：中国轻工业出版社，1995.

图书在版编目（CIP）数据

酒吧运营管理/鲍洪杰，张平主编. —北京：经济管理出版社，2015.1（2019.11重印）
ISBN 978-7-5096-2898-0

Ⅰ.①酒… Ⅱ.①鲍… ②张… Ⅲ.①酒吧—商业经营—高等学校—教材 ②酒吧—商业管理—高等学校—教材 Ⅳ.①F719.3

中国版本图书馆 CIP 数据核字（2014）第 000338 号

组稿编辑：王光艳
责任编辑：许　兵
责任印制：黄章平
责任校对：张　青

出版发行：经济管理出版社
　　　　　（北京市海淀区北蜂窝 8 号中雅大厦 A 座 11 层　100038）
网　　址：www. E-mp. com. cn
电　　话：（010）51915602
印　　刷：三河市延风印装有限公司
经　　销：新华书店
开　　本：720mm×1000mm/16
印　　张：16.25
字　　数：350 千字
版　　次：2015 年 1 月第 1 版　2019 年 11 月第 2 次印刷
书　　号：ISBN 978-7-5096-2898-0
定　　价：48.00 元